中共黑龙江省委党校学术著作出版资助项目（编号：DXCB2303）

要素配置视域下
农户家庭多维福利研究

Research on Multidimensional Welfare of
Rural Households from the Perspective of Factor Allocation

李松泽 著

中国社会科学出版社

图书在版编目（CIP）数据

要素配置视域下农户家庭多维福利研究/李松泽著.—北京：中国社会科学出版社，2023.9
ISBN 978-7-5227-2543-7

Ⅰ.①要… Ⅱ.①李… Ⅲ.①农业生产—生产要素—配置—研究—中国 Ⅳ.①F325

中国国家版本馆CIP数据核字（2023）第160247号

出 版 人	赵剑英
责任编辑	任睿明　刘晓红
责任校对	阎红蕾
责任印制	戴　宽

出　　版	中国社会科学出版社
社　　址	北京鼓楼西大街甲158号
邮　　编	100720
网　　址	http://www.csspw.cn
发 行 部	010-84083685
门 市 部	010-84029450
经　　销	新华书店及其他书店
印　　刷	北京君升印刷有限公司
装　　订	廊坊市广阳区广增装订厂
版　　次	2023年9月第1版
印　　次	2023年9月第1次印刷
开　　本	710×1000　1/16
印　　张	15.75
字　　数	252千字
定　　价	89.00元

凡购买中国社会科学出版社图书，如有质量问题请与本社营销中心联系调换
电话：010-84083683
版权所有　侵权必究

摘　　要

党的二十大报告提出，"增进人民福祉，提高人民生活品质"①，彰显了我们党在新征程上对民生工作的高度重视。就业是民生之本、发展之基，是实现共同富裕的基本前提，坚持就业优先战略，就是通过创造更多、更好的就业机会持续促进人民生活水平提高。改革开放以来，大量农村劳动力涌向东南沿海等经济发达地区，截至 2022 年我国农民工总量已近 3 亿人，但令人意外的是，非农就业并没有为农户家庭带来显而易见的福利，农户福利仍然是我国福利事业发展的短板。这一现象引起了学界的广泛关注。

事实上，农村劳动力转移不仅是农业人口本身的地理流动，还包括职业转换和身份变化等诸多方面，而其中，职业层次提升在农户家庭福利的改进过程中发挥了不可忽视的作用。在现代复杂的工业社会，绝大多数人必须通过某种形式的工作来获得收入或满足生活各项基本需求，从而使职业结构逐渐成为解释社会分化和福利分配不均的第一要素。对于外出务工的农民而言，随着户籍制度改革的深化和农村劳动力流动规模的增加，其职业选择也日趋多元化，尽管大部分农民工仍然滞留于底层劳动力市场，但也有少数农村居民凭借自身的努力实现了工作岗位的晋升，这使农户的非农转移行为对其家庭福利的影响存在较大差异。此外，农户福利的持续改善还得益于家庭资源的合理配置，高层职业岗位附带着更多的稀缺资源，可以为农户人力资本有效发挥及捕获决策信息

---

① 习近平：《高举中国特色社会主义伟大旗帜为全面建设社会主义现代化国家而团结奋斗——在中国共产党第二十次全国代表大会上的报告》，中国政府网，http://www.gov.cn/xinwen/2022-10/25/content_5721685.htm。

提供有力支撑，推动了农户生产要素的非农化配置，有利于实现家庭资源优化配置及福利水平的进一步提高。鉴于此，从职业分层视角出发，将农村劳动力非农转移纳入农户家庭资源配置的整体框架，探究不同层次非农就业对农户家庭资源配置和多维福利的潜在影响，具有十分重要的理论和现实意义。

本书依据劳动力市场分割理论、福利经济学理论、农户行为理论和新迁移经济学等理论，探索性地构建了职业分层视角下农户非农就业影响其家庭资源配置和多维福利的理论逻辑框架，深入阐述职业分层、要素配置与农户家庭福利之间的衔接关系；采用中国劳动力动态调查（CLDS）覆盖全国 29 个省份的混合截面数据，测度了农民非农就业的职业层次水平，分析了农户家庭资源配置和多维福利现状，并进行了区域差异性比较；运用 IV-Probit、IV-Tobit、Fractional Logit 等模型实证检验了职业分层对农户要素市场参与、要素配置结构、农业生产效率的影响；运用广义倾向得分匹配法（GPSM）、工具变量法计量分析了职业分层对农户家庭经济福利和多维福利的影响效应；运用中介效应模型和 Bootsrap 法分别实证探究了农户要素配置行为、要素配置结构在职业分层影响农户家庭多维福利中的中介效应。据此，本书提出了完善农民就业服务体系、增强农民工城镇落户意愿、推动农村生产要素充分流动及践行全面共同富裕发展理念等政策措施，以期提高农户非农就业质量、促进职业层次提升、优化资源配置结构，进而推动农户家庭多维福利改善。本书的主要研究结论如下。

（1）劳动力市场的制度性歧视导致农户非农就业职业层次偏低，且区域间农民职业层次存在明显差异。2016—2022 年，农户农地转入交易参与率略有上升，但农地转出交易参与率和参与意愿呈下降趋势，农户的外出务工行为和非农就业比例持续提升，农村融资环境得到明显改善。农户外出务工行为在一定程度上优化了农户要素配置结构，但对农户农业生产效率具有显著的抑制作用。职业层次较高的农户，其家庭经济、住房、保险、健康和社会关系等福利水平也较高，高层职业农户的福利综合值分别是中层职业农户和低层职业农户的 1.07 倍和 1.19 倍。

（2）职业分层对农户家庭土地、劳动力和金融市场决策均产生不同程度的显著影响。职业层次提高将抑制农户土地转入动机和规模，推动农户非农领域劳动力配置，增强农户金融市场参与积极性。同时，职业分层对农户家庭劳动分工和兼业化程度均产生显著负向影响，而对农户家庭机械投工比、亩均机械投入和机械化程度产生显著正向影响。此外，农户职业层次提升还会挫伤农户农业生产积极性，对农业生产效率产生不利影响。

（3）职业分层对农户不同来源收入和家庭多维福利状况产生差异化影响。职业分层与农户家庭总收入水平之间呈现"曲线"因果关系，即随着劳动者职业层次的提高，其家庭总体收入水平逐步上升，且上升的速度不断加快；从处理效应来看，职业分层与农户家庭农业收入和经营性收入之间具有负向关系，与农户家庭工资性收入和资产性收入之间具有正向关系。从职业分层的农户福利效应来看，随着职业层次的提高，农户家庭综合福利的处理效应函数呈现单调递增的趋势，但在职业层次较低时，职业分层对农户家庭多维福利的边际效应为负，只有在处理变量强度超过某一临界值时，非农就业才会显著促进农户家庭综合福利状况改善。同时，职业分层还对农户家庭经济状况、社会保障、居住环境、家庭健康和社会关系等多维福利产生显著正向影响。

（4）要素配置在职业分层影响农户家庭多维福利的关系中发挥差异化的中介作用。家庭土地流转决策在职业分层影响农户家庭多维福利的因果链条中发挥正向中介作用；家庭劳动力市场决策在职业分层影响农户家庭综合福利、经济福利、居住环境福利、健康福利和社会关系福利的因果链条中发挥正向中介作用；家庭资本市场决策在职业分层影响农户家庭综合福利、经济福利、居住环境福利和健康福利的因果链条中发挥正向中介作用。职业层次提高有利于促进家庭要素配置结构优化，并可以通过推动要素配置结构优化促进农户家庭多维福利的改善；但职业层次提高会加剧农户家庭农业生产效率损失，而农业生产效率损失在职业分层影响农户家庭综合福利、经济福利和健康福利的因果链条中发挥负向中介作用。

关键词：职业分层；要素配置；农户福利；非农就业；配置结构

目　　录

第一章　导论 …………………………………………………………… 1

　　第一节　研究背景 …………………………………………………… 1
　　第二节　研究目的 …………………………………………………… 3
　　第三节　研究意义 …………………………………………………… 5
　　第四节　国内外文献综述 …………………………………………… 6
　　第五节　研究内容与思路 …………………………………………… 31
　　第六节　研究方法与数据来源 ……………………………………… 34
　　第七节　可能的创新之处 …………………………………………… 36

第二章　相关概念界定和理论基础 …………………………………… 38

　　第一节　相关概念界定 ……………………………………………… 38
　　第二节　相关理论 …………………………………………………… 42

第三章　职业分层、农户要素配置与家庭福利的理论分析 ………… 56

　　第一节　职业分层视角下农户要素配置及家庭福利的
　　　　　　理论模型阐述 ……………………………………………… 56
　　第二节　职业分层影响农户要素配置的理论分析 ………………… 64
　　第三节　职业分层影响农户家庭福利的理论分析 ………………… 71
　　第四节　要素配置中介作用下职业分层影响农户家庭福利的
　　　　　　理论分析 …………………………………………………… 75

第四章　职业分层、要素市场发育与农户家庭福利的现状分析 …… 77

　第一节　我国农村劳动力转移、要素市场发育与家庭福利
　　　　　改善的现状分析 …………………………………………… 77
　第二节　农民职业分层测度指标构建与特征分析 ……………… 96
　第三节　农户生产要素配置特征分析 …………………………… 108
　第四节　农户家庭福利测度指标构建与特征分析 ……………… 114

第五章　职业分层影响农户要素配置决策的实证分析 …………… 124

　第一节　职业分层影响农户要素配置决策的研究假说 ………… 125
　第二节　职业分层影响农户要素市场参与的实证分析 ………… 127
　第三节　职业分层影响农户要素配置结构的实证分析 ………… 147
　第四节　职业分层影响农户农业生产效率的实证分析 ………… 158

第六章　职业分层影响农户家庭福利的实证分析 ………………… 163

　第一节　职业分层影响农户家庭福利的研究假说 ……………… 165
　第二节　职业分层影响农户家庭经济收入的实证分析 ………… 167
　第三节　职业分层影响农户家庭多维福利的实证分析 ………… 183

第七章　要素配置决策中介作用下职业分层影响农户家庭福利的
　　　　实证研究 …………………………………………………… 201

　第一节　要素配置决策中介作用下职业分层影响农户家庭福利的
　　　　　研究假说 …………………………………………………… 202
　第二节　农户生产要素市场参与行为的中介作用实证检验 …… 204
　第三节　农户生产要素配置结构的中介作用实证检验 ………… 212

第八章　研究结论与政策建议 ………………………………………… 219

　第一节　研究结论 …………………………………………………… 219
　第二节　政策建议 …………………………………………………… 222

参考文献 ………………………………………………………………… 225

第一章

导 论

第一节 研究背景

当前，我国社会主要矛盾已经转化为人们日益增长的美好生活需要和不平衡不充分发展之间的矛盾。实施乡村振兴战略是解决城乡发展不平衡、农村发展不充分等问题的主要抓手，而保护农民利益，增进农民福祉则是实施乡村振兴的必然要求。就业是民生之本，就业不仅为人们带来了经济收入，满足了人们衣食住行等物质需要，还是个体建立社会关系、实现自我价值的主要途径。改革开放以来，工业部门的劳动生产率和劳动报酬快速增加，而农业部门由于农地规模小、分散化，存在大量的隐蔽性失业，严重制约了农户家庭福利水平提高，促使农村劳动力转移规模日渐扩大。国家统计局发布的农民工监测调查报告显示，2022年全国农民工总量达29562万人①。大量农民工进入城镇从事非农产业工作，不仅拓宽了农户收入渠道，提升了农户发展能力，还优化了生产要素的时空配置，有利于实现社会公平正义和全民共享发展成果。

按照传统迁移理论的观点，预期收益最大化是个体迁移决策的前提，也就是说绝大部分人口外出流动都是为了追求更好的经济收入、社会地位以及家庭生活水平等福利状况的改善。然而，中国农村劳动力非农转移在遵循传统理论一般规律的同时，也表现出了一些"异常"现

---

① 《2022年农民工监测调查报告》，国家统计局网站，http://www.stats.gov.cn/sj/zxfb/202304/t20230427_1939124.html。

象：一是"刘易斯拐点"提前到来，普通劳动力工资持续上涨，而劳动力供给出现短缺，农民工规模增速不断下降，由2007—2012年的3.6%下降至2019年的0.8%，并在新冠疫情的影响下2020年进一步降至-1.8%[1]。二是"地动"明显滞后于"人动"，全国30.4%的农地流转率还远滞后于63.5%的农村外出务工与兼业劳动力占比[2]，二者之间存在20个百分点的结构性偏差，说明农地仍然承担着重要的兜底作用。三是农民工市民化意愿不足，转移就业劳动力与家庭其他人口长期分离。2020年中国常住人口城镇化率已超过60%，而户籍人口城镇化率仅为45%。举家外出农民工占比较低，只有20%左右[3]。从上述"异常"现象中可以发现，非农就业农户并没有完全脱离农业农村，其非农就业行为似乎具有选择性，并非所有的外出务工行为都能为农户带来家庭福利。

针对城乡劳动力流动异化现象的归因，现有文献从不同视角进行了探讨。从劳动力市场分割理论出发，很多研究分析了户籍、部门和行业等制度性因素的影响，指出制度歧视限制了农民工进入主要劳动力市场，导致他们只能进入工作不稳定、薪资条件差的次级劳动力市场，抑制了农户福利水平的提高[4][5]。还有研究者结合了劳动力市场和人力资本理论，认为由于农村地区教育投入不足、农民工技能培训缺失，农村劳动力只能从事门槛较低的重复性体力劳动，难以胜任能够累积人力资本的高收入工作[6]。同时，也有一些研究从资源配置角度关注了非农就业的农户福利效应。钱忠好指出，鉴于中国农业劳动力非农就业成本较

---

[1]《2020年农民工监测调查报告》，国家统计局网站，http://www.stats.gov.cn/sj/zxfb/202302/t20230203_1901074.html。

[2] 卢华：《土地细碎化、非农劳动供给和农地经营权流转》，博士学位论文，南京农业大学，2017年。

[3]《中华人民共和国2022年国民经济和社会发展统计公报》，国家统计局网站，http://www.stats.gov.cn/xxgk/sjfb/zxfb2020/202302/t20230228_1919001.html。

[4] 李松：《劳动力市场分割的理论研究与经验验证》，博士学位论文，内蒙古财经大学，2018年。

[5] 吴愈晓：《劳动力市场分割、职业流动与城市劳动者经济地位获得的二元路径模式》，《中国社会科学》2011年第1期。

[6] 聂建亮等：《逃离农业：在村农民的职业分割与分层——基于对中国5省样本农民调查数据的实证分析》，《西安财经大学学报》2021年第1期。

高，农户农业经营仍然具有较高的综合比较优势，因此基于家庭内部分工的兼业化经营有利于实现农户福利最大化[①]。杨子砚和文峰则认为，农户外出务工和土地流转是一种联合决策，只有当务工的边际劳动收益稳定得不低于务农的边际劳动收益时，农户才会转出土地经营权[②]。以往研究为破解农村劳动力市场的"异常"现象提供了有益思路，却忽略了一些既没有被社会制度也没有被资源配置涵盖的影响因素，如以职业分层为主要指标的结构性影响。现有研究表明，社会分层是理解人类社会最关键的主题，职业及其代表的分层体系决定了人们的生活方式、提高生活质量的机会、精神健康和平均寿命等诸多福利内容[③]。农村劳动力流动的"异常"现象是什么原因造成的？职业分层对农户家庭福利具有什么样的潜在影响，其影响又是通过什么渠道产生的？带着这些疑问，本书立足阿玛蒂亚·森的可行能力理论，遵循"职业分层—资源配置—农户福利"的理论逻辑，探索性地阐释职业分层与农户家庭资源配置及多维福利之间的衔接关系，并实证探究其影响效果，以期深入揭示中国农村劳动力非农转移"异象"的归因，廓清不同职业层次非农就业对农户家庭要素配置及福利改善的差异化影响，从提高农户非农就业质量、促进职业层次提升和优化要素配置结构等层面探究实现共同富裕目标的长效机制，为新时代全面推进乡村振兴提供理论基础和现实依据。

第二节 研究目的

本书基于影响和优化农户家庭福利状态的两大关键制约因素——内在能力和外在资源约束的现状分析以及农户家庭效应最优化的机理分析，依据职业分层理论、劳动力市场分割理论、福利经济学、农户行为理论、新经济劳动力迁移理论等，从农民自身就业能力和要素市场参与

[①] 钱忠好：《非农就业是否必然导致农地流转——基于家庭内部分工的理论分析及其对中国农户兼业化的解释》，《中国农村经济》2008年第1期。

[②] 杨子砚、文峰：《从务工到创业——农地流转与农村劳动力转移形式升级》，《管理世界》2020年第7期。

[③] 哈罗德·R.克博：《社会分层与不平等——历史、比较、全球视角下的阶级冲突》，上海人民出版社2012年版。

决策两个层面及其内在关联出发，构建职业分层视角下农民非农就业情况影响其要素配置行为及家庭福利状态的理论逻辑框架，并借助计量经济学经验研究方法进行检验，以期为优化农村要素配置结构、提升农户整体福利现状提供理论参考。具体目标如下。

（1）在梳理和分析前人文献的基础上，基于阿玛蒂亚·森的可行能力分析框架，界定农户福利的内涵和外延，提炼并归纳组成农户福利的功能性活动及相关指标，构建农户福利测度评价体系，以全面考察我国农户多维福利状况，丰富农户福利相关研究；厘清现阶段我国劳动力市场流动和分割的现状与特点，探明决定农民职业分层的影响因素和不同职业阶层之间的边界，构建符合我国农村流动人口就业现状的职业阶层划分指标体系，以填补现有研究关于农户职业分层指标的空白。

（2）构建家庭决策视角下农村转移劳动力职业分层影响农户要素配置及家庭多维福利状况的理论框架，深入阐释职业分层影响农户家庭福利、农户要素配置决策影响农户家庭福利、职业分层影响农户家庭要素配置决策的作用路径，并在此逻辑基础上推导出要素配置决策中介作用下农民职业分层对农户家庭多维福利状况的影响机理。另外，从不同地理位置、资源禀赋的农户家庭农业与非农就业比较优势差异的研究视角出发，采用不同分类指标，考察不同情境下职业分层对农户要素配置及家庭福利的异质性影响，试图找到不同类型农户改善家庭福利状况的可选路径。

（3）实证检验职业分层对农户福利状态的影响、职业分层对农户要素配置的影响以及要素配置决策在职业分层影响农户家庭福利状态中的中介效应，并采用自抽样回归方法，进一步识别不同类型农户的要素配置决策对其家庭多维福利影响的稳健性，以期深入揭示职业分层、农户要素配置与家庭福利状况之间的逻辑关系，为理论假设提供经验支撑。

（4）依据理论框架和实证检验结果，提出农村要素配置状况改善、农户经济地位提升及家庭福利扩展的多元路径模式，并分别从微观层面和宏观层面探讨提升农户福利水平和促进城乡要素双向流动的政策建议。

第三节 研究意义

一 理论意义

（1）农户福利问题无疑是关系到中国今后相当长时期经济社会发展特别是农村发展的重要议题，但综观这方面研究，仍集中于对人均国民生产总值、收入贫困、消费能力以及自评福利等单方面农户福利指标的影响因素分析。因此，本书采用阿玛蒂亚·森的可行能力理论作为描述农户福利的综合性分析框架，聚焦于农户所具有的实现各种功能性活动的"潜力"，即表现为其在多大程度上有机会享有他们所珍视的生活方式的自由，这种方法能够以更广阔的视角看待农户福利问题，有助于拓展并完善农户福利评估指标体系构建，丰富我国农户福利研究的理论内涵。

（2）将职业分层、农户要素配置与家庭福利问题纳入统一研究框架中，阐述家庭决策视角下农民职业分层、农户要素配置影响家庭多维福利的理论逻辑，该框架既揭示了农村劳动力就业阶层提升及要素配置决策对其家庭福利状况的协同作用，也凸显了农户福利和农村要素市场整合发育的内在机理，从而为农户家庭生产要素配置、家庭福利研究提供更广阔的视野。

（3）从农户职业阶层分化、农业与非农就业比较优势及劳动力市场分割理论等层面出发，厘清农户非农就业决策与其家庭要素配置行为之间的逻辑次序，阐明要素配置决策在职业分层改善农户福利状况过程中的枢纽作用，揭示农户家庭生计选择过程和福利效应决定机制的背后动因，形成对新型城镇化、农地产权制度、脱贫攻坚成果巩固与拓展等相关政策实施效果的评估理论的有益补充。

二 现实意义

（1）我国正处于发展转型关键期，正逐步构建以国内大循环为主体、国内国外双循环相互促进的新发展格局。要畅通国内大循环，就必须将农户、农民工等低收入群体纳入国民经济循环，保障其土地、劳动力、资本等要素有效使用，促进其家庭收入水平和消费能力提高。本书聚焦农户家庭福利状况及其决定机制，对明晰农户福利现状、增进农户福利水平、促进"双循环"经济体系建立具有重要启示作用。

（2）从农户非农就业职业分层、要素配置决策两方面综合探究农户家庭生产要素配置及其多维福利效应，有利于加强农村基础教育、农民在职培训、农地流转市场发育、农村金融改革、农业生产性服务发展与扩展农户福利等多项政策之间的有机衔接；为有效激活农业主体内在能动性，实现农村各要素市场关联系统有序运行，促进扩展农民福利内容长效机制形成，不断提升农民生活质量和发展层次，推动乡村振兴实施与城乡均衡发展提供重要实践策略参考。

（3）立足于我国农户异质性和劳动力市场分割的基本事实，识别农民职业阶层分化对其家庭要素配置决策及福利状况的影响机制，明晰不同职业层次农户的家庭生计选择及福利状况差异，为相关部门从提升农户人力资本、合理配置家庭资源的角度促进要素市场理性参与、不断改善农户家庭福利水平提供理论和实践支撑。

第四节　国内外文献综述

一　职业分层的相关理论及其决定因素研究

职业分层的相关理论发轫于学者对于地位不平等以及社会分层和流动等问题的探寻。对于个体在劳动力市场中的经济社会地位获得机制的研究，目前学术界主要存在两种理论模型。一种是新古典经济学"工资竞争模型"，由于该模型过度强调个体特征差异，将社会收入不平等完全归结于劳动者人力资本差异，严重忽略社会结构性因素的潜在影响，因此受到了学者的普遍质疑[1]。另一种是由社会学家所提出的"空位竞争模型"，因强调个人地位决定过程不仅取决于个体特征，还受劳动者所处的结构性因素影响，而得到了学界的广泛认同[2]。社会分层的机制多种多样，随着人类社会发展阶段的不同，社会分层的主导类型也存在差异。例如，在封建社会经济结构下，种族、性别、出身等先赋性

---

[1] Lester C. Thurow, *Generating Inequality*, New York: Basic Books, Inc., 1975.

[2] Aage B. Sorensen and Arne L. Kalleberg, "An Outline of a Theory of the Matching of Persons to Jobs", in David B. Grusky, ed, *Social Stratification Class, Race, and Gender in Sociological Perspective*, Colorado: Westview Press, 2001, pp. 438–446.

因素决定了人们在社会分层体系中的位置①。随着工业化时代的到来，无论是各国经济和市场的快速发展，还是社会分工的日益精细化和复杂化都使职业成为社会分层的基础性变量②。鉴于职业阶层在社会分层研究领域的重要地位，许多学者试图把他们对职业分层的主观理解与现实生活中的真实世界结合起来，构造度量社会结构的职业分层指标体系。作为马克思主义的批判和继承者，赖特（Wright）认为在资本主义现代社会里，资产不仅局限于生产资料和劳动者的劳动力，还包括各种形式的劳动技能和组织资产，这使工薪劳动者在社会结构中处于不同位置，他据此将资本家和工薪劳动者细分为一个包含12个职业阶层的阶级结构③。而芝加哥社会分层学派的重要追随者，特雷曼则认为判断一个人的社会地位有一个指标就够了，那就是职业声望④。我国著名社会学家陆学艺以职业所占据的组织资源、文化资源、经济资源为基础，将转型期的中国社会划分为十大阶层⑤。上述理论为本书研究提供了一定借鉴。

  对新古典经济学人力资本模型的挑战，除了社会学的结构模型，还来自经济学本身。其中，最有代表性的是劳动力市场分割理论（Segmented Labor Market）⑥⑦。该理论反对劳动力市场同质性假定，认为存在两个不同的劳动力市场部门，即初级劳动力市场和次级劳动力市场。受教育培训、专业技能要求的限制，初级劳动力市场和次级劳动力市场职业群体之间难以流动，因此劳动力市场分割实质上是职业结构的差异。Freedman和Ginzbery描绘了劳动力市场进入准则对职业群体的影响，进一步提出了三元劳动力市场分割理论，即把劳动力市场的职业结

---

① 哈罗德·R. 克博：《社会分层与不平等——历史、比较、全球视角下的阶级冲突》，上海人民出版社2012年版。
② 田丰：《中国社会转型与职业分层》社会科学文献出版社2020年版。
③ Erik Olin Wright, *Class Structure and Income Determination*, New York: Academic Press, 1979.
④ 李强：《社会分层十讲》，社会科学文献出版社2011年版。
⑤ 陆学艺：《当代中国社会流动》，社会科学文献出版社2004年版。
⑥ Piore M. J., *The Dual Labor Market: Theory and Implications*, New York: Basic Books, 1971.
⑦ Glen G. Cain, "The Challenge of Segmented Labor Market Theories to Orthodox Theory: A Survey", *Journal of Economic Literature*, Vol. 14, No. 2, 1976, pp. 1215–1257.

构分成独立的初级岗位、附属的初级岗位和次级岗位三类[1]。劳动力市场理论的后续发展也反映了经济结构调整对职业结构变动的影响，比如Connelly、Sheers等认为产业结构决定职业结构，核心产业部门拥有更高的职业地位，而外围产业部门的职业地位较低，进而形成了劳动力市场分割，由于这一理论强调了产业对职业结构和劳动力市场的影响，因此也被称为产业分割理论[2][3]。

当前，学者就职业分层的内涵及度量方法尚未达成共识，其一般指人们对某种工作所对应的经济收入、社会地位和权力威望的评价，从而对多种职业次序进行分组和排序的方法[4][5]。采用最广泛的方法是用国际标准职业社会经济指数（ISEI）来反映职业分层，该指数是由Ganzeboom于1992年首次使用，实际上源于邓肯（Duncan）提出的社会经济地位指数（SEI），其主要度量了各职业的收入和教育水平[6]。相关研究如吴愈晓将劳动力受教育年限和初入职时收入对数作为因变量，对城市劳动力市场分割情况进行了分析[7]。周京奎等将国际标准职业社会经济指数（ISEI）作为职业分层的代理指标，利用中国家庭追踪调查（CFPS）2010—2016年四年面板数据，分析了贫困家庭职业阶层分化的减贫效应[8]。随着职业分层研究的逐渐深化，学者对社会经济地位指数（SEI）描绘职业阶层分布的有效性提出质疑，认为SEI的职业名录具有较强的主观性，且即便使用同样的方法也经常得到不一致的结论。在此背景下，EGP阶层分类框架应运而生，该框架考虑的职业信息主要

---

[1] Freedman, M. K. MacLauchlan, Ginzbery E., *Labor Markets: Segments and Shelters*, Allanheld, Osmun, Universe Books, 2016.

[2] Connelly C., *Classless America: Intergenerational Mobility and Determinants of Class Identification in the United States*, 2016.

[3] Sheers R. G., et al., "Corporate Disinvestment and Metropolitan Manufacturing Job Loss", *Social Science Quarterly*, 1985, pp. 218-226.

[4] 都阳等：《户籍制度与劳动力市场保护》，《经济研究》2001年第3期。

[5] 李强：《中国城市中的二元劳动力市场与底层精英问题》，《清华大学社会学评论》2000年第1期。

[6] Duncan O. D., "A Socioeconomic Index for all Occupations", *Occupations & Social Status*, 1961.

[7] 吴愈晓：《劳动力市场分割、职业流动与城市劳动者经济地位获得的二元路径模式》，《中国社会科学》2011年第1期。

[8] 周京奎等：《农地流转、职业分层与减贫效应》，《经济研究》2020年第6期。

包括技术特征、雇佣关系、收入状况、科层权威等因素,并将拥有相似职业的群体合并成一个阶层,因而能够较为准确地定位个人在社会阶层中的地位①。侯明利和秦广强借助 EGP 阶层分类方法,选择中国综合社会调查(CGSS)给出了 9 个阶层的职业阶层体系②。此外,也有学者从资源占有关系角度界定社会阶层,如何依据公共资产和私有资产占有情况构造中国城市社会结构,归纳出由 5 个阶层构成的中国城市分层框架③。王超恩和符平则基于数据可得性,依照主体职业声望、待遇和权利的综合考量,将农民工所从事职业划分为低端、中端和高端三个不同层次④。龚海婷和侯明喜则基于我国养老保险制度覆盖对象的差异性,依据社会成员参与养老保险的类型对居民职业阶层进行了划分⑤。

随着劳动力市场分割理论分析框架的逐步完善,许多研究者开始运用微观调查数据和计量模型对该理论的影响效应进行检验。1981 年,世界银行首席经济学家 McNabb 和 Psacharopoulos 利用英国居民抽样数据,比较分析了英国的主要劳动力市场与次要劳动力市场,研究结果显示主要劳动力市场的教育回报率比次要劳动力市场高 2%,在一定程度上证明劳动力市场存在分割现象⑥。Schöemann 和 Becker 通过估算美国主次劳动力市场的教育回报率,发现市场中的劳动者存在不同的经济地位获得机制,即主要劳动力市场中受教育年限与工资收入有显著正相关关系,而次要劳动力市场中受教育年限并未对工作收入产生显著影

---

① Robert and John H. Goldthorpe, *The Constant Flux: A Study of Class Mobility in Industrial Societies*, Oxford: Clarendon Press, 1992.
② 侯利明、秦广强:《中国 EGP 阶层分类的操作化过程——以中国综合社会调查(CGSS)数据为例》,《社会学评论》2019 年第 7 期。
③ 范长煜:《遮掩效应与中介效应:户籍分割与地方城市政府信任的中间作用机制》,《甘肃行政学院学报》2016 年第 3 期。
④ 王超恩、符平:《农民工的职业流动及其影响因素——基于职业分层与代际差异视角的考察》,《人口与经济》2013 年第 5 期。
⑤ 龚海婷、侯明喜:《制度认知与城乡居民养老保险制度信任——基于西部贫困与准贫困县实证研究》,《调研世界》2016 年第 10 期。
⑥ McNabb R. and Psacharopoulos G., "Further Evidence of the Relevance of the Dual Labor Market Hypothesis for the U. K.", *Journal of Human Resources*, Vol. 16, No. 3, 1981, pp. 442 - 458.

响[1]。这意味着工作技能和专业知识等人力资本在不同层级市场或职业所发挥的作用不同，从事较高层级职业的劳动者显然能够利用其职位所拥有的各项资源更好地发挥人力资本优势[2]。因此，在开展相关研究时应重视社会结构性因素对个人地位获得的影响。

20世纪90年代以来，国内学者也开始运用中国的微观调查数据检验劳动力市场分割理论在转型期中国的适切性。大量经验研究表明，中国社会也存在劳动力市场分割现象，分割的主要形式包括户籍分割、部门分割、职业分割和区域分割等[3][4][5]。陈纯槿、胡咏梅进一步指出，由于中国存在一个庞大的农村劳动力市场，且出现了农村劳动力向城市大规模转移的"城乡二元性"，我国劳动力市场呈现多重分割的复杂局面[6]。在城镇劳动力市场层面，吴愈晓使用广州、上海和济南等5个城市数据，检验了改革开放后影响中国城镇劳动者职业流动模式以及经济获得的因素[7]。该研究揭示了中国城镇地区高学历与低学历劳动者群体经济地位获得的二元路径，对于前者而言，人力资本积累有利于他们获得经济上的成功，而后者的情况刚好相反，人力资本对他们的收入获得没有帮助，职业流动是他们收入提高的有效手段。

总体来看，既有文献主要从先赋性和自致性两方面探讨了职业阶层的决定机制[8]。其中，先赋性因素主要包括种族、性别、出身、生命周期、社会风俗、制度性因素、社会技术水平和生产能力等。比如，针对美国劳动力市场的研究表明，相对于白人和亚裔，黑人和其他少数族裔

---

[1] Schöemann K. and Becker R., *Returns to Education in Different Labor Market Contexts*, New York: John Wile & Sons, 2015.
[2] 陈纯槿、胡咏梅：《劳动力市场分割、代际职业流动与收入不平等》，《教育与经济》2016年第3期。
[3] Zang Xiaowei, "Labor Market Segmentation and Income Inequality in Urban China", *The Sociological Quarterly*, 2002.
[4] 张展新：《劳动力市场的产业分割与劳动人口流动》，《中国人口科学》2004年第2期。
[5] 李实：《中国城镇教育收益率的长期变动趋势》，《中国社会科学》2003年第6期。
[6] 孙云奋：《劳动力转移与农地流转的关联度：鲁省个案》，《改革》2012年第9期。
[7] 吴愈晓：《劳动力市场分割、职业流动与城市劳动者经济地位获得的二元路径模式》，《中国社会科学》2011年第1期。
[8] 谢嗣胜：《劳动力市场歧视研究：西方理论与中国问题》，硕士学位论文，浙江大学，2005年。

大多集中于低收入工作和经济中的外围产业,他们的职业阶层和福利待遇普遍较低。边燕杰和肖阳指出职业分布中存在性别隔离现象,即女性大多和同性一起工作,大部分由女性从事的工作其报酬和声望都较低,而这种职业隔离与女性的生理特征、社会角色和家庭分工有关[1];有学者从生命历程角度阐释农民职业分化过程,认为农民职业选择遵循生命周期的约束,老年人更倾向于从事家务劳动或农业生产[2];基于中国社会转型现实,田丰强调了影响职业分化的制度性因素,论述了户籍制度和单位体制对某种职业在社会结构中所处位置的显著影响,指出城市劳动力市场对农民工是选择性的开放,使农村劳动力缺少进入顶层职业的机会[3]。此外,现有研究还表明,劳动力市场的职业分布还会受到社会技术水平和生产能力的影响,一方面经济社会发展能推动高等教育和基础教育的普及;另一方面工业复杂性提高了社会对技术专家的依赖,从而促进了社会就业质量提升和不平等状况改善[4]。自致性因素主要包括健康、基础教育、技能培训和工作经验等人力资本。柯林斯(Collins)指出随着技术的快速进步和后工业时代的到来,高级职位的获得越来越依赖教育和文凭,上大学逐渐成为阶级自致的关键因素[5]。有研究显示,读完大学的人比没有读完大学的人有49%的职业优势,读完高中的人比没有读完高中的人仅有15%—29%的职业优势[6]。Griffin 等在1970年对947名男性学生的跟踪调查发现,学校教学质量解释了样本职业获得中11%的方差和收入获得中15%的方差[7]。聂建亮等基于山东等5省份农户的微观数据进行实证分析发现,文化程度较高、健康状况

---

[1] 边燕杰、肖阳:《中英居民主观幸福感比较研究》,《社会学研究》2014年第2期。
[2] 聂建亮等:《逃离农业:在村农民的职业分割与分层——基于对中国5省样本农民调查数据的实证分析》,《西安财经大学学报》2021年第1期。
[3] 田丰:《中国社会转型与职业分层》,社会科学文献出版社2020年版。
[4] Thurow L. C., "Head to Head: The Coming Economic Battle among Japan", *American Sociological Review*, 1993.
[5] Collins R., "Functional and Conflict Theories of Educational Stratification", *American Sociological Review*, Vol. 36, No. 6, 1971.
[6] Jencks, et al., "Review of Who Gets Ahead? The Determinants of Economic Success in America", *American Journal of Orthopsychiatry*, New York: Harper Row.
[7] Griffin, et al., "Schooling and Socioeconomic Attainments: High School and College Influences", *American Sociological Review*, 1978, pp. 319-347.

较好的在村农民更有可能从事高层次职业，人力资本有助于提升农民进入高层次职业的可能性。

二　农户要素配置行为及其驱动因素研究

要素合理配置程度是中国全要素生产率及区域发展差异的主要决定因素，在资源禀赋既定条件下，经济增长主要取决于资源利用和要素配置效率[①②]。要素配置失衡是城乡收入差距拉大、农业农村发展不充分的根源之一，中国经济体制改革亟须通过改善激励机制、消除体制障碍及畅通城乡流通渠道以激发农村要素市场活力[③④]。农户作为典型的微观经济主体，其家庭资源和生产要素配置效率关乎国民经济和社会发展走向。

诸多文献探讨了农户家庭要素配置的行为逻辑。以贝克尔为代表的家庭经济学家指出，农户不仅是最基本的生产组织单元，也是重要的生产要素配置决策主体[⑤]。舒尔茨提出农民是理性经济行为主体的主张，认为在向现代农业转型的过程中，农户能够优化要素配置结构、提升要素配置效率[⑥]。石智雷和杨云彦也认为农户独占农业生产要素的所有权，有助于其在家庭范围内对农业生产要素进行理性分配[⑦]。同时，现有研究也表明，农户的要素配置行为并非单一维度决策，而是基于家庭禀赋和生计策略选择的理性抉择，是对家庭多种类别资源进行最优配置的联合决策[⑧⑨]。当前，我国农户家庭围绕性别和年龄所形成的"男工

---

① 张乐、曹静:《中国农业全要素生产率增长:配置效率变化的引入——基于随机前沿生产函数法的实证分析》，《中国农村经济》2013年第3期。

② 钟甫宁:《从要素配置角度看中国农业经营制度的历史变迁》，《中国农村经济》2016年第6期。

③ 蔡昉:《中国经济改革效应分析——劳动力重新配置的视角》，《经济研究》2017年第7期。

④ 张凤兵、王会宗:《劳动力返乡、要素配置和农业生产率》，《华南农业大学学报》2021年第3期。

⑤ 加里·斯坦利·贝克尔:《家庭论》，商务印书馆2005年版。

⑥ 西奥多·W. 舒尔茨:《改造传统农业》，商务印书馆1987年版。

⑦ 石智雷、杨云彦:《家庭禀赋、家庭决策与农村迁移劳动力回流》，《社会学研究》2012年第3期。

⑧ 杜鑫:《劳动力转移、土地租赁与农业资本投入的联合决策分析》，《中国农村经济》2013年第10期。

⑨ 杨云彦、石智雷:《中国农村地区的家庭禀赋与外出务工劳动力回流》，《人口研究》2012年第4期。

女耕"式的性别分工和"年轻人务工,老年人耕地"的代际分工等兼业模式,正是农户依据其家庭资源禀赋和比较优势进行生产要素配置的有力体现。此外,预期效用理论认为,在外部环境既定的条件下,农民的生产经营决策更偏好于期望收益更高且收益方差较低的投资计划[1]。因此,农户会偏好风险较低的要素配置行为,或施行多行业经营、购买保险等风险缓释策略[2]。不仅如此,由于种植业生产的季节性,农业劳动时间在全年分布极不均衡,农户具有充分利用家庭资源的内在需要,并随着农业生产效率的提高和生产性服务市场的发展,农户剩余劳动力有逐步向非农产业和城市转移的趋势。

现有研究主要从宏观和微观两个层面探究农户生产要素配置的驱动因素。宏观层面主要从农地确权[3]、补贴模式[4]、基础设施改善[5]、农业资本深化[6]、工商资本下乡[7]和劳动力市场分割[8]等方面论证农户生产要素配置的外在驱动力。微观层面主要从农村劳动力非农转移[9]、劳动力返乡创业、农业保险[10]、家庭生计资本[11]和人力资本[12]等方面论证农户生

---

[1] Xu J. F. and Liao P, "Crop Insurance, Premium Subsidy and Agricultural Output", *Journal of Integrative Agriculture*, 2014, pp. 2537-2545.

[2] 钟甫宁等:《农业保险与农用化学品施用关系研究——对新疆玛纳斯河流域农户的经验分析》,《经济学》2007年第6期。

[3] 林文声等:《农地确权、要素配置与农业生产效率——基于中国劳动力动态调查的实证分析》,《中国农村经济》2018年第8期。

[4] 江喜林、陈池波:《直补模式下新农业补贴有效率吗?——基于农户要素配置的分析》,《经济经纬》2013年第1期。

[5] 张军等:《交通设施改善、农业劳动力转移与结构转型》,《中国农村经济》2021年第6期。

[6] 侯明利:《农业资本深化与要素配置效率的关系研究》,《经济纵横》2011年第2期。

[7] 刘魏等:《工商资本下乡、要素配置与农业生产效率》,《农业技术经济》2018年第9期。

[8] 赵连阁等:《劳动力市场分割、要素配置效率与农产品流动产业增长——一个有调节的中介效应检验》,《农业技术经济》2021年第3期。

[9] 胡新艳、洪炜杰:《劳动力转移与农地流转:孰因孰果?》,《农业技术经济》2019年第1期。

[10] 黄颖、吕德宏:《农业保险、要素配置与农民收入》,《华南农业大学学报》(社会科学版)2021年第2期。

[11] 王雪琪等:《农户升级资本、家庭要素流动与农地流转参与》,《长江流域资源与环境》2021年第4期。

[12] 龙翠红:《教育、配置效应与农户收入增长》,《中国农村经济》2008年第9期。

产要素配置的内在动因。

鉴于劳动力是农户自由支配程度最高的生产要素，劳动力流动预示着家庭生计策略和比较优势的变化。诸多学者研究了农村劳动力转移对农户家庭其他类型生产要素配置的影响。现有文献指出农村劳动力外流从数量、质量和结构上改变农村劳动力配置，导致农业劳动力数量和质量下降，推动农户对其他家庭资源进行适配性调整[1]。具体而言，劳动力非农就业会提高农业经营机会成本[2][3]，弱化农村土地社会保障功能，拓宽家庭收入渠道，缓解农户对家庭生计的担忧，进而诱致农户土地转出决策。另外，劳动力外出务工会导致劳动力流失，引发对农业替代性生产要素的需求，将增加农药化肥、农业机械和生产性服务等资本性投入，有利于促进农业资本深化[4]。此外，非农收入增加也会缓解农户流动性约束，促进农户农业生产投资及非农创业[5]。

不少学者在农户要素配置的优化路径方面提出了自己的观点。基于对农业生产特点和农业经营制度变迁的历史思考，钟甫宁指出市场机制并非改善农业资源配置效率的唯一手段，理想的政治制度同样能促进农业生产要素配置效率的提高[6]；同时他还认为，人口结构变迁滞后于经济结构和收入结构以及农业生产季节性带来的劳动力瓶颈是造成农村资源配置失衡、效率扭曲的主要原因，而能否使农业生产组织具有充分弹性，像制造业一样实现不同层次的分工则是解决上述难题的关键。杨丹认为供给市场的竞争结构会影响农户对农业社会化服务的支付意愿和效用提升，当竞争结构表现为合作社纯寡头竞争时，农户会更积极地参与

---

[1] 张凤兵、王会宗：《劳动力返乡、要素配置和农业生产率》，《华南农业大学学报》2021年第3期。

[2] 陈风波、丁士军：《农村劳动力非农化与种植模式变迁——以江汉平原稻农水稻种植为例》，《南方经济》2018年第9期。

[3] 朱丽莉：《农村劳动力流动、要素结构变动与农业生产效率研究》，博士学位论文，南京农业大学，2018年。

[4] Gubert A. F., Localisation, "Migrations et Institutions", Those in Kayes: *The Impact of Remittances on Their Recipients in Africa*, Revue Économique, 2015, pp. 1331-1358.

[5] 苏岚岚、孔荣：《农民金融素养与农村要素市场发育的互动关联机理研究》，《南方经济》2019年第2期。

[6] 钟甫宁：《从要素配置角度看中国农业经营制度的历史变迁》，《中国农村经济》2016年第6期。

农业社会化服务市场，并促使农户的总体福利水平得到提升①。

三 福利的内涵及农户家庭福利影响因素研究

传统社会科学很大程度上源于对人们怎样拥有良好生活机会的判断，以及对其影响因素进行分离的需要，因此对于福利的内涵及其测度问题的探讨早已有之。在经济学的萌芽时期，关于福利概念的研究主要聚焦于对"生活质量"的关切，或者进一步说，集中注意于人们努力实现的实际生活状态。如亚里士多德在《亚里士多德伦理学》开头写道："财富显然不是人们所追求的东西，因为财富不过是因为其他事物而有意义。"② 这显然与生活质量和实质自由相关。亚当·斯密（Smith）对生活条件的分析则与"必需品"有很强的联系，按亚当·斯密的分析，在一个社会中什么算是"必需品"取决于提供某种最低限度自由所需的基本条件，如不带羞耻地出现在公众面前，或参与社群生活的能力，而"必需品"包括什么与该国经济发展水平、社会风俗习惯等因素有关③。在此基础上，边沁（Bentham）创立了功利主义古典形式。其原则是剔除直接起评价性作用以外的信息，仅将效用作为评价人民福利的信息基础④。效用通常被定义为快乐、幸福或满意，因而可以归结为一种心理成就，并能借助各人之间相同的选择行为和需求函数的假定，将收入或商品作为福利比较的物质基础⑤⑥。此后，这种福利评价方式被马歇尔（Marshall）、庇古（Pigou）和罗伯逊（Robbins）

---

① 杨丹：《市场竞争结构、农业社会化服务供给与农户福利改善》，《经济学动态》2019年第4期。

② Aristotle, *The Nicomachean Ethics*, translated by D. Ross, Oxford: Oxford University Press, Revueéconomique, 1980, 5, p. 7.

③ Adam Smith, *An Inquiry into the Nature and Couses of the Wealth of Nations* (1776), volume2, book5, chapter2, in the edition by Campbell R. H. and Skinner A. S., Oxford: Oxford University Press, 1976, 469-471.

④ Jeremy Bentham, *An Introduction to the Principles of Morals and Legislation*, Oxford: Oxford University Press, 1907.

⑤ Amartya Sen, "Agency and Freedom: The Dewey Lectures", *Journal of Philosophy*, Vol. 82, No. 4, 1985.

⑥ Franklin, et al., *The Economic Theory of Price Indices*, New York: Academic Press, 1985.

等经济学家所继承，并逐渐占据传统福利经济学和公共政策理论主导地位[①][②][③]。然而，功利主义的效用理论存在一个明显的缺陷，即人类及其所处的环境是千差万别的，简单地对不同个人心态进行人际比较，从科学角度来看是"无意义的"[④]，即便进行以选择行为假定和基础的效用比较，那充其量也只是关于效用的商品基础比较，这就限制了效用或财富作为福利衡量指标的合理性。

相比仅仅以收入或效用做分析并以此为终点的传统福利经济学派，罗尔斯（Rawls）正义理论和自由至上主义的不同之处在于更重视自由权的优先性。在罗尔斯的分析框架中，"基本物品"受到集中注意，"基本物品"是帮助一个人实现其目标的通用性手段，包括自由权、机会、收入和财富，以及自尊的社会基础[⑤]。按照罗尔斯的观点，如果一个人拥有与另一个人相等的基础物品，但他的生活仍然没有后者幸福，那么这种不平等并不意味着不正义[⑥]。而自由至上主义则集中关注法律权力保障的个人自由，该学派认为个人通过行使这些自由权力而享有权益，因此赋予了政治自由完全优先于社会目标的地位[⑦]。但这种不顾后果的政治优先性理论由于漠视了人们能享有的实质福利而陷于困境，难以成为一个可接受的评价系统的适当基础[⑧]。

鉴于上述理论在福利描述和测度上存在的局限性，阿玛蒂亚·森提出了"可行能力"分析框架，指出福利研究不应仅聚焦于提供良好生活的手段，而要集中注意人们努力实现他们有理由珍视生活的能力[⑨]。在阿玛蒂亚·森的观点下，生活被看作一系列"功能性活动"（func-

---

① Bentham, *An Introduction to the Principles of Morals and Legislation*, 1798.
② Alfred Marshall, *Principles of Economics*, London: Macmillan and Co. 8th ed. 1920.
③ Pigou A. C., *The Economics of Welfare*, London: Macmillan, 1920.
④ Robbins Lionel, "Interpersonal Comparison of Utility: A Comment", *The Economic Journal*, 1938, p. 936.
⑤ John Rawls, *A Theory of Justice*, Harvard Press, 1971, pp. 60-65.
⑥ Dworkin and Ronald, "What Is Equality? Part 2: Equality of Resources", *Philosophy & Public Affairs* 10, No. 4 (1981): 311.
⑦ Robert Nozik, et al., *The Examined Life*, New York: Simon Schuster, 1989.
⑧ Amartya Sen, *Poverty and Famines: An Essay on Entitlement and Deprivation*, Oxford and New York: Oxford University Press, 1981.
⑨ 阿玛蒂亚·森：《以自有看待发展》，中国人民大学出版社2013年版。

tionings）的集合，对福利的评估可通过评估这些组成成分来实现。如果说功能性活动反映一个人认为值得去做或者达到的各种各样的事情和状态，那么"可行能力"（capability）是指一个人获得福利的真正机会和选择各种功能性活动的自由[1][2]。在阿玛蒂亚·森的可行能力框架下，相关研究可以成功地运用可行能力的提高与剥夺来看待福利问题，并能兼顾考察主体福利结果与自身福利选择的过程。选择本身就是一种可贵的能力，因为节食与挨饿并非一回事[3]，对这一要点的重视，无疑让福利研究的视野变得更加宽广。但针对该方法的福利衡量指标，目前学界还没有达成共识，阿玛蒂亚·森认为福利评价及其权数的确定必须考虑个人处境的异质性，因而需要对可行能力（福利）的各个组成因素明确地赋予评价性权数，然后把这些选定的权数提供给公众进行讨论和批评审视，同时考虑到学者研究内容的主观性，居民福利评估的指标体系可依据研究目的来确定[4]。该理论广泛的解释力和较强的可操作性，使阿玛蒂亚·森的可行能力框架逐渐成为指导福利研究的主要思想基础。

在理论性研究的指导下，已有文献主要从个体内部、外部两方面探究居民福利的影响因素。内部因素主要包括就业质量[5]、家庭特征[6][7]、偏好[8]、收支情况[9]、愿望实现[10]、人力资本[11]、金融素养等；外部因素

---

[1] Enrica Chiappero Martinetti, "A New Approach to Evaluation of Well-Being and Poverty by Fuzzy Set Theory", *Giornale degli Economist*, 1994, p. 53.

[2] L. Casini and I. Bernetti, "Environment, Sustainability, and Sen's Theory", *Notizie di Politeia*, 1996.

[3] Jennifer Prah Ruger, "Aristotelian Justice and Health Policy: Capability and Incompletely Theorized Agreements", Harvard University, Ph. D. Thesis, 1998.

[4] Amartya Sen, "Rationality and Social Choice", *American Economic Review*, 1995, p. 85.

[5] 刘丹、雷洪：《就业质量、相对剥夺感与农民工的地位层级认同》，《学习与实践》2020年第9期。

[6] 黄有光：《福利经济学》，中国友谊出版社1991年版。

[7] 樊士德、张尧：《中国欠发达地区农户福利的多维度考察：基于劳动力流动的分析》，《劳动经济学》2020年第1期。

[8] Harsnyi J. C. Utilities, "Preferences and Substantive Good", *Social Choice and Welfare*, 1997, pp. 129-145.

[9] 曹瓅等：《农户产权抵押借贷行为对家庭福利的影响——来自陕西、宁夏1479户农户的微观数据》，《中南财经政法大学学报》2014年第5期。

[10] Gosling J. C. B., *Pleasure and Desire*, Oxford: Clarendon Press, 1969.

[11] 周扬、谢宇：《二元分割体制下城镇劳动力市场中的工作流动及其收入效应》，《社会》2019年第4期。

主要包括社会制度[1]、国家风俗[2]、人居环境[3]、区域金融市场发展水平[4]、社会福利与补贴政策[5][6]等。近年来，诸多学者对国民福利的研究大多采用一种结合性视角，从传统效用理论、可行能力框架等多个层次看待福利问题。如康晓虹和赵立娟构建模糊数学评价模型探究草原生态奖补前后异质性牧户的福利差异，依据家庭资源、人力资源、社会资本和金融资源等禀赋对牧户福利包含的组织生产与家庭收入、教育与发展机遇、社会公平、身体状态与心理感受六个维度20个因子进行测算，指出草原生态奖补机制实施后，牧户福利水平提升了1.7%，但牧户间的福利分配差距有所拉大[7]。基于中国家庭追踪调查（CFPS）2010年数据，鲁元平、王军鹏实证检验互联网技术采用对居民主观福利的影响，研究发现互联网使用可以通过降低信息搜寻成本、扩展社会资本的路径提升城乡居民幸福感，并能在一定程度上缩小群体之间福利差距[8]。汪险生等从理论层面系统梳理了土地征收对农户就业及福利的影响，并采用多种实证方法进行验证，研究表明征地能够促进农户参与非农就业，提高家庭收入水平，改善了农户整体福利[9]。这个研究结果与Feng的研究观点一致[10]。而学者贾书楠运用双重差分的倾向得分匹配法

---

[1] Rawls, *A Theory of Justice*, the Belknap Press of Harvard University Press, Cambridge, 1974.

[2] Adam Smith, *An inquiry into the nature and couses of the Wealth of Nations*（1776）, volume2, book5, chapter2, in the edition by Campbell R. H. and Skinner A. S., Oxford：Oxford University Press, 1976, 469-471.

[3] 颜廷武等:《农民对作物秸秆资源化利用的福利响应分析——以湖北省为例》,《农业技术经济》2016年第4期。

[4] 李成友等:《需求和供给型信贷配给交互作用下农户福利水平研究——基于广义倾向得分匹配法的分析》,《农业技术经济》2019年第1期。

[5] 房莉杰:《平等与繁荣能否共存——从福利国家变迁看社会政策的工具性作用》,《社会性研究》2019年第5期。

[6] 刘中海:《农村居民养老办保险财政补贴的福利效应》,《社会保障评论》2020年第1期。

[7] 康晓虹、赵立娟:《草原生态奖补背景下异质性资源禀赋对牧户福利变动影响研究》,《中国人口·资源与环境》2020年第5期。

[8] 鲁元平、王军鹏:《数字鸿沟还是信息福利——互联网使用对居民主观福利的影响》,《经济学动态》2020年第2期。

[9] 汪险生等:《土地征收对农户就业及福利的影响——基于CHIP数据的实证分析》,《公共管理学报》2019年第1期。

[10] Feng S., et al., "Land Rental Market, Off-farm Employment and Agricultural Production in Southeast China：A Plot-level Case Study", *China Economic Review*, 2010, pp. 598-606.

所得到的结果相抵牾，他指出政府主导农地流转模式下农户家庭人均纯收入和非食品消费均低于市场主导的农地流转，政府干预农地流转会对农户福利产生负面效应①。

还有一些文献将农户要素配置决策与家庭福利状态相联系，从理论上讲，农户要素市场参与行为通过缓解家庭资源禀赋约束，有助于促使各项生产要素有序流动与合理配置，能够促进农户经济地位提升，继而扩展农户家庭多项可行能力。例如，冒佩华和徐骥从农业生产效率的异质性视角出发，认为土地流转有助于农户依据自身农业生产效率转入或者转出土地，可以显著提高农户家庭收入水平，起到了完善农村土地制度的作用②。关江华和张安录采用倾向得分匹配法对湖北农户微观数据进行分析发现，农户土地流转通过家庭纯收入、社会保障水平、自评健康状况等因素改进了农户福利③。在劳动力要素方面，樊士德和张尧基于欠发达地区农户数据的实证研究指出，劳动力流动对家庭经济状况、社会保障、主观心理条件、少儿抚育和老人赡养五个福利维度产生正效应④。孙亚南则认为，农村劳动力转移可以通过人力资本积累促进农村减贫⑤；学界历来重视金融发展与经济增长的关系，现有研究证实，金融发展能够改善产品市场和要素市场配置效率⑥，降低贫困发生率⑦⑧，

---

① 贾书楠：《政府主导的农地流转对农户福利影响及改进策略研究——以关中—天水经济区为例》，硕士学位论文，西北农林科技大学，2017 年。
② 冒佩华、徐骥：《农地制度、土地经营权流转与农民收入增长》，《管理世界》2015 年第 5 期。
③ 关江华、张安录：《农地确权背景下土地流转对农户福利的影响》，《华中农业大学学报》（社会科学版）2020 年第 5 期。
④ 樊士德、张尧：《中国欠发达地区农户福利的多维度考察：基于劳动力流动的分析》，《劳动经济学》2020 年第 1 期。
⑤ 孙亚南：《农业劳动力转移、人力资本投资与农村减贫》，《学习与探索》2020 年第 11 期。
⑥ 王爱萍等：《金融发展对收入贫困的影响及作用机制再检验——基于中介效应模型的实证研究》，《农业技术经济》2020 年第 3 期。
⑦ Rahman K., "Targeting Underdevelopment and Poverty in the Muslim World Role of Islamic Finance?", *Policy Perspectives*, 2013, pp. 123-132.
⑧ Sehrawat M. and Giri A. K, "Financial Development and Poverty Reduction: Panel Data Analysis of South Asian Countries", *International Journal of Social Economics*, 2016, pp. 598-606.

促进社会包容性增长①。微观层面，诸多研究发现农户通过民间借贷或正规借贷渠道获取生产性资金和生活性资金，并将资金作为要素投入生产生活，优化生产决策和技术投资，影响下期收入和消费支出，实现家庭总效用最大化②。而遭受金融信贷约束则会影响农户生产经营、投资决策及效率，容易导致农户短视行为，从而阻碍农户福利水平的提高。

四　职业分层对农户要素配置行为的影响研究

任何要素市场的发展都不是孤立的③，农户要素配置是根据其所处环境、资源约束，对可供选择的行为进行成本—收益权衡之后的理性选择行为，预示着农户未来家庭整体资源的重新配置和生计选择的变化④。农户家庭成员所处职业阶层，作为表征其家庭人力资本、社会经济地位的结构性因素，反映了个体或家庭非农收入能力及稳定性，势必对农户家庭资源配置及生计策略选择产生深远影响⑤。从职业分层对农户家庭土地要素配置的影响来看，已有文献集中关注非农就业能力和岗位稳定性与农地流转决策之间的关系。王常伟和顾海英指出非农就业能力强的农户更倾向于选择租出以及入股的土地配置模式⑥。然而，袁航等基于数学模型推导认为，由于农业生产效率高的农户的非农能力同样很强，因此形成效率高的农业经营户转入更少耕地的现象⑦。王小斌等基于广东江门微观数据的实证分析，得出土地依赖程度越高的农民土地流转意愿越低，收入来源于非农行业或具有较高人力资本的阶层更愿意

---

① 黎蔺娴、边恕：《经济增长、收入分配与贫困：包容性增长的识别与分解》，《经济研究》2021年第2期。

② 周小刚、陈熹：《关系强度、融资渠道与农户借贷福利效应——基于信任视角的实证研究》，《中国农村经济》2017年第1期。

③ Feng S. and Heerink N. , "Are Farm Households' Land Renting and Migration Decisions Inter-relates in Rural China?", *Journal of Life Science*, 2008, pp. 345-362.

④ Besley T. , "Property Rights and Investment Incentive: Theory and Evidence from Ghana", *Journal of Political Economy*, Vol. 103, No. 5, 1995, pp. 903-937.

⑤ 陈飞、翟伟娟：《农户行为视角下农地流转诱因及其福利效应研究》，《经济研究》2015年第10期。

⑥ 王常伟、顾海英：《就业能力、风险偏好对农地配置意愿的影响》，《华南农业大学学报》（社会科学版）2020年第2期。

⑦ 袁航：《关于农业效率对农户农地流转行为影响争议的一个解答——基于农户模型（AHM）与CFPS数据的分析》，《农业技术经济》2018年第10期。

流转土地，职业分层是影响农民参与农地流转的重要因素①。许恒周等采用结构方程模型，实证分析农户分化对农地流转意愿的影响，发现职业层级每提高一个单位，农户农地转出意愿就会增加 0.634 个单位②。关于影响机理方面，借助哈里斯-托达罗模型思想，卢华指出农民能否在非农就业市场上获得稳定的非农工作，或者对非农工作形成预期是否稳定，是农户决定是否流转农地及流转面积的关键，不稳定和非正规的低层次就业的存在均会影响农户对土地的禀赋效应和经济依赖③。进一步地，鉴于现有文献不能清晰识别农地流转与劳动力转移的因果关系，杨子砚和文峰选取中国家庭追踪调查数据（CFPS）和三阶段最小二乘法（3SLS）探究了农户农地经营决策与劳动力配置问题的逻辑次序问题，研究表明稳定且收入较高的非农工作是农户转租土地的先决条件④。此外，职业分层对农地流转的影响还体现在公共产品供给层面，农村人口在城镇从事的工作一般层级低、期限短、无法享受相应的公共服务⑤，而作为储蓄和养老方式，农地不仅是农业生产不可或缺的生产资料，更是一种就业和社会保障⑥⑦⑧。这些都意味着较低的非农就业层级，将不利于农户市民化进程，从而抑制农民转让土地经营权的积极性。

　　农户在劳动力市场中的就业层次还会对其参与其他要素市场带来影响。关于职业分层与农户家庭劳动力配置的针对性研究不多，现有研究

---

① 王小斌等：《基于农民阶层分化视角的农地流转意愿研究——以广东省江门市为例》，《陕西农业大学学报》（社会科学版）2015 年第 9 期。

② 许恒周等：《农民分化对农户农地流转意愿的影响分析——基于结构方程模型的估计》，《中国土地科学》2012 年第 8 期。

③ 卢华：《土地细碎化、非农劳动供给和农地经营权流转》，博士学位论文，南京农业大学，2017 年。

④ 杨子砚、文峰：《从务工到创业——农地流转与农村劳动力转移形式升级》，《管理世界》2020 年第 7 期。

⑤ 牛晓冬：《西部地区新型农村金融机构支农效果研究》，《西北农林科技大学学报》2017 年第 8 期。

⑥ Zhao Y. H. and Wen G. J., "G. J. Chinese Rural Social Security and Land Holding", China Center for Economic Research Working Paper, Peking University, 1998.

⑦ 斯科特：《农民的道义经济学——东南亚的反叛与生存》，南京译林出版社 2001 年版。

⑧ 温铁军：《农民社会保障与土地制度改革》，《学习月刊》2006 年第 10 期。

表明劳动力非农职业阶层越高，劳动力非农转移程度越高，农村居民市民化可能性越大。比如，孙小宇等基于中国家庭收入调查（CHIP2013）的数据发现，农户外出从业经历会通过感知城乡收入差距、累积城市工作经验和提高非农收入水平等方面，刺激家庭其他劳动力进入城市就业的意愿[1]。张吉鹏等基于2017年和2019年的中国家庭金融调查，借助城镇就业指数门槛进行实证分析发现，城市落户门槛是导致农村劳动力回流的重要原因，且在异质性分析上表明，低技能、农村户籍群体的回流决策更容易受到外出地户籍门槛的正向影响[2]。依据目标设置理论，钱文荣、李宝值将农民工迁移界定为进城务工和留城定居两个阶段，并指出农民工在城市中的绩效反馈，即在城市文明中取得的成绩，对农民工留城意愿起到了正向作用[3]。此外，已有研究探讨了职业阶层对农民工城市化的影响，认为较高的职业阶层意味着农户具有稳定的非农收入和可靠的社会保障，能够提高农村劳动力承担城市购房成本的能力，有助于为家庭其他成员进入城市提供基础。有学者对农户金融市场参与行为进行了大量探讨，研究发现职业非农化及创业行为激发了农户的融资需求，提高了其信贷可得性[4]，非农就业主要通过收入增加和土地流转两种渠道来缓解农户金融抑制[5]。尹志超等发现中国农贷市场中存在"精英俘获"机制，部分精英群体利用自身优势可以获得更多金融资源[6]。苏岚岚和孔荣依据陕西、宁夏两个省份1325户农户调查数据，认为家中是否有亲友担任公职会显著影响农户家庭获取农地抵押贷款[7]。

---

[1] 孙小宇等：《外出从业经历、农地流转行为与农村劳动力转移——基于CHIP2013数据的实证分析》，《农业技术经济》2021年第3期。
[2] 张吉鹏等：《城市落户门槛与劳动力回流》，《经济研究》2020年第7期。
[3] 钱文荣、李宝值：《初衷达成度、公平感知度对农民工留城意愿的影响及其代际差异——基于长江三角洲16城市的调研数据》，《管理世界》2013年第9期。
[4] 米运生等：《农地转出、信贷可得性与农户融资模式的正规化》，《农业经济问题》2017年第5期。
[5] 魏滨辉等：《中国农村非农就业对农户融资的影响与机制——基于CFPS面板数据的研究》，《农村经济》2020年第5期。
[6] 尹志超等：《"为有源头活水来"：精准扶贫对农户信贷的影响》，《管理世界》2020年第2期。
[7] 苏岚岚、孔荣：《农地抵押贷款促进农户创业决策了吗？——农地抵押贷款政策预期与执行效果的偏差检验》，《中国软科学》2018年第12期。

第一章 导 论

与此同时，诸多研究还进一步探讨了农村劳动力非农转移与土地流转行为之间的逻辑关系。学者普遍认为，在市场竞争驱动下，农村劳动力非农转移是影响和决定农地流转行为的最关键因素，更加完善的城乡劳动力市场和较高的人力资本，可以放宽农村劳动力非农就业限制，增加劳动力的务农机会成本和边际产出差异[1][2]。特别是近年来，随着劳动力市场的逐步规范，"三权分置"推进和农地要素功能不断增强，土地流转是农村劳动力转移和非农就业的结果得到越来越多学者的认同[3][4]。Kung 在研究农户土地租入决策时引入了劳动力非农就业时间变量，指出劳动力市场发育会影响农地流转市场的发展[5]。劳动力流转市场对农地流转市场有着重要影响，劳动力非农转移与土地租入概率负相关，与土地租出概率正相关[6][7][8][9]。然而，非农劳动力供给怎样影响农地流转仍存在质疑，大量统计数据和实证研究表明农地流转率明显滞后于劳动力转移率[10][11]。是什么原因造成了上述结果？钱忠好认为中国农户的兼业化特征导致了非农就业对农户土地流转影响不显著[12]，农民工

---

[1] 姚洋：《非农就业结构与土地租赁市场的发育》，《中国农村观察》1999 年第 2 期。
[2] 郑旭媛、徐志刚：《资源禀赋约束、要素替代与诱致性技术变迁——以中国粮食生产的机械化为例》，《经济学（季刊）》2017 年第 1 期。
[3] 郜亮亮等：《中国农地流转市场的发展及其对农户投资的影响》，《经济学（季刊）》2011 年第 4 期。
[4] 冷智花等：《家庭收入结构、收入差距与土地流转——基于中国家庭追踪调查（CFPS）数据的微观分析》，《经济评论》2015 年第 5 期。
[5] James Kai-Sing Kung, "Off-farm Labor Markets and the Emergence of Land Rental Markets in Rural China", *Journal of Comparative Economics*, 2002, pp. 395-414.
[6] Deininger, K. and S. Jin, "The Potential of Land Markets in the Process of Economic Development: Evidence from China", *Journal of Development Economics*, 2005, pp. 241-270.
[7] Yi C., "Off-farm Employments and Land Rental Behavior: Evidence from Rural China", *Journal of Development Economics*, 1999, pp. 463-496.
[8] 黄枫、孙世龙：《让市场配置农地资源：劳动力转移与农地使用权市场发育》，《管理世界》2015 年第 7 期。
[9] 杜鑫：《劳动力转移、土地租赁与农业资本投入的联合决策分析》，《中国农村经济》2013 年第 10 期。
[10] 侯明利：《劳动力流转与农地流转的耦合协调研究》，《暨南学报》（哲学社会科学版）2013 年第 10 期。
[11] 罗必良：《农地流转的市场逻辑——"产权强度—禀赋效应—交易装置"的分析线索与案例研究》，《南方经济》2014 年第 5 期。
[12] 钱忠好：《非农就业是否必然导致农地流转——基于家庭内部分工的理论分析及其对中国农户兼业化的解释》，《中国农村经济》2008 年第 10 期。

在城市就业，又在农忙时返乡从事农业生产，降低了农地租出倾向①②。对此，游和远和吴次芳指出，当前农地流转不直接导致农村劳动力转移，农地流转在实现农村劳动力转移过程中存在一系列的禀赋依赖③。陈秧分等认为劳动力非农转移与农地流转之间并非简单的线性关系，而是存在门限效应④。对此，已有研究还从区域经济发展水平⑤、要素替代难易程度、家庭整体要素禀赋⑥、土地保障功能⑦、交易费用与风险识别⑧⑨、劳动力转移规模⑩等角度予以了分析。

五 职业分层对农户家庭福利的影响研究

现有的关于职业分层农户福利效应的研究主要围绕农户家庭经济福利和多维福利视角展开。从职业分层对经济福利的影响来看，韩雪和张广胜认为不同职业阶层的工资机制存在差异，由于高阶层职业具有稳定的工资机制和劳资关系，因而能够为劳动者提供满意的工资水平和工作环境⑪。周京奎等从多维减贫视角出发，认为农地转出所带来的非农就业以及职业阶层提升是农地流转促进家庭收入增长的重要途径，并能够

---

① 何军、李庆：《代际差异视角下的农民工土地流转行为研究》，《农业技术经济》2014年第1期。

② 黎霆等：《当前农地流转的基本特征及影响因素分析》，《中国农村经济》2009年第10期。

③ 游和远、吴次芳：《农地流转、禀赋依赖与农村劳动力转移》，《管理世界》2010年第3期。

④ 陈秧分等：《东部沿海地区农户非农就业对农地租赁行为的影响研究》，《自然资源学报》2010年第3期。

⑤ 孙云奋：《劳动力转移与农地流转的关联度：鲁省个案》，《改革》2019年第9期。

⑥ Stark O. and Bloom D., "In the New Economics of Labor Migration", *American Economic Review*, 1985, pp.173-178.

⑦ 陈锡文、韩俊：《如何推进农民土地使用权合理流转》，《中国改革》（农村版）2002年第3期。

⑧ 李景刚等：《农户风险意识对土地流转决策行为的影响》，《农业技术经济》2014年第11期。

⑨ 吴莺莺等：《农业税费改革对土地流转的影响——基于状态装换模型的理论和实证分析》，《中国农村经济》2014年第7期。

⑩ 洪炜杰：《劳动力转移规模对农户农地流转行为的影响——基于门槛值的检验分析》，《农业技术经济》2016年第11期。

⑪ 韩雪、张广胜：《工资机制、劳资关系与进城务工人口职业分层》，《人口与经济》2015年第5期。

通过改善农民家庭福利，达到农村减贫增收的目的[1]。立足职业分层视角，田丰探讨了户籍制度管制松解背景下城乡劳动力收入差异，由于绝大多数农村劳动力进入进城后只能从事阶层相对低下、缺少晋升路径的工作，阻碍了农民增收和城乡收入差距缩小[2]。基于对马克思剩余价值论的剖析，张俊山指出职业形态与收入分配存在密切联系，社会成员所从事的职业及其被赋予的权利通过决定人们所处的社会经济地位间接影响各种职业的收入分配。从根本上说，社会成员收入差距悬殊的主要原因不是他们的劳动力能力不同，而是职业分层基础上的社会经济地位的不同，想要达到某一收入水平，就必须跻身特定职业[3]。韩佳丽等利用中国贫困地区农户微观数据分析发现，由于人力资本等要素禀赋的积累不足，贫困农户在非农就业市场中缺乏工资议价能力，从而导致劳动力流动对贫困农户的增收效应十分有限[4]。同时，劳动力非农转移还对家庭农地产出率具有显著负向影响[5]。也有学者从人力资本的角度出发研究非农就业的减贫效应，发现受教育程度与农户非农就业以及就业收入水平呈显著的正相关关系，而受教育水平不足的劳动力流动对家庭收入条件的改善是有限的[6]。基于2010年流动人口动态监测数据，王静[7]探讨了流动人口职业转换对工资的影响机制，她指出职业流动可以优化职业分层，继而有助于提升各层次劳动力收入水平，并通过统计和实证分析方法验证了职业层次提高与工资水平提升呈正比例关系的论断。受教育程度越高，越有可能从事高层次职业，与高学历的人群相比，低学历人群缺乏在职业晋升上的动力，他们不仅工资水平较低，而且工资增长

---

[1] 周京奎等:《农地流转、职业分层与减贫效应》,《经济研究》2020年第6期。
[2] 田丰:《职业分层视野下的城镇人口与农民工收入差距研究》,《河北学刊》2015年第5期。
[3] 张俊山:《职业分层、中产阶级与收入分配》,《政治经济学研究》2013年第1期。
[4] 韩佳丽等:《新形势下贫困地区农村劳动力流动的减贫效应研究——基于连片特困地区的经验分析》,《人口学刊》2018年第5期。
[5] 李林霏:《黄土高原劳动力非农转移对农地产出率的影响——基于要素配置的中介效应和地形条件约束调节效应》,博士学位论文,西北农林科技大学,2021年。
[6] 刘魏:《土地征收、非农就业与城郊农民收入研究》,博士学位论文,西南大学,2017年。
[7] 王静:《大城市流动人口的"职业转换"对工资影响的研究》,《西北人口》2020年第2期。

速度也较慢①。职业分层对农户经济福利的影响可能还存在区域异质性。胡雯和张锦华②从人口密度和空间距离视角探究了农民工城镇就业的工资决定机制，实证分析表明，在高密度城市的工资溢价效应发生在劳动技能高的农民工群体，而工资折价发生在低技能农民工群体，即中高技能劳动者在城市经济聚集的溢价效应中获益更多，而低技能劳动者则因为城市拥挤效应的负外部性遭遇工资折价③。

消费作为经济收入的外在表现，是个体经济福利的重要表现形式。陈文超以湖北省一个村庄为调查对象，发现农村社会中存在消费分层机制④。刘升通过对浙江绍兴5个村庄的调研发现，农民消费分层与职业分层具有一致性，相同职业阶层农户的消费结构和消费目的十分相似，并且农民消费分层还决定其家庭政治和文化分层⑤。林晓珊从消费结构、消费能力、消费质量和消费方式四个维度构建了新的消费分层指标体系，利用中国家庭追踪调查2016年数据识别出边缘型、负重型、新兴型、富奢型四个消费阶层，并指出职业分层与消费分层之间存在内在联系，居民的消费层次会随着职业分层的提高而提高⑥。贝克尔基于1975—1976年美国已婚男女每周市场工作时间和家庭小时数的对比分析认为，由于照料孩子和其他家务负担造成已婚妇女需求工作时间灵活和强度较低的工作，这种职业隔离现象抑制了已婚妇女对人力资本的投资，并导致其工资收入水平降低⑦。不只对维持日常生活所需的物质消费产生影响，职业状态还会影响人们的精神文化消费。研究表

---

① 王水珍、王舒厅：《人力资本失灵与马太效应：教育对职业分层的两极分化》，《华中科技大学学报》（社会科学版）2017年第2期。
② 胡雯、张锦华：《密度、距离与农民工工资：溢价还是折价？》，《经济研究》2021年第3期。
③ 段巍等：《中国式城镇化的福利效应评价（2000—2017）——基于量化空间模型的结构估计》，《经济研究》2022年第5期。
④ 陈文超：《消费视野下农民阶层结构的分析——基于一个村庄的研究》，中国社会学学术年会论文，2006年。
⑤ 刘升：《消费分层：理解农村变迁的一个视角——基于浙北5村的调研》，《农村经济》2015年第1期。
⑥ 林晓珊：《中国家庭消费分层的结构形态——基于CFPS 2016的潜在类别模型分析》，《山东社会科学》2020年第3期。
⑦ 加里·斯坦利·贝克尔：《家庭论》，商务印书馆2005年版。

明，文化消费模式受到职业地位和收入的影响[1]，Alderson 等进一步指出，相较于收入，职业地位对文化消费的影响更为重要[2]。张铮和吴福仲通过 CGSS 数据进行实证分析发现，职业状态的群体差异显著影响着居民文化消费分层，总体而言，职业地位越高、职业收入越高、工作时间越短，进而文化消费行为越频繁[3]。此外，还有研究表明，闲暇时间是文化消费的基础[4]，当工资水平较低时，闲暇时间的替代效应强于收入效应，造成人们选择增加工作时间，减少闲暇时间，而文化消费的匮乏将进一步影响他们的职业技能、职场表现和职场地位的获得，继而陷入不平等再生产循环中[5][6]。

从职业分层对农户多维福利的影响来看，彭国胜对长沙市青年农民工的调查表明，收入水平和职业声望都会对青年农民工的社会融合产生显著影响，农民工对其所从事职业的认同有利于他们进一步融入城市、完成市民化过程[7]。国外学者比较关注就业与生活满意度和幸福感之间的联系。Liliana 的研究发现，就业是个人获得收入与认同、建立社会关系和社会尊重的重要来源，非就业群体会因为无法获得收入、缺乏社会联系以及对自我价值产生否定性评价而导致幸福感降低[8]；Tucker 从工作时间的不确定性带来的负面影响说明工作质量与社会融入的关系：工作时间过长特别是超出法定劳动时间，会使就业者与家人和朋友的互动

---

[1] Goldthorpe C., "Social Stratification and Cultural Consumption: Music in England", *European Sociological Review*, 2007, pp. 1-19.

[2] Alderson A. S., et al., "Social Status and Cultural Consumption in the United States", *Poetics*, Vol. 35, No. 2, 2007, pp. 191-212.

[3] 张铮、吴福仲：《从社会分层到文化消费分层：基于职业视角的考察》，《全球传媒学刊》2019 年第 2 期。

[4] 郭鲁芳：《休闲学》，清华大学出版社 2012 年版。

[5] Jonathan and Gershuny, "Busyness as the Badge of Honor for the New Superordinate Working Class", *Social Research An International Quarterly*, 2005.

[6] 王琪延、韦佳佳：《北京市居民休闲时间不平等研究》，《北京社会科学》2017 年第 9 期。

[7] 彭国胜：《青年农民工的就业质量与阶层认同——基于长沙市的实证调查》，《青年研究》2008 年第 1 期。

[8] Liliana, et al., "Why are the Unemployed So Unhappy? Euidence from Panel Data", *Economica*, 1998.

大为减少，从而对他们的个人健康及家庭福利产生不利影响[①]。基于对社会融合理论的进一步研究，徐延辉和王高哲探究了职业分层对外来移民社会融合的影响，并指出较高阶层的非农就业不仅能给劳动者带来可观的经济收入，更能为其带来职业身份的认可和接纳，为其得到更高层次的自尊和自我实现提供条件[②]。此外，李慧中和陈琴玲发现农民工的职业地位还会对农户的社会态度产生影响，农民工职业地位偏低会导致农户产生消极的社会态度[③]；李明采用Mincer收入方程和Oaxaca-Blinder分解方法测算不同职业阶层劳动者的社会剥夺程度，研究显示非国有企业经济管理人员、业主等高层次职业群体的社会剥夺指数为负，这说明高层次职业群体的人力资本收益是溢价实现的，而低层次个体却难以凭借努力改变自身经济社会地位，从而弱化低层次劳动力的社会激励，诱发他们对政治体系的不满[④]。在农村劳动力市场层面。王恩超等[⑤]采用全国农民工调查数据，运用负二项回归模型和Logit模型分析了代际差异和职业分层对农民工职业流动的影响。研究表明，职业技术职称越高，其职业阶层固化越严重，相比第一代农民工，第二代农民工流动性更强。王培刚和衣华亮的研究发现，职业结构依然是影响城市居民生活质量和满意度的主要因素，分割性结构通过个体社会经济地位影响他们对生活质量的感知[⑥]。研究表明就业质量与居民社会融合密切相关，劳动力市场排斥不仅会导致收入贫困，还会加剧社会分割和孤立[⑦]，而职业声望可以显著提高农民工身份认同，促使农民工对城市

[①] Tucker D., "Precarious Non-Standard Employment-A Review of Literature", *iracst org*, 2002.

[②] 徐延辉、王高哲：《就业质量对社会融合的影响研究——基于深圳市的实证研究》，《学习与实践》2014年第2期。

[③] 李慧中、陈琴玲：《经济转型、职业分层与中国农民工社会态度》，《学海》2010年第4期。

[④] 李明：《市场演进、职业分层与居民政治态度——一项基于劳动力市场分割的实证研究》，《管理世界》2010年第2期。

[⑤] 王恩超、符平：《农民工的职业流动及其影响因素——基于职业分层与代际差异视角的考察》，《人口与经济》2013年第5期。

[⑥] 王培刚、衣华亮：《中国城市居民主观生活质量满意度评价分析》，《社会科学研究》2007年第6期。

[⑦] 曾群、魏雁滨：《失业与社会排斥：一个分析框架》，《社会学研究》2004年第3期。

生活方式的认同，推动他们进一步融入城镇社会①。也有学者探讨了工作质量对个人家庭生活和社会生活的影响，Johir 的研究表明，一份好的工作能带给人们归属感、获得信任以及良好的人际关系②。Tucker 则指出工作时间过长特别是超出法定时间的就业者，与他们的朋友和家庭的互动大为减少，这对他们的健康、家庭福利和社会关系均产生不利影响③。

　　伴随着社会转型与快速变迁，不同阶层群体生活机遇受到的影响可能极其不同，幸福感也出现分化。根据社会比较理论，幸福感源自与特定参照群体社会境况的比较。一般而言，社会平均生活水准以上的人觉得更幸福④⑤。中国的改革开放与社会发展导致社会不平等程度持续加大，使大多数中国人的收入相对降低，加上社会保障体系的缺失，使人们总体生活满意度下降⑥。而陆学艺的研究则表明，在政府及其相关部门工作的个体较少存在经济上的相对剥夺感，因此幸福感较高⑦。伊斯兰特（Easterlin）等的研究进一步证实了上面的观点，他们认为在快速发展的中国，民众总体幸福感没有显著提升是因为改革初期相对平等化的生活满意度已经被日益增加的阶层差异弱化，即中上层幸福感虽有增加，但低收入阶层和底层职业群体的幸福感在减少⑧。同时，"隧道效应"认为，幸福感不仅取决于对当前生活的满意度，也受到未来预期

---

① 易卓：《教育分层、职业分化与新生代农民阶层生产机制》，《当代青年研究》2022年第3期。

② Johri R. "Work Values and the Quality of Employment: A Literature Review", *New Zealand Department of Labour*, 2004.

③ Tucker D., "Precarious Non-Standard Employment-A Review of Literature", *iracst org*, 2002.

④ Festinger L. A., "A Theory of Social Comparison Processes", *Human Relations*, 1954, pp. 117-140.

⑤ Tella R. D., et al., "Happiness Adaptation to Income and to Status in an Individual Panel", *Journal of Economic Behavior & Organization*, Vol. 76, No. 3, 2010, pp. 834-852.

⑥ Brockmann H., et al., "The China Puzzle: Falling Happiness in a Rising Economy", *Journal of Happiness Studies*, 2009, pp. 387-405.

⑦ 陆学艺：《当代中国社会结构》，社会科学文献出版社2010年版。

⑧ Easterlin R. A., et al., "China's life satisfaction, 1990-2010", *Proceedings of the National Academy of Sciences of the United States of America*, Vol. 109, No. 25, 2012, pp. 9775-9780.

的影响，这意味着具有发展潜力的职业群体的幸福感更强[①]。在实证层面，洪岩璧利用 2013 年、2015 两年的 CGSS 数据对不同职业阶层群体的幸福感进行分析发现，管理人员、专业人员和办事人员的幸福感明显高于农民，尽管服务人员和工人的幸福感仍显著高于农民，但仅为边缘性显著，而无业下岗人员的幸福感则显著低于农民[②]。

六 文献评述

现有文献关于农户福利的内涵、测度及其影响因素，职业分层的指标及其与农户要素配置、家庭福利的关系，农户要素配置行为及其驱动因素分析，家庭各项生产要素配置的逻辑关系等都为本书提供了重要启示和有益借鉴。但梳理文献时发现，现有研究还存在以下不足。

（1）职业分层与农户福利研究方面：一是已有劳动力市场分割和职业分层研究多集中于欧美国家，且研究对象多为城市居民，而结合转型期中国经济社会发展趋势和劳动力市场分层特点，对我国农村居民进城就业形势及其对家庭福利影响的分析尚未给予足够重视；已有职业阶层划分指标选取和体系构建不够完善，缺乏对职业分层不同维度的深入挖掘。二是现有关于农户福利的研究多从收入或消费等视角衡量农户福利状况，而忽略了对社会保障、自评健康等一系列可行能力框架下的福利维度的评价和研究，故对农户家庭福利状况评价的系统性和有效性分析不足。

（2）农户要素配置行为影响因素方面：一是农户要素配置影响因素研究中虽关注到劳动力非农转移、人力资本、受教育水平、制度性因素等对农户家庭资源配置行为的影响，但忽略从职业分层视角追踪农户要素配置行为的深层次原因，特别是缺乏职业分层对农户要素市场参与的相关研究。二是已有研究多从土地、劳动力、资本和技术等单方面视角研究农户要素配置行为的内在逻辑，忽略了农户作为一个内部相互联系、相互作用的有机整体，其对家庭各要素的配置行为是联合决策的，

[①] Marshall G., "Firth D. Social Mobility and Personal Satisfaction: Evidence from Ten Countries", *British Journal of Sociology*, 1999, p. 28.

[②] 洪岩璧：《再分配与幸福感阶层差异的变迁（2005—2013）》，《社会》2017 年第 2 期。

对单一要素的影响因素进行分析可能并不准确。

（3）农户要素配置对家庭福利的影响方面：一是鲜有研究将农户要素市场参与、家庭要素配置结构及农业生产效率等多个层面的要素配置结果纳入统一框架，探究它们之间的关联机理，并评估各项生产要素配置的综合福利效应及福利效应的差异性。二是现有关于要素配置行为对农户福利影响的讨论，多使用收入或者消费等单一维度指标表征农民家庭福利特征，鲜有研究从代表农户家庭可行能力的功能性活动层面探究农户要素配置的家庭福利效应。

（4）综合来看，农户要素配置行为视角下已有研究多聚焦于探讨农户土地要素市场、资本要素市场、劳动力要素市场等单一要素市场参与的制约因素，随着研究的深入，部分学者逐步将两类不同要素配置纳入统一研究框架，围绕劳动力外出务工与土地流转、农地规模化与融资市场准入、非农就业与信贷可得性之间的关联性关系做了诸多阐述。但鲜有研究立足于要素流动视角，将劳动力转移、土地流转、融资借贷和农户福利等纳入农村要素市场整合发育和协调匹配的研究框架中，更遑论探究农民职业分层、生产要素配置与农户福利状态的作用路径和关联机理。

鉴于此，本书拟探索性构建农村劳动力、土地、资本要素市场整合发育的逻辑框架，立足要素流动和社会结构性视角，深入阐释农户职业分层、农户要素配置行为对其家庭多维福利影响的理论逻辑，并运用不同实证方法明晰上述因素之间的关联机理。对廓清职业分层的社会分化机制、阐明农村要素市场整合发育路径，揭示劳动力、土地、资本等要素市场对农户家庭福利的促进效应具有重要意义，为构建"三农"现代化政策支撑体系、促进农户要素合理配置、农户家庭福利整体改善提供有益思路。

第五节 研究内容与思路

一 研究内容

第一章，导论。首先，阐述本书的研究背景、研究目的与研究意义；其次，系统梳理职业分层、农户生产要素配置、家庭福利相关的国内外文献，并对已有文献进行综述；再次，阐明本书的各章节主要研究内容与具体研究思路，且以技术路线图呈现各研究内容之间的逻辑关联；复次，对每部分研究内容所采取的研究方法予以阐述说明，并对本书研究数据来源进行介绍；最后，归纳和凝练本书可能的创新之处。

第二章，相关概念界定和理论基础。依据相关理论和文献，界定非农就业、职业分层、农户要素配置、农户家庭福利等核心概念，确定各关键变量所包含的维度及主要表征指标；梳理福利经济学、职业分层理论、劳动力市场分割理论、新经济迁移学理论、农户家庭效用理论等主要观点，为本书架构职业分层、农户要素配置与农户家庭福利之间的内在逻辑关系提供理论支撑。

第三章，职业分层、农户要素配置与家庭福利的理论分析。基于农户模型对农户要素配置及家庭多维福利的决定因素进行数理推导。建立在梳理文献基础上，深入阐释职业分层影响农户生产要素配置的机理、职业分层影响农户家庭福利的机理，系统构建要素流动视角下职业分层、农户要素配置与农民家庭福利的关联框架，进而推导要素配置行为中介作用下职业分层影响农户家庭福利的机理，为后续实证研究奠定理论基础。

第四章，职业分层、要素市场发育与农户家庭福利的现状分析。从宏观层面系统梳理我国农村劳动力非农转移进程、农村要素市场发育脉络和农户家庭福利状况变迁历程，明确宏观趋势和政策支持方向。基于劳动力市场分割和职业分层理论，建构农民职业阶层划分指标体系，并运用微观调查数据对农民职业分层进行统计和影响因素分析。基于阿玛蒂亚·森的可行能力分析框架，从影响实质自由的功能性活动视角刻画农民家庭福利特征，以厘清组成农户家庭福利的各项因素，进而为更加全面地检视职业分层、生产要素配置的农户家庭福利效应提供条件。

第五章，职业分层影响农户要素配置决策的实证分析。首先，基于要素流动视角，分析职业分层对农户要素配置决策、农户要素市场参与、农户要素配置结构及农业生产效率的影响方向并提出研究假说，采用Probit、Tobit、Fractional logit等计量模型测算农民工职业阶层提升对农户要素配置决策、农户要素市场参与、农户要素配置结构及农业生产效率的影响效应。其次，采用工具变量法，通过引入工具变量识别和解决职业分层与农户要素配置行为之间的内生性问题。最后，采用固定效应模型、倾向得分匹配法和替换因变量等方法检验职业分层影响农户要素配置决策的稳健性。

第六章，职业分层影响农户家庭福利的实证分析。首先，依据职业分层理论阐释农民工职业阶层分化对其家庭福利及各项功能性活动产生影响的理论逻辑并提出研究假说，为了处理由"自选择"问题导致的估计偏误，在考虑核心自变量是连续变量的基础上，采用广义倾向得分匹配法测算职业分层对农户家庭经济收入和多维福利指标的因果效应和处理效应。其次，采用工具变量法对上述估计结果进行稳健性分析。

第七章，要素配置决策中介作用下职业分层影响农户家庭福利的实证研究。在构建分层模型的基础上，分别阐释农户生产要素市场参与行为及配置结构在职业分层影响农户家庭福利过程中的中介作用，并提出相应的研究假说。同时，采用中介效用模型检验农户要素配置行为在职业分层与农户家庭福利之间的中介作用。在此基础上，进一步采用Bootstrap法检验上述中介作用的稳健性。

第八章，研究结论与政策建议。依据上述实证分析结果提炼主要研究结论，立足提高农民人力资本、培养职业农民、促进农民产权交易参与，从多种路径寻求增进农民总体福利、释放农村发展潜力的要素整合与协同匹配的配套支撑保障机制。

二 技术路线图

本书技术路线如图1-1所示。

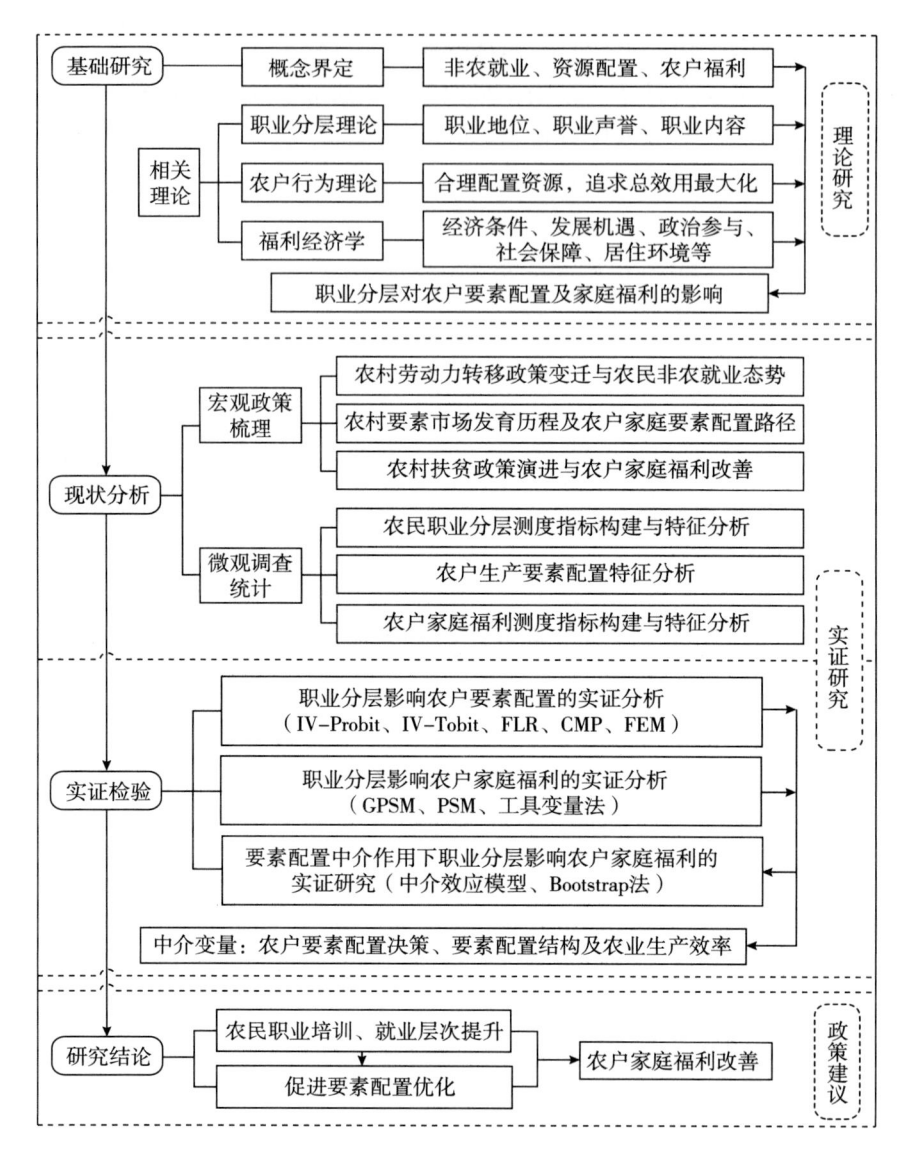

```
┌─────────────────────────────────────────────────────────────┐
│ 基础研究 ──┬── 概念界定 ──── 非农就业、资源配置、农户福利        ┐ │
│           │                                                 │ │
│           │   ┌── 职业分层理论 ── 职业地位、职业声誉、职业内容  │ │
│           └ 相关理论 ── 农户行为理论 ── 合理配置资源,追求总效用最大化 │ 理论研究
│                     └── 福利经济学 ── 经济条件、发展机遇、政治参与、│ │
│                                      社会保障、居住环境等      │ │
│                                                              │ │
│           职业分层对农户要素配置及家庭福利的影响                 ┘ │
│                                                                 │
│ 现状分析 ──┬ 宏观政策梳理 ┬── 农村劳动力转移政策变迁与农民非农就业态势  │
│           │             ├── 农村要素市场发育历程及农户家庭要素配置路径  │
│           │             └── 农村扶贫政策演进与农户家庭福利改善        │
│           │                                                        │
│           └ 微观调查统计 ┬── 农民职业分层测度指标构建与特征分析        ┐
│                        ├── 农户生产要素配置特征分析                  │
│                        └── 农户家庭福利测度指标构建与特征分析         │ 实证研究
│                                                                    │
│ 实证检验 ──┬── 职业分层影响农户要素配置的实证分析                     │
│           │   (IV-Probit、IV-Tobit、FLR、CMP、FEM)                 │
│           ├── 职业分层影响农户家庭福利的实证分析                     │
│           │   (GPSM、PSM、工具变量法)                              │
│           ├── 要素配置中介作用下职业分层影响农户家庭福利的           │
│           │   实证研究 (中介效应模型、Bootstrap法)                  ┘
│           └── 中介变量:农户要素配置决策、要素配置结构及农业生产效率    │
│                                                                    │
│ 研究结论 ──┬── 农民职业培训、就业层次提升 ──┐                       ┐
│           └── 促进要素配置优化              ├─── 农户家庭福利改善     │ 政策建议
└────────────────────────────────────────────────────────────────────┘
```

图 1-1 本书技术路线

第六节 研究方法与数据来源

一 研究方法

本书拟采用规范分析和实证计量分析相结合的方法,具体包括文献

分析法、描述统计分析方法、计量模型分析方法。

（1）文献分析法。文献分析法是一种通过收集、鉴别、整理和分析文献形成对事实或研究对象的科学认识的方法。本书研究充分利用东北农业大学图书馆的馆藏资源和中国知网、超星图书馆、Web of Science 等网络数字资源，通过主题检索，广泛收集国内外与职业分层、农户要素配置和家庭福利相关的文献资料，在系统梳理、比较分析和客观评述基础上，总结已有研究成果并找出现有研究存在的不足，进而明确本书的研究方向和内容。

（2）描述统计分析方法。描述统计分析方法是通过图表或数学方法，对数据资料进行收集、整理、加工，并对数据的分布状态、数字特征及变量间关系进行估计和描述的分析方法。本书基于中山大学社会科学调查中心实施的中国劳动力动态调查数据（CLDS）、国家统计局农民工监测报告、课题组实地调查第一手数据，分析了我国农业劳动力转移与农民职业分层现状、农村产权市场发育和农民生产要素配置情况以及农户家庭福利水平演变脉络，为下一阶段计量经济学量化分析提供了充实的经验支持。

（3）计量模型分析方法。社会科学研究的本质是验证并解释一对因果关系，限于随机实验、自然实验难度大，社会调查所获得的数据一般为观察型数据，而观察型数据的因果推断实际上是通过统计控制实现的，即使用计量模型对种种因素加以控制的多元回归分析。本书采用了 Probit、Tobit、Fractional logit 等非线性回归模型，使用工具变量法（IV）、倾向得分匹配法（PSM）、广义倾向得分匹配法（GPSM）克服了变量内生性、互为因果、扰动项共时相关等问题，并采用中介效应模型和 Bootstrap 法探索了职业分层影响农户福利的过程和机制，使本书的研究结果更具可靠性。

二 数据来源

本书所使用的主体数据来源于中山大学社会科学调查 CLDS，CLDS 项目在 2012 年启动了基线调查，并在此后每两年展开一次连续性调查，样本覆盖了全国除港澳台、西藏和海南的 29 个省份，形成了包括劳动力、家庭和社区三个层次的追踪数据资料，具有一定的代表性和稳定性。与此同时，CLDS 的问卷设计主要围绕劳动力议题，详细询问了被访者基本工作情况和具体职业信息,并收集了劳动者家庭资产状况、主要收入来源及日常生活状态等,为本书研究提供了充实的数据资料支持。由于 CLDS 采用轮换样本的追踪调查方式,且使用多阶段、多层次与劳动力规模呈比例的概率抽样方法,导致仅有少量样本被成功追踪。为了兼顾"诊断核心自变量的内生性问题并采用工具变量进行修正"和"采用固定效应模型克服不随时变的遗漏变量问题"的研究设计理念,结合数据的可获性,本书采用涵盖 2014 年、2016 年和 2018 年 3 个年份的混合截面数据进行实证分析①。调查样本分布于全国 29 个省份 224 市县 472 个村庄或社区,共涉及 13375 个农户,样本观测值个数共计 18193 个。另需说明的是,尽管 CLDS 对被访者工作经历、具体职业和创业过程等信息有着十分详细的记录,但并未提供每种具体职业的职业声望和社会经济地位,为此,本书通过在问卷星网站发布的 377 份调查问卷,对农村劳动力外出务工所涉及的具体职业的社会声望进行评价,并将职业声望数据同 CLDS 数据在样本个体层面进行接驳,从而得到了符合当前社会价值取向的农户职业声望数据。

在数据清洗方面,本书对数据做了以下处理:①运用 Stata13 将个体、农户和村庄层面数据进行了合并。②对户籍为城市的样本进行了剔除。③对关键变量缺失或数据存在极端值的样本进行了剔除。④对一些变量进行了标准化处理并转换了部分变量方向。

第七节 可能的创新之处

与已有文献相比,本书的边际贡献主要体现在以下几个方面。

第一,引入职业分层的概念,分析了不同职业层次下劳动力非农转移对农户家庭资源配置及多维福利的影响。农村劳动力的非农就业情况一直为经济学家所关注,但是大多数分析是从非农就业整体的角度来展开的,讨论的往往都是农户非农就业选择对其家庭资源配置及福利影响的平均效应,而忽略了非农就业存在鲜明的层次属性,不同层次的劳动

---

① 林文声等:《农地确权、要素配置与农业生产效率——基于中国劳动力动态调查的实证分析》,《中国农村经济》2018 年第 8 期。

力非农转移对农户家庭资源配置及多维福利的影响可能存在明显差异。为此,本书在梳理已有职业分层测度方法的基础上,系统地测量了每种职业在社会结构中的位置,有助于我们更深入地理解劳动力转移与农户家庭资源配置及福利的关系,使我们的研究有了新的进展。

第二,遵循"劳动力流动—职业分化—家庭生产资源优化配置—农户多维福利持续改善"的理论逻辑,创新性地将职业分层、要素配置和农户福利状况纳入同一研究框架,构建了要素流动视角下职业分层影响农户生产资源配置及家庭多维福利的理论框架并进行了实证研究。本书研究发现职业层次提升能够促进农户参与要素市场,并优化家庭要素配置结构,且农户要素配置行为、要素配置结构和农业生产效率在职业分层影响农户家庭多维福利的关系中发挥差异化的中介作用。这不仅揭示了职业分层影响农户家庭多维福利的路径,更为"双循环"新发展格局下推动农户家庭多维福利扩展、实现全民共同富裕目标提供了新思路。

第三,研究方法上的应用创新。近年来,虽然已经有一些文献探讨了职业分层对农户家庭资源配置及福利的影响,但是这些研究大多在计量方法上存在缺陷。最常见的,如在估计职业分层的土地流转效应时,对农户非农职业选择时存在的"自选择"问题讨论不足,结果容易受到内生性问题的挑战。对此,本书采用工具变量法、倾向得分匹配法和固定效应模型对估计结果进行修正。同时,鉴于核心自变量是一种连续型变量,本书还采用广义倾向得分匹配法估计了职业分层对农户家庭收入及福利的影响,从而较好地处理了可能存在的内生性问题。

第二章

相关概念界定和理论基础

第一节 相关概念界定

一 农户

农户是一个古老而基本的组织,说它古老,是因为人类自进入农业社会,农户便应运而生;说它基本,是因为农户是构成社会系统的微观单元,承担着发展农业生产、保障社会基本需求的责任。同时,农户也具有综合属性,既是以婚姻和亲缘为纽带的社会生活组织,又是从事农业生产经营的活动主体。目前,理论界对农户的概念认识不一,不同学者由于研究视角的差异对农户存在不同理解。例如,尤小文认为,农户是指家庭拥有剩余控制权的、以家庭契约关系为基础从事农业生产经营的组织形式[1]。雷硕认为,农户是"农村"和"住户"概念的集合,是指生活在农村社区之中,主要生产生活资本和社会联系固定在农村的家庭[2]。史清华提出,农户的概念至少包含三个层次,即农户是一种职业,是以从事农业生产为主的户;农户是一种身份,是不享受任何国家福利待遇、政治地位相对低下的户;农户是一种经济区位划分,是指生活在我国广泛农业农村地区的户[3]。

自我国农村开展家庭联产承包责任制以来,随着城乡融合和乡村振

---

[1] 尤小文:《农户:一个概念的探讨》,《中国农村观察》1999年第5期。
[2] 雷硕:《林下经济发展中的农户生态行为动因及激励研究》,博士学位论文,北京林业大学,2020年。
[3] 史清华:《农户经济增长与发展研究》,中国农业出版社1999年版。

兴等战略的实施，我国农户的内涵和外延发生了很多改变。从职业方面看，农户的职业已不再是单纯从事传统农业生产的小生产者，而是从事多种职业的兼业户，或者是通过参与土地和金融市场成为适度规模经营的主体。从农户的居住区位看，农户已由过去完全居住在农村逐渐转型城市化，有些甚至在城市拥有楼房并在城市长期定居。从政治地位看，农户的地位和待遇有了很大改观，农户可以获取新农合、新农保等社会保障福利。然而，尽管随着社会的转型与变迁，农户的边界发生很大变化，但农户的户籍属性未曾改变。一方面是由于我国传统文化中具有强烈的乡土和宗族思维，人们普遍怀念旧土，存留衣锦还乡、落叶归根的观念，因此家庭观念较重；另一方面是由于作为农业生产经营最基础的物质资料，农户所拥有的土地承包经营权，不是根据居住权，而是根据户籍制度取得的，属于农户整个家庭所有，因此强化了农户家庭各个成员之间的经济联系。

鉴于以上分析，本书中的农户是指拥有农村户籍，从事农业生产或者其他部门职业，其家庭部分成员仍然居住在农村地区，并在生活中相互依赖，具有共体利益和责任的社会经济组织单元。

二　非农就业

从本质上讲，非农就业是劳动者以获取报酬或赚取利润为目的所进行的非农活动，对于农村劳动力而言，非农就业可以看作一种生产或劳动的非农化过程，是农村剩余劳动力从农业部门和农村转向非农部门和城市的基础和前提。梳理文献可以发现，学者通常使用多种方式表述非农就业，常见的有农村劳动力非农转移、乡城劳动力迁移、非农兼业、外出务工和创业等。它们的内涵虽类似于非农就业，但仍有不同之处，比如农村劳动力转移、乡城劳动力迁移等强调了劳动力的流动和迁徙，更多地表现为劳动力工作地域的变化；而非农兼业、外出务工和创业凸显了农户就业类型的差异，更多地体现出非农就业的层次属性。依据研究对象和目标的区别，非农就业可以采用不同标准来划分。从工作地点看，可以分为外出务工和本地务工；从所从事的行业看，可以分为工业、建筑业、交通运输业、批发零售贸易业、餐饮业和服务业等；从单位体制看，可以分为民营企业、集体企业、外资企业、国有事业单位、国家行政机关等。

在现实生活中，农村居民多是从自身的需求和偏好出发来改变其就业渠道的，他们从事非农就业的目的就是实现家庭福利状况和地位的提升。一般而言，工业部门具有较高的劳动生产率和工资率，通过获取非农工资性收入，农户可以平抑收入波动，提高家庭消费能力。与此同时，从宏观层面看，农村劳动力非农就业也有助于提高整个经济体制的运行效率。对于农业人口众多的发展中国家而言，劳动力由农业部门向非农部门迁移，不仅有利于农业经营主体采用农业机械等现代技术设备，更能够推动资源在产业间和区域间均衡流动，促进国家全要素生产率提升。但需要注意的是，非农就业具有明显的层次属性，这意味着要实现上述目标，就必须提高农村劳动力非农就业质量，如果农村劳动力非农就业质量低下、工作待遇和稳定性差，劳动者只是从农村社会底层转移到城市社会底层，那么进城务工人员将难以保障工作的长期稳定，很可能导致其在城乡之间、非农产业和农业生产之间频繁地往返，这不仅会造成时间和资源方面的浪费，还会妨碍农户的人力资本积累。

鉴于上述分析，本书从职业分层视角考察劳动力非农就业对农户生产要素和家庭福利的影响，在本书中，非农就业主要指农村劳动力从事除农、林、牧、副、渔外的生产和劳动行为。

三　资源配置

在界定资源配置之前，首先需要对资源的内涵有一个清晰的认识。由于学科背景的差异，学者对资源的定义不尽相同。联合国环境规划署把资源定义为"在一定时间、地点和条件下可以产生价值的，以提高人类当前和未来福祉的自然环境和因素"。彼得·蒙德尔在《经济学解说》中将资源定义为人类在生产过程中的投入，认为资源在本质上讲是生产要素的代名词[1]。资源经济学者则对资源的范围进行了拓展，指出资源是包括自然资源、信息资源、科技资源、社会资源等对人类有价值的东西的总和[2]。从上述分析可以总结出资源的定义，即对社会生产和发展有价值的东西或物，其范围依据研究视角可大可小，对于经济学而言狭义的资源是指土地、资本和劳动力等生产要素，广义的资源则涵

---

[1] 彼得·蒙德尔：《经济学解说》，经济科学出版社2007年版。
[2] 邵青：《资源配置视角下经济社会协调发展：政策绩效、仿真模拟及政策优化》，硕士学位论文，浙江大学，2014年。

盖自然资源、经济资源和社会资源等。

鉴于资源在人类社会发展与经济活动中的价值和意义，相对于人们的需求，资源总是有限的，这就要求人们对稀缺的资源进行合理配置，以发挥资源最佳效用，从而获取最大化收益。因此，可以将资源配置界定为对不同稀缺资源在各种用途上加以权衡并作出选择的过程。从资源配置的主体看，资源配置的主体有政府、市场、公司和家庭等，但不论是以政府和市场为代表的宏观主体，还是以公司和家庭为代表的微观主体，其资源配置过程都不可能尽善尽美，而是在一定的资源禀赋约束、有限的理性和信息的基础上作出的次优选择。根据上述分析，本书中的资源配置主要是指在一定外部环境下，农户为实现家庭效用的最大化，对其可以利用的各项资源在不同领域内进行安排和组合的过程，随着外部环境和内在禀赋的变化，农户会对此过程进行动态调整。

四　家庭福利

家庭福利是一个范围上的概念，相较于以往福利研究中更多出现的社会福利和个人福利，家庭福利的视角比较中观，其所关注的焦点是由家庭成员构成的群体福利状态。已有研究多从公共政策视角定义家庭福利，比较典型的，如刘中一认为家庭福利是政府依据法律和相应政策，通过提供资金和服务的方式，促进家庭功能发挥并解决家庭问题的行动[1]；王思斌认为家庭福利是社会福利的补充和支持，与社会福利、社区福利共存于一种福利体系[2]。也有学者从微观视角界定家庭福利，指出家庭福利可以概括为通过家庭成员之间的相互协作或寻求外部支持，帮助家庭成员摆脱社会排斥，提供家庭生活幸福感，促进家庭成员人格健康全面发展，并相互给予物质或精神援助[3]。

本书从家庭视角考察农户福利状况，主要基于以下两个原因：其一，家庭是福利供给的重要主体。家庭是社会成员获取福利的重要来源，是决定个体幸福感的重要因素，发挥着社会化功能、情感功能、经

---

[1] 刘中一：《我国现阶段家庭福利政策的选择——基于提高家庭发展能力的思考》，《党政干部学刊》2011 年第 8 期。

[2] 王思斌：《我国适度普惠型社会制度的构建》，《北京大学学报》2012 年第 8 期。

[3] 彭大松：《农村劳动力流动对家庭福利的影响》，《南京人口管理干部学院学报》2012 年第 8 期。

济功能、赡养功能、生育功能等，承担着家庭劳动力再生产和情感维系的责任，这些功能和责任是其他社会保障体系所无法替代的，因此有必要从家庭层面判断农户福利状况。其二，家庭福利指标是衡量个体福利的有效方法。由于家庭成员一般居住在一起，拥有同样的生产和消费函数，并且家庭内部存在着劳动分工以及权利与义务，因此单独研究个体福利状况时，可能会因为个体在家庭结构及劳动分工对研究结果产生影响，导致同一家庭内部的福利状况差异显著。而从家庭层面对福利进行测量，则能较好地避免家庭内部不同成员间福利状况差异，对福利状况的判断更为准确。

第二节　相关理论

一　劳动力市场分割理论

新古典主义理论认为，完全竞争的劳动力市场可以自动实现市场出清，在市场这只"看不见的手"的引导下，自由竞争会促使劳动力供求双方的需求得到有效匹配，并实现资源的最佳配置。然而，相对于其他要素市场，现实中决定劳动力流动和职业选择的因素错综复杂，劳动力市场的运行受到许多非经济因素的干扰，存在诸如同质工人报酬差异、失业和歧视等经济现象，致使传统劳动力经济学理论不再具有理论优势和现实解释力，因此频繁受到其他学派的责难和批评。劳动力市场分割理论正是其中最有影响力的理论之一。

劳动力市场的流动壁垒及区块分割作为一种现象和事实在经济社会中广泛存在，学者对劳动力市场分割的理论探讨最早可以追溯到19世纪。约翰·穆勒在考察农业和非农劳动力市场时发现，受传统习俗、地方势力、政府及行业等因素的影响，很多非农就业市场是由"非竞争性群体"构成的，受这些社会制度限制，劳动力在空间上的流动极其困难，并使底层群体表现出严重的职业和阶层固化现象。1954年，克拉克·科尔发表了《劳动力市场的分割》一文，首次提出了内部劳动力市场和外部劳动力市场的概念，但当时并未引起人们重视。1971年，德林格和皮奥罗发表了《内部劳动力市场及人力政策》一书，标志着现代劳动力市场分割理论的正式诞生。

德林格（Doeringer）和皮奥罗（Piore）提出的二元劳动力市场分割理论是劳动力市场分割理论的主要形式。该理论依据工资决定机制、福利和晋升机制等不同特征将劳动力市场分为初级劳动力市场和次级劳动力市场。皮奥罗认为初级劳动力市场工资水平高、工作环境好、就业稳定，拥有很多晋升和培训机会，而次级劳动力市场的特点是工资福利低、工作环境恶劣、劳动者流动性大。从市场和产业的结构性视角看，初级劳动力市场又称内部劳动力市场，其主要存在于一些资本和技术密集型产业的大公司内部，它们为员工提供明显高于边际生产力的工资和待遇水平，并且有一套完全不同于市场的雇佣指导的详细规则和制度，因此在这类市场中，市场力量基本不发挥作用，劳动力市场内部的工资安排主要由组织内部需要制定，与外部市场的供求状态没多大关系；而次级劳动力市场又称外部劳动力市场，多出现在大型核心企业外围的小企业中，这些小企业承担的是标准化生产环节，对技术要求相对较低，为应对同行业其他公司的竞争，其招募员工的门槛较低，薪酬待遇较差。显然，次级劳动力市场中的劳动力定价更加市场化，与新古典经济学理论描述的劳动力市场一致。此外，二元劳动力市场理论认为，不同类型的劳动力市场会对就业者的工作态度、动机、习惯产生差异性影响。长期在次要劳动力市场工作的人会养成懒散、没有时间观念、缺乏合作精神等行为特征，导致他们难以被初级劳动力市场所接受，从而陷入一种贫困的恶性循环。

对于劳动力市场分割现象产生的原因，不同学者的分析过程具有很大差异。比较有代表性的，如卢卡斯等提出了职位竞争理论[①]。职位竞争理论认为，由于信息的不完整性和不确定性，雇主难以准确判断职位申请者的未来表现，并且有些工作技能只能在工作中学会（干中学），所以雇主只能借助表征一个人培训潜力的教育作为判断劳动者未来表现的手段。该理论在论述中强调了职业在提高生产力中的作用，并指出职业工资待遇是固定的，每个工人的薪资水平取决于他们在职业阶段中所处的位置，而工人在职业阶梯中的位置又取决于他们的潜在能力。在评

---

① 转引自刘春荣《乡城流动中的劳动力市场分割问题探究》，《现代经济探讨》2014年第12期。

判工人的培训潜力时,教育承担着信息装置的作用。但是随着文凭主义的盛行和教育的不断膨胀,具有较高学历水平的个体也只能从事原来属于低水平教育个人的工作。还有学者秉承了马克思主义的分析框架,提出了激进的劳动力市场分割理论,把劳动力市场分割看成垄断资本主义发展和阶级斗争的产出。例如,赖特等指出,资本家通过提高工资福利待遇激励和控制一批高素质人才队伍,并利用性别、种族等问题的争议,分化、削弱工会力量,防止工人阶级形成统一的联盟和阶级意识,从而在社会运动中占据主动[1]。

随着劳动经济学的进一步发展,劳动力市场的非同质性得到人们越来越多的关注,一些经济学家开始运用新的分析范式和工具研究劳动力市场分割。有学者从效率工资理论视角解释劳动力市场的分割特性。如夏皮罗和施蒂格利茨提出怠工模型,认为劳动者在工作中的努力程度有很大的自由性,因此企业为杜绝偷懒,会提高本企业的工资水平,并通过解雇来威胁员工努力工作[2]。布洛夫和苏梅尔斯拓展了该理论,建立了一个二元劳动力市场模型,区分了初级劳动力市场和次级劳动力市场,并认为由于初级劳动力市场不能被完美监督,市场中的劳动者获取了高于其边际生产力的福利待遇;以贝克尔、威廉姆斯等为代表的经济学家运用交易成本、契约理论的思想来解释劳动力市场的双重性,他们认为,劳动力市场过高的交易成本是内部劳动力市场企业选择长期契约的内在原因。此外,还有学者基于资本全球化和信息技术革命的背景描述劳动力市场分割现象,指出当前跨国公司主导的生产网络全球布局和资源配置,促使资本在维持少量核心人员的同时,在全球寻找廉价劳动力,使全球劳动力市场产生了新的劳动力市场分割。

劳动力市场分割理论对我国就业市场完善及相关政策实施具有较强的现实意义。首先,由于历史和路线原因,我国劳动力市场存在多重分割的现象。一方面,中华人民共和国成立初期,农业反哺工业、城市优先的经济社会发展战略,导致城市与乡村之间存在严重的城乡劳动力分

---

[1] Erik Olin Wright, *Class Count: Comparative Studies in Class Analysis*, Cambridge, England: Cambridge University Press, 1993.
[2] 《效率工资的启示》,《中国经济时报》,2008年8月18日,http://views.ce.cn/view/economy/200808/18/t20080818_16521958.shtml。

割，农村劳动力生产效率、薪资回报显著低于城市部门和工业劳动者；另一方面，我国正处于经济体制转轨阶段，依然存在所有制不同引起的部门分割，以及开放与垄断带来的产业分割。尽管随着国企改革的推进部门分割已经有了较大缓解，但产业分割依然严峻。其次，城乡要素的长期不平等流动，不仅造成农业农村发展滞后，也带来了农村劳动力人力资本不足、工作能力差和就业成本高等问题，导致农村转移劳动力极易流入次级劳动力市场，进而导致贫困循环的问题发生。要建立统一的劳动力市场，打破劳动力要素流通壁垒，提高劳动力资源配置效率，就必须掌握劳动力市场分割的内在机制和动因，这凸显了从劳动力市场分割视角完善中国劳动力市场理论体系的重要性。

二 职业分层理论

职业是指从业人员为获取生活来源或精神满足所从事的社会工作类别，它是劳动者参与社会经济活动的直接体现，可以代表个体在社会结构中的地位。分层的概念来源于地质学的"分层"，用于刻画人类社会的阶级或层化现象。从字面来理解职业分层，就是人们所从事的工作的重要性和等级存在显著差异，看起来就像岩层一样高低有序、界线分明。从功能视角来理解职业分层，就是人们透过职业看到不同个体占有的经济收入、权力地位和社会声望，以折射他们所处的社会层次。作为一种理论框架，职业分层能够被社会学家所关注并持续讨论，离不开其与社会分层的关系，甚至从某种意义上可以说，职业分层就是社会分层理论在现代复杂社会中的延续，因此在研究职业分层之前，我们有必要对社会分层的主要理论做简单的梳理。

从当代学界主流观点看，社会分层的理论范式大致可以分为两类，一类是冲突主义范式，代表人物是马克思和韦伯；另一类是功能主义范式，代表人物是涂尔干。冲突主义范式理论家认为社会架构对人类行为的塑造与强权导致的剥削在原理上是一致的，人们在某一特定架构下所扮演的角色导致了剥削；功能主义范式理论家则认为社会不平等或社会分层对整个社会的健康和福祉发挥了作用，比如确保杰出的人担任社会中最重要的职位。在上述两种理论范式下，马克思、韦伯和涂尔干三位学者分别建立了自己的理论流派，他们的社会分层思想各有不同，但又或多或少地涉及了职业分层，从而为现代社会分层理论发展和职业分层研究提供重要基础。

马克思主义的社会分层思想构建在历史唯物主义和冲突论的基础之上。所谓历史唯物主义，是指人类社会中存在的政治组织、社会观念、宗教以及其他一切因素，都是由社会的特定生产方式或经济基础组成的，社会生产力的发展和新的生产资料的出现推动了社会制度变迁。简单地说，即物质决定意识，经济基础决定上层建筑。按照这一思路，马克思强调了经济因素在社会分层中的决定作用，把生产资料拥有者界定为统治阶级，而不占有生产资料、依靠出售劳动力生活的群体界定为被统治阶级。此外，马克思还认为人类社会的基础就是阶级冲突和支配，社会秩序得以存在只是因为一个阶级受惠于经济发展的某一阶段，从而可以通过统治其他阶级来维持社会秩序，当受剥削阶级意识到他们的利益受损以及受到不公正待遇时，革命是不可避免的，基于此，马克思提出了阶级斗争和冲突是历史推动力的观点。

随着资本主义社会进入新的发展阶段，马克思主义在解释社会现实问题时出现了种种不适用，为使马克思的社会观能够应用于发生变化的现代社会，一些学者在阶级决定论的基础上考虑了职业层次因素，进而提出了现代马克思主义理论。威尔森（Wilson）和赖特（Wright）从生产系统的角度出发，构建了一个四阶级模型，把阶级细分为资本家、经理人员、工人和小资产阶级，并通过全国范围的劳动力抽样调查发现，阶级地位与职业地位对人们的收入差距具有同样的解释力[1][2]。达伦多夫（Dahrendorf）继承并发展了马克思的社会分层思想，在认同马克思两阶段模型的同时，达伦多夫意识到了个人和群体利益的更多类型，如物质奖赏、自由、闲暇和服务等，其主要观点是获得这些利益的手段是与社会中的权威地位联系在一起的，换句话说，富人得到他们想要的利益是因为他们处于科层组织的顶部，而穷人发现他们的利益是与他们相对较低的职位和薪酬的现状相冲突的[3]。从职业分层角度看，现代马克

---

[1] Wilson J. and Wright E. O., "Class, Crisis and the State", *American Journal of Sociology*, Vol. 57, No. 4, 1981, pp. 1434–1452.

[2] Erik Olin Wright, *Class Count: Comparative Studies in Class Analysis*, Cambridge, England: Cambridge University Press, 1993.

[3] Dahrendorf, Ralf, *Society and Democracy in Germany*, New York: W. W. Norton, 1997.

思主义理论注意到了新出现的一些职业群体，并将新的职业群体置于资本家与工人之间，现代马克思主义的职业分层思想使马克思主义更具现实意义。

作为古典社会学的主要奠基人之一，韦伯的社会分层思想对后续社会学及职业分层研究影响深远。对于社会分层理论，韦伯最突出的贡献在于，他将马克思关于社会分层的单一阶级或经济维度拓展成一个多维度视角，即提出财富（收入）、权利、声望的"三位一体"假说，为人们理解现代社会的复杂性提供了有用工具。韦伯认为，财富是人们在占有产品和收入方面的经济利益，权利是一部分人向其他人施加控制和影响的能力，声望则是某人有能力达到社会或一群人认为重要的理想、价值和原则。需要强调的是，在财富代表的经济维度中，韦伯不仅看到了由生产资料所有制决定的阶级关系，还指出社会科学家必须考虑个人与市场之间的抽象关系。换句话说，在其他条件相同的情况下，技术水平越高的工人劳动报酬越多，这种对技术进步以及所需技能的考虑无疑是社会分层理论的一个重要扩展，对理解当代社会中产阶级十分重要。在政党或权利维度的研究中，韦伯引入了科层组织的概念，并预见性地指出科层制的未来发展以及不断扩大的影响力。同样重要的是，韦伯较早地揭示了财富、权利、声望三种结构的趋同性，即三种制度结构具有相互重叠与影响的特点。韦伯的上述思想为职业分层研究提供了重要的思想源泉。

功能主义者用一个较为整体的观点来看待社会分层，他们比较关注社会系统需求，而不是社会系统内某一团体或阶级需求。作为该学派的代表人物，涂尔干的研究为其后的职业分层研究提供了肥沃的土壤。为了廓清其功能主义观点，涂尔干首先区分了两种不平等：外部不平等和内部不平等，他指出外部不平等建立在个人出生的社会条件基础上，在工业社会以前，外部不平等占据主导地位；内部不平等是个人能力基础之上的不平等，为保障社会系统的有序运转，必须根据个人才能来安排适当的位置，因此内部不平等是需要的。为了形象地表达社会分工对社会有机团结的价值，涂尔干引入了有机体进行类比，即社会类似于有机体，社会系统的各个不同机构或阶层都发挥着不同功能，以维持整个社会的健康运转。同时，值得说明的是，涂尔干认为当前社会中的疏离与冲突本质上是道德而非经济问题，他呼吁通过职业组织或协会指定的道德原则约束不同职业群体,以实现整个社会的有机团结。

一些社会分层理论家延续了涂尔干的功能主义传统,并进一步强化了职业因素在社会分层研究中的作用。其中,代表性的人物是戴维斯和穆尔,他们简明地勾勒了职业分化的功能主义观点,即职业不平等是为了满足复杂社会系统的需要,为了诱导杰出的人作出牺牲以担任社会中最重要的职位,不同社会阶层所获得的稀缺资源以及声望和尊重不平等是难以避免的。作为美国现代社会学的中心人物,帕森斯所构建的社会分层理论同样涉及职业地位。他认为财富和权利都只不过是成功的一个符号,社会主流价值观才是判断个体社会地位的主要标准,只有那些最好地契合社会主流价值的个人才能获得更高的职业地位,从而获得与这一地位相联系的次级回报,如财富等。也有研究以职业为基础的同时,融合其他分层指标对社会地位进行划分。例如,埃里克森和戈登索普在职业群体共同特征的视角下,提出了包含12种职业或阶级的社会阶级分类框架图;赖特把个人在科层组织中的地位、财产占有以及职业技术水平三者结合起来,构造了新的阶级分类框架图。

现代社会中的绝大多数人依靠工资满足其生活需求,这促使职业结构成为社会分层的最常见形式。部分学者相信,职业差异的显著性已经使社会大众达成了对职业层次的广泛共识,而这些共识是建立在职业地位或声望基础上的。该论断刺激了职业声望研究的兴起,大批学者从不同角度对职业声望展开了测度和排序研究,并借助实证方法对结果进行检验。结果发现:不同国别之间的职业声望排序十分相似,不同时间段的职业排序之间也存在很强的相关性[1]。此后,为了使职业分层的指标更具稳定性和一致性,邓肯[2]在假定声望是职业结构最重要方面的基础上,通过对教育和收入进行加权构造了社会经济地位指数(SEI),SEI成为后来职业分层研究使用的主要指标,为社会分层研究的大规模开展提供了有力支撑。

通过对上述社会分层研究发展脉络进行梳理可知,社会科学家一直

---

[1] Treiman and Donald J., *Occupational Prestige in Comparative Perspective*, New York: Academic Press, 1977.

[2] Duncan O.D., "A Socioeconomic Index for all Occupations", *Occupations & Social Status*, 1961.

重视职业结构在社会分化中的影响,并随着研究演进,职业分层的核心作用愈加明显,尤其是自20世纪50年代以来,在第三次工业革命席卷全球的过程中,社会分层和社会流动领域的经验研究大多把职业作为衡量一个人社会经济地位的首先指标。对于使用职业作为阶层划分的理由,根据已有研究可以归纳为以下三点:首先,职业是一个综合性指标,在某一社会中对应着经济收入、权力地位和社会声望,人们在职业群体上共享相同的经济社会关系,拥有类似的品位、生活方式和价值偏好,因此透过职业可以看到不同社会群体在社会阶梯中所处的位置。其次,职业是一个结构性指标,它能够反映特定社会中的资产结构与科层结构,在职业所掌握的结构性资源的影响下,从事较高阶层职业的人显然能更好地发挥人力资本优势,这预示着较高的职业等级能带来较高的社会经济地位。最后,相对于社会分层,职业分层在经验研究中更容易操作和实现,职业在现代社会中是一个相对稳定的指标,无论被调查者能否感受到职业结构的存在,都能够准确描述、比较和感知职业内容。

三 福利经济学理论

福利经济学的出现是资本主义社会矛盾尖锐化的结果。早期以亚当·斯密、马歇尔为代表的古典和新古典经济学家过于关注财富总量和资源配置效率,重视消费者效用最大化和生产者利润最大化的实现,而忽视收入和资源分配的合理性。随着资本主义的进一步发展,追逐经济增长带来的收入不公、贫富差距扩大、环境污染恶化等负面效应逐渐显现,如何缓和阶级矛盾,促进资本主义制度良性发展成为亟待解决的问题,福利经济学在此背景下应运而生。相对于实证经济学从个体效率出发,福利经济学从总体效率出发,对社会稀缺性资源使用及经济社会运行状况的合意性进行规范分析和评价,其目标是实现社会经济福利的最大化。福利经济学的主要内容涵盖福利的评价指标及其度量、福利的影响因素、资源配置效率、收入分配理论、公共选择理论等问题。研究的常见议题涉及经济福利与社会福利、公平与效率、市场失灵与产权分析、公共物品与外部性、国家制度与政策、环境与可持续发展等。帕累托最优和消费者剩余的概念则是福利经济学的重要分析工具。遵循现有研究的观点,福利经济学的演进大致经历了以下几个阶段。

（1）旧福利经济学。福利经济学产生于20世纪初的英国，以庇古出版的《福利经济学》一书为标志。在书中庇古以基数效用假设和人际效用可比较为基础条件论述了资源配置对国民福利的影响。他认为福利有经济福利和社会福利之分，由于社会福利范围较广，包括幸福、友谊、正义等，难以进行衡量；而经济福利可以利用效用来度量，是经济学研究的主要对象。旧福利经济学的主要理论大体表现为两个方面：一是提出了社会资源配置的效率原则，即要增加生产总值和国民收入，就需要实现社会生产资源的优化配置，通过对边际私人收益和边际社会收益、边际私人成本和边际社会成本两组指标的合理调节，能够促使社会经济福利极大化。二是指出社会总福利的大小不仅取决于经济总量，还受到收入分配的影响，该理论认为社会分配的公平程度越高，相同条件下社会整体福利越好，因此庇古主张政府通过转移支付的方式增加贫困者的收入。

（2）新福利经济学。新福利经济学根据序数效用假设和无差异曲线分析构建了自己的理论体系。1932年，罗宾斯发表了《论经济科学的性质和意义》，对庇古的福利经济学理论进行了批判，他认为经济学应有别于伦理学的价值判断，因此福利经济学应避免使用基数效用论。随后，卡尔多、希克斯、勒纳等学者吸收并扩展了帕累托最优理论，提出了福利函数和补偿原则，他们认为个人间效用无法衡量和比较，只能用序数表示效用水平的高低，即序数效用假设。此外，新福利经济学家回避了收入分配问题，指出福利经济学应当研究效率而不是公平问题。继新福利经济学时代开创后，伯格森、萨缪尔森等学者从福利分配视角对帕累托最优效率的阐述进行了补充，形成了福利经济学的社会福利函数学派。社会福利函数学者强调帕累托最优状态不止一个，要实现理想的帕累托最优效果，除了符合自由交换和最优生产等必要条件，还需要适当考虑社会福利的分配状况。

（3）现代福利经济学。第二次世界大战以后，阿罗对伯格森-萨缪尔森的社会福利函数进行了拓展和延伸，并在其著作《社会选择与个人价值》中提出对社会福利函数理论的质疑。阿罗认为社会福利函数必须在清楚了解所有社会成员偏好的情况下，将所有个体各种各样的偏好顺序归纳成统一的社会偏好次序，才能确定最优的社会福利函数的形态，然而，社会是由异质性个体组成的，社会成员的偏好选择并不一致，要找到一个不与所有社会个体偏好序列相矛盾的全社会福利偏好序列是不切实际的，因此所谓最优的社会福利函数并不存在。阿罗不可能定理的悲观论断使福利经济学研究一度停滞，直到阿玛蒂亚·森提出可行能力理论才为福利经济学研究开辟了新领域。阿玛蒂亚·森揭示了导致阿罗不可能定理的原因，即阿罗不可能定理仅适用于投票式集体选择规则，而排除了其他类型的集体选择规则，并认为该理论无法体现人际间效用比较的有效信息，因而产生了不可能的结果。同时，阿玛蒂亚·森进一步指出，经济学理论与伦理学理论的割裂是导致福利经济学研究囿于贫困化的关键①，收入与消费只是人们获取福利的一种工具，而非人类追求的最终目的。据此，他指出福利研究应聚焦于人们去享受他们有理由珍视的自由，以及去做他们有理由珍视的事情的可行能力。阿玛蒂亚·森的福利观体现了对社会底层群体的人文关怀，这种强调生活质量和发展权益的理论又被称为后福利主义理论。

四 农户行为理论

农户外出务工决策及家庭要素配置调整本质上是农户行为的变化，因此有必要进一步梳理农户行为的相关理论，从而为有效理解农户行为动机提供基础。作为重要的微观经济主体，农户行为对农业生产绩效、经济发展和社会转型的关键性作用，使农户行为选择的逻辑和规律历来是经济学，特别是发展经济学和农业经济学研究的重点。从主流文献来看，当代农户行为理论主要可以划分为三大学派，即美国经济学家西奥多·舒尔茨代表的"理性小农"学派，俄国新民粹主义农学家 A. 恰亚诺夫代表的"道义小农"学派和华裔历史社会学家黄宗智代表的"综合小农"学派。

"理性小农"学派延续了古典经济学中的功利主义、个人主义和形式主义传统，认为农户在生产决策时与企业家、商人类似，都是理性的，其行为遵循着个体和生产效用最大化原则。西奥多·舒尔茨在其经典论著《改造传统农业》中，以危地马拉的帕那加撒尔和印度的塞纳

---

① 《经济学与伦理学分化的必然性》，中国社会科学网，2021 年 7 月 27 日，https：//baijiahao. baidu. com/s? id=1706399868157960025&wfr=spider&for=pc。

普尔这两个传统农业社会的详细调查为例，印证了"传统农业是贫困而有效率的"，说明农业与农民的落后及贫乏并非由生产要素配置的低效率导致，相反他们在要素市场的运行十分成功，之所以农村经济状况迟迟没有得到改善，是因为传统农业缺乏有效率的现代生产要素供给。一旦在确保利润空间的价格上得到现代科技要素，农户就如同资本家一样追求最大利润。在此基础上，西奥多·舒尔茨提出改造传统农业的路径不应是削弱农户生产组织功能和自由生产体系，而应是在现有组织和市场中使现代生产要素在合理成本下得到供给；农村贫困由不恰当的外部政策所致，经济政策的失误导致农业生产要素激励扭曲，损害了农村经济发展。波普金在《理性小农：越南农业社会的政治经济》中进一步阐述了"理性小农"的观点，认为小农是追求自身及其家庭利益最大化的理性个体，能够根据自身偏好和价值观评估选择的后果，以作出合理的生产抉择，这使其与资本主义企业家并无二致。

"道义小农"理论发端于恰亚诺夫的著名论著《农民经济组织》。在书中，恰亚诺夫以苏联集体化前的村庄农户为研究对象，详细阐述了俄国小农的劳动均衡论及家庭周期论，指出农户经济行为具有"家庭劳动农场"性质，其经营方式与资本主义市场运行存在显著差异。一方面，农户经济主要依靠自身劳动力完成，并非雇佣劳动；另一方面，农户农业生产目的是满足家庭消费自给需求，而非追逐市场最大利润。由于农户生产的主要目的是满足家庭消费需求，家庭劳动力的利用和开发强度与家庭消费量密切相关，当家庭消费未能得到满足时，即使劳动的负效应增加，农户也不得不继续进行劳动投入。然而，劳动是非常艰辛的，农户会尽量避免过度劳累，因此农户会选择满足其家庭消费需求和劳动辛苦程度之间的平衡，而不是成本和利润之间的平衡。同时，该理论还认为农户分化是家庭周期性导致的劳动者与消费者比例变化的结果，而非市场经济造成的。波兰尼秉承了"道义小农"的理论观点，从哲学和制度层面对农户行为展开分析，富于洞见地指出，在资本主义兴起之前，经济行为是嵌合于社会关系中的，因此应从社会制度过程的视角研究经济行为。鉴于形式主义所认同的"理性小农"背离了农业和农村的真实状况，他提倡用"实体经济学"取代"形式经济学"，以关注小农发展的特殊性。沿着恰亚诺夫和波兰尼的分析思路，斯科特

（James Scott）在其著作《农民的道义经济学：东南亚的反抗与生存》中提出了"生存小农"的概念，在对缅甸和越南小农生存处境进行分析后，斯科特指出为了避免家庭生活的毁灭，"生存伦理"和"安全第一"是农民社会性的基本原则，这意味着规避风险是农民的理性考虑。

在全面分析"理性小农"和"道义小农"理论的基础上，黄宗智结合马克思主义阶级论观点，提出了"综合小农"理念，即农户家庭是一个生产和消费合一的单位，同时也要将小农视作一个利润追逐者、维持生计的生产者和受剥削的耕作者的综合体。在《在华北的小农经济与社会变迁》一书中，黄宗智借用了美国人类学家吉尔茨（Clifford Geertz）农业内卷化的概念，提出了农户"内卷化发展"的观点。认为由于华北地区人均耕地面积过于狭小，农户为了维持生计而不得不在劳动边际回报极低的情况下继续从事农业生产，以期满足家庭消费需求。内卷化的生产模式使小农家庭像一个虚弱的病人，必须依靠打工或手工业等非农就业收入作为拐杖支撑才能勉强生活下去，但"半无产化"带来的农地牵连导致农业劳动力无法或很少向非农产业转移，社会无法形成一个新的工业阶级。该理论认为对于农户经济的分析必须建构于阶层划分：拥有大量生产资料的经营式农场更适合形式主义的分析模式；挣扎在饥饿边缘的佃农则更符合马克思主义分析模式；而自给自足的自耕农则更适合实体主义的分析模式，农户的行为受到自身禀赋、市场冲击和社会阶层地位等多重外部因素影响。

此外，由于农户行为拥有行为的一般属性，不少文献采用行为经济学和心理学的相关理论来解释和预测农户经济行为，其中的典型代表是计划行为理论（Theory of Planed Behavior，TPB）。计划行为理论是在理性行为理论（Theory of Reasoned Action，TRA）和西蒙（Simon）的满意决策理论基础上提出的，是一种预测和分析人类行为和判断的学说。该理论认为行为决定于个体行为意图，而行为意图则受行为态度、主观规范和行为控制认知三个内生变量影响，并且行为态度等内生变量又受到人口变量、人格特质、工作性质等外生变量影响。计划行为理论自阿杰恩（Ajzen）于1985年提出以来被广泛应用于乡村研究领域，尤其较多地被使用于农户多目标决策的分析中。例如，Joyce Willock利用计划行为理论，通过对苏格兰农民进行调查时发现，农民行为意图可以分为农业生产、生活质量、非农就业、可持续发展和地位五个目标[1]；Gasson 在研究农户行为时强调，农户行为并不仅是经济导向的，而且还有其他更多目标[2]。

上述理论是不同学派在不同历史时期和不同社会经济背景下，运用不同方法进行研究后得出的结果，各学派研究视角和研究对象的单一性，决定了上述关于农户和农民行为的理论既有合理性，也存在局限性。当代我国农村发展状况不同于以往任何国家和历史时期，随着改革开放、城乡户籍制度放松和乡村振兴的推进，农民基本生活需求得到了一定保障，这使农户行为更加趋于理性，通过进入生产率较高的非农行业追逐个体利益最大化成为大多数农民的选择。另外，随着过去一段时间较快的经济发展，我国农户分化变得愈加明显，不同农户的经济行为也不尽相同，最终导致其家庭生产要素配置和福利状况表现出很大差别。在此基础上，我们得出的判断是，当前农户行为更接近"理性小农"，追求的是家庭总体效用的最大化，但由于社会保障偏低的现实情况，农户行为也表现出相当的风险规避偏好。

五　新迁移经济学理论

传统的二元经济结构理论从宏观视角分析了非农就业和城乡迁移问题，他们假定农村劳动力边际效率趋近于零，城乡工资差异会促使农村剩余劳动力源源不断地向城市流动，但随着研究深入，学者发现这种理论与现实情况相悖，比如城市部门存在失业或非正式就业，因此受到诸多批判。为弥补理论缺陷，美国发展经济学家托达罗提出三部门模型，认为农业劳动者迁移城市的动机主要是城乡预期收入差距，该模型虽说明了城市中存在的普遍失业问题，却仍难以解释现实中为何一些家庭进入非农就业市场，而另一些成员从事农业生产。有鉴于此，斯塔克（Stark）提出新迁移经济学理论，试图从家庭整体视角看待农户的城市迁移和非农就业问题，使新迁移经济学理论（NRLM）逐渐被理论界所

---

[1] Joyce W., et al., "Farmer's Attitudes, Objectives, Behaviors, and Personality Traits: The Edinburgh Study of Decision Making on Farms", *Journal of Vocational Behavior*, 1999, pp. 5-536.

[2] Gasson R., "Goals and Values of Farmers", *Journal of Agricultural Economics*, Vol. 24, No. 3, 1973, pp. 521-537.

接受①。

　　斯塔克认为迁移决策并不是孤立的个体行为，而是由多相关人员组成的一个更大单元——通常是家庭或者家族的行为。拥有共同资源和财产的家庭，会依据成员禀赋和外部环境将劳动力资源在不同产业间分配，从而产生一部分成员外出务工，而另一部分成员留守务农的状况。导致这种差别化配置的原因有两个：一是分散家庭收入风险、平滑家庭消费周期。农业生产具有鲜明的季节性特征，是自然再生产与社会再生产的结合，因此收入不确定性强、风险较高，非农就业者可以通过汇款的方式使家庭获取工资性收入，从而最小化家庭风险。二是提升家庭收入水平、促进人力资本积累，借助劳动力在行业间的有效配置，农户可以充分发挥家庭劳动力的比较优势，并促使家庭成员取得非农就业经验，进而改善家庭福利。新迁移理论将发展中国家频繁的劳动力城乡流动归咎于金融和保险市场发展不成熟，由于不完善的保险市场，农户不得不通过将劳动力配置在不同的市场以分散风险，在完善且健全的市场体系下，大规模的要素流动将不复存在。此外，新迁移经济学另一个重要假设认为，决定家庭转移部分劳动力的动机不仅是提高绝对收入水平，更多的是为了减轻相对剥夺感，即当周围的人通过迁移改善家庭生活状况时，会对社区内其他家庭产生示范效应。

　　由我国农村劳动力转移过程中的一些特点可知，基于新迁移经济学理论分析中国农户的非农就业行为更具合理性。首先，受传统文化习俗影响，我国尤其是在农村地区的人们拥有强烈的家庭观念，并且长期实施家庭联产承包责任制，导致家庭在农村经济活动中的主体作用被进一步强化，这使非农就业人口与其农村家庭之间存着密切的经济联系。其次，由于城乡二元分割，我国农村劳动力转移带有明显的不充分、暂时性特征，表现为年轻人务工、老年人务农的代际分工和男性务工、女性务农的性别分工模式，这无疑使新迁移经济学理论所强调的家庭决策，与中国情境下农户非农就业呈现的异象十分吻合。基于此，本书采用新迁移经济学对农户非农转移及其家庭福利效应进行分析。

---

① Stark O., *The Migration of Labor*, Cambridge and Oxford: Basil Blackwell, 1991.

第三章

职业分层、农户要素配置与家庭福利的理论分析

第一节 职业分层视角下农户要素配置及家庭福利的理论模型阐述

一 农户家庭经济模型

农户模型是将农户生产、消费和劳动力供给等决策有机整合到一起的微观经济模型,它提供了研究农户行为的分析框架和求解途径。农户模型的构建最早可以追溯到恰亚诺夫的工作,是俄罗斯民粹主义者和布尔什维克之间辩论的焦点。随后,贝克尔在新家庭经济学中正式提出农户模型,他所归纳的单个人居民户模型是农户研究的基本模型,现有农户模型普遍追随其研究范式,假定农户家庭成员具有共同的效用函数,当一个家庭的生计模式既定时,为了使家庭效应最大化,家庭成员将在户主的组织下对有限的资源进行最合理配置。

根据发展微观经济学观点,一个标准的农户模型主要包括农户家庭成员效应函数和若干个预算约束。简单起见,这里假定家庭内所有成员是同质的,即用一个代表性成员来替代分析,家庭生产一种农业产品,生产行为包括农业生产和外出经济活动,从消费自己生产的农产品 C_a、市场上购买的商品 C_m 以及闲暇 l 中获得效用。假设农户所面临的所有市场都是完善的,即对于所有要素和商品而言,价格水平都在这些市场中外生形成,并处于完全竞争的市场状态。农户可以通过投入劳动力

L、土地 A 和资本 K 来进行农业生产，农户农业生产函数为二阶连续可微严格拟凹函数 $F(L, A, K)$，其中 L 为该农户投入农业生产的劳动力总和，包括家庭自有劳动力 L_f 和市场雇佣劳动力 L_h；A 为该农户用于农业生产的土地总面积，包括家庭自用土地 A_f 和向市场租用土地 A_h；K 为农户投入农业生产的资本总和，包括家庭自有资本 K_f 和向市场租借资本 K_h。w 为劳动力的工资水平，r 为土地市场价格，v 为单位资本平均价值，p 为农产品价格，家庭在效用最大化过程中选择消费 C_a 和 C_m，价格分别为 P_a 和 P_m。E_A 为家庭土地禀赋，E_L 为家庭时间禀赋，E_k 为家庭资本禀赋，L_m、A_m 和 K_m 分别为家庭向市场供应的劳动力、土地和资本禀赋。此时，农户所面临的效用函数和约束条件为

$$\text{Max} U(C_a, C_m, l; Z^h) \tag{3-1}$$

$$\text{s.t.}: P_a C_a + P_m C_m + wL_h + rA_h = pF(L, A, K) + wL_m + rA_m \tag{3-2}$$

$$L = L_f + L_h \tag{3-3}$$

$$A = A_f + A_h \tag{3-4}$$

$$K = K_f + K_h \tag{3-5}$$

$$E_A = A_f + A_m \tag{3-6}$$

$$E_K = K_f + K_m \tag{3-7}$$

$$E_L = L_f + L_m + l \tag{3-8}$$

式（3-2）为农户消费的约束条件，表示农户的各项支出不能超过农业产出、劳务输出和土地租赁所得的收入总和，式（3-3）至式（3-8）为家庭资源约束，分别表示农业生产面临的劳动力、土地和资本约束与家庭再生产的土地、时间和资本禀赋约束。进一步将式（3-3）至式（3-8）代入式（3-2）中可以得到：

$$\begin{aligned} &P_a C_a + P_m C_m + w(L - L_f) + r(A - A_f) + v(K - K_f) \\ &= pF(L, A, K) + w(E_L - L_f - l) + r(E_A - A_f) + v(E_k - K_f) \end{aligned} \tag{3-9}$$

整理可以得到：

$$P_a C_a + P_m C_m + wl = X + wE_L + rE_A + vE_K \tag{3-10}$$

$$X = pF(L, A, K) - wL - rA - vK \tag{3-11}$$

式（3-9）为农户消费的预算线，表示农户的消费开支不能超过家庭的资源禀赋价值（受劳动力、土地和资本等禀赋约束）与农业生产利润总和。此时，农户所面临的问题转变为在约束条件式（3-10）和

式（3-11）下，追求最大化的家庭效用函数，即

$$\text{Max} U(C_a, C_m, l; Z^h)$$
$$\text{s.t.}: P_a C_a + P_m C_m + wl = X + wE_L + rE_A + vE_K$$
$$X = pF(L, A, K) - wL - rA - vK$$

观察上述公式可知，农户效用最大化问题实际是在农户特征 Z^h 影响下的生产策略优化过程，主要受到家庭农业生产利润和各项资源禀赋的约束，而由于市场是充分竞争的，生产中的劳动力、土地和资本等不受家庭资源禀赋的影响，农户可以从市场中获取其所需要的各项要素，使农户的工作与闲暇、土地出租与农业生产利润不再具有此消彼长的关系。因此，农户首先会选择农业生产劳动力、土地和资本的最优投入水平，以获取最大化农业生产利润，并根据市场需求决定各项生产要素输出和闲暇水平，以实现家庭最优消费点。在这种特殊情况下，农户模型具有可分离的性质，即农户的生产决策独立于其消费决策，农户可以在农业、非农产业和闲暇消费间自由配置其生产要素，从而生产更多产品，享受更多闲暇。

然而，在现实生活中，农户面临的多数情况可能是有些商品没有市场；有些商品虽有市场，但市场是不完全的，或参与成本非常高。这时农户模型的可分离性质将不再成立，农户的生产决策同时受到其消费偏好和资源禀赋的影响。考虑到一个农户所处的环境不存在土地和资本市场，并且劳动力市场是不完善的，存在失业的情况。由于劳动力市场失灵，农户无法向劳动力市场提供任意想要提供的劳动力时间。此时对于一个具有同质性的家庭来说，任何一期农户所面临的效应问题都可以表示为

$$\text{Max} U(C_a, C_m, l; Z^h)$$
$$\text{s.t.}: P_a C_a + P_m C_m = pF(L_f + L_h, E_A, E_K) - wL_h + wL_m \quad (3\text{-}12)$$
$$0 \leq L_m \leq M \quad (3\text{-}13)$$

式中：L_f 和 L_h 分别为农户用于农业生产的家庭劳动力时间和雇佣劳动力时间；E_A 和 E_K 分别为家庭土地和资本禀赋；L_m 为农户为获取工资收入向劳动力市场提供的家庭劳动力时间；M 为家庭在劳动力市场不完全约束下最多可以向劳动力市场提供的家庭劳动力时间。

当式（3-13）取 $L_m = M$ 时，现实中表现为农户不能向劳动力市场

提供其希望提供的劳动力时间来获得工资收入，此时对于家庭拥有的土地禀赋而言，家庭的劳动力时间过多，由于家庭劳动力不能充分就业，因此 $L_h=0$，使农户农业生产的劳动力投入为 $L=E_L-l-M$。此时，农户面临的效用问题为

$$\text{Max} U(C_a, C_m, l; Z^h)$$
$$\text{s. t.}: P_a C_a + P_m C_m = pF(L, E_A, E_K) + wM \tag{3-14}$$

在这种情况下，由于农户家庭劳动力进入市场的机会较少或受到限制，家庭的"影子工资"会被压低，农户农业生产和闲暇的需求会受到激励，农户模型的可分离性不再成立。要素市场的缺失阻碍或刺激了农产品生产。一方面，如果家庭拥有充裕的劳动力，缺少劳动力市场就会导致家庭劳动力留在农业中，使家庭向农业生产中投入的劳动力要素低于市场价格水平，从而加速农业生产的内卷化；另一方面，如果家庭面临劳动力短缺，农户会倾向于采用需要较少劳动力的技术或生产活动，而由于缺乏劳动力市场，家庭对生产的劳动力投入必然会减少其闲暇时间，这说明农户的生产决策与消费决策是同时决定的。显而易见，农户模型的不可分离模式更加符合我国农业农村发展现实，当前农村要素市场发育不充分，城乡要素流动不畅通使农户参与要素市场面临较高的交易成本，促使农户在追求家庭效应最大化的过程中，综合考虑家庭资源禀赋状况，并依据各自的制约因素作出符合自身效益的选择。

二 职业分层视角下的农户要素配置决策模型

下面构建一个简单的农户要素配置决策模型，并引入劳动力转移就业的职业分层特征，用于描述职业分层对农户要素配置行为的影响以及农户各要素配置行为之间的关系。假定农户效用最大化的目标函数为 $U(c, l)$，效用函数对于消费 c 和闲暇 l 都是连续可微的拟凹函数，即符合 $U_c>0$，$U_{cc}<0$；$U_l>0$，$U_{ll}<0$ 的约束。家庭农业生产函数为 $F(L, A, K)$，其中，L、A、K 分别为家庭投入农业生产的劳动力、土地和资本；w 为劳动力工资水平，r 为土地市场价格，t 为资本利息率；E_L、E_A、E_k 分别为农户所拥有的劳动力、土地和资本禀赋。O^s 为农户非农转移的职业分层，基于常识假设农户职业分层 O^s 与工资收入 w、居住条件及享有的公共服务水平等决定劳动力工作选择动力的因素是单调递增函数，p 为消费品价格设。L_m、A_m 和 K_m 分别为家庭向市场供应的劳

动力、土地和资本数量。于是，可以得到以下农户生产要素配置优化模型：

$$\text{Max} U(c, l) \tag{3-15}$$

$$\text{s.t.}: pc \leq F(L, A, K) + wL_m + rA_m - tK_m \tag{3-16}$$

$$E_L \geq L_m + L + l \tag{3-17}$$

$$E_A \geq A_m + A \tag{3-18}$$

$$E_K \geq K_m + K \tag{3-19}$$

依据式（3-15）至式（3-19），可以设置拉格朗日函数如下：

$$\Phi = U(c, l) + \lambda_1 [F(L, A, K) + wL_m + rA_m - tK_m - pc] + \lambda_2 (E_L - L_m - L - l) + \lambda_3 (E_A - A_m - A) \tag{3-20}$$

利用式（3-20）中，拉格朗日乘子 $\lambda_1 \geq 0$、$\lambda_2 \geq 0$、$\lambda_3 \geq 0$ 对上述非线性规划问题进行求解，可推导出农户要素配置行为方程 $L_m(w, t, r, E_L, E_A, E_K)$、$L(w, t, r, E_L, E_A, E_K)$、$A_m(w, t, r, E_L, E_A, E_K)$、$A(w, t, r, E_L, E_A, E_K)$、$K(w, t, r, E_L, E_A, E_K)$。

下面考察要素市场报酬对农户要素配置行为的影响，为了使讨论更具现实意义，此处仅分析最优化问题的内点解情况，在存在内点解的情况下，农户要素配置最优化问题的一阶条件为

$$\partial U / \partial l = \lambda_1 w = w(\partial U / \partial c) / p \tag{3-21}$$

$$\partial F / \partial L = w \tag{3-22}$$

$$\partial F / \partial A = r \tag{3-23}$$

$$\partial F / \partial K = t \tag{3-24}$$

由式（3-21）至式（3-24）可知，生产要素的最优组合条件是：每单元成本所购买的任何一种生产要素所生产的边际产量都相同，也就是说，当农户投入农业生产中的各种生产要素的边际效率等于外部市场的边际报酬水平，且农户闲暇所获取的边际效应等于边际劳动时间投入生产所获得的消费带来的效用时，农户才会达到要素配置最优状态，进而实现其效用最大化目标。

接下来，进一步分析劳动力非农转移职业阶层的差异对农户生产要素配置行为的影响，为了求得 $\partial l / \partial O^s$、$\partial L / \partial O^s$、$\partial A / \partial O^s$、$\partial K / \partial O^s$，分别对式（3-21）至式（3-24）两侧求 O^s 的导数。令 H 表示农户农业生产函数 $F(L, A, K)$ 的海瑟矩阵，即

$$H = \begin{pmatrix} F_{LL}^{"} & F_{LA}^{"} & F_{LK}^{"} \\ F_{AL}^{"} & F_{AA}^{"} & F_{AK}^{"} \\ F_{KL}^{"} & F_{KA}^{"} & F_{KK}^{"} \end{pmatrix}$$

根据农户效用函数和农户农业生产函数的性质，以及劳动力非农转移职业阶层与劳动力工资收入的函数关系，可以得到下列各式：

$$\partial l / \partial O^S = \lambda_1 / \left(\frac{\partial^2 U}{\partial l^2} \right) < 0 \qquad (3-25)$$

$$\partial L / \partial O^S = \frac{F_{AA}^{"} F_{KK}^{"} - F_{AK}^{"2}}{|H|} < 0 \qquad (3-26)$$

$$\partial A / \partial O^S = \frac{F_{LK}^{"} F_{AK}^{"} - F_{LA}^{"} F_{KK}^{"}}{|H|} < 0 \qquad (3-27)$$

$$\partial K / \partial O^S = \frac{F_{LK}^{"} F_{AK}^{"} - F_{LK}^{"} F_{AA}^{"}}{|H|} < 0 \qquad (3-28)$$

$$\partial L_m / \partial O^S = \frac{\partial}{\partial w} (E_L - L - l) = -\lambda_1 \frac{F_{AA}^{"} F_{KK}^{"} - F_{AK}^{"2}}{|H|} > 0 \qquad (3-29)$$

$$\partial A_m / \partial O^S = \frac{\partial}{\partial w} (E_A - A) = \frac{F_{LK}^{"} F_{AK}^{"} - F_{LA}^{"} F_{KK}^{"}}{|H|} > 0 \qquad (3-30)$$

通过式（3-25）至式（3-30）可知，农户的非农要素配置行为，将随着农户职业分层的提升而增加，随着非农职业分层的降低而减少。农户的外出务工时间越多，其用于农业劳动力的时间越少，即农业劳动时间被非农劳动时间所替代，这将降低农户的田间管理时间，造成土地的粗放型经营，降低农业经营效率。同时，随着农户劳动力非农转移职业阶层的提升，农户家庭配置于农业生产经营的土地和资本都会降低，用于家庭的闲暇时间也会减少，而配置于非农就业的资本和土地转出面积则会相应增加，促使家庭要素配置结构进一步优化。

三 职业分层视角下的农户家庭多维福利模型

多维福利模型相较于单一福利模型可以有效实现系统中多个目标之间的协调发展，减少因追求单一维度目标而忽略其他目标的片面性。随着多目标决策模型应用的拓展，该模型在农户多维福利目标实现方面能够形成较为有效的评估，具有较强的实用性。依据阿玛蒂亚·森的可行能力框架，生活被视为由各种功能性活动组成，而可行能力便是指可实现的、各种可能的功能性活动集合，阿玛蒂亚·森提出了经济条件、透明性保证、防护性保障、社会机会和政治自由五项功能性活动，充分体现了福利的综合性、多元化特征。考虑到我国农村经济社会发展的现实情况，并借鉴已有研究成果，本书选取农户经济收入、社会保障、居住条件、健康状况和社会关系五项内容对农户家庭福利状况进行考察。

从职业分层视角来看，随着就业质量的提高，农户家庭福利改善主要在于家庭收入增长、社会保障完善、居住环境优化、健康状况良好和社会关系融洽的多维度因素。鉴于此，本书利用多目标效用理论[①]，农户福利的提升过程其实是多维度福利目标期望效用不断增加的过程，具体表达式为

$$\max E[U(g_1, g_2, g_3, g_4, g_5)]$$

一般情况下，多维度福利目标之间都是相互独立的，依据福利效应函数可加性原理，本书的农户家庭多维福利函数模型也可转化为：

$$U(g_1, g_2, g_3, g_4, g_5) = \theta_i [f(g_1), f(g_2), f(g_3), f(g_4), f(g_5)]$$
$$= \sum f(g_i)$$

$$U(g_1, g_2, g_3, g_4, g_5) \in [0,1], f(g_i) \in [0,1], \sum \theta_i = 1$$

式中：$f(g_1)$为家庭收入福利效应；$f(g_2)$为社会保障福利效应；$f(g_3)$为居住条件福利效应；$f(g_4)$为健康状况福利效应；$f(g_5)$为社会关系福利效应。下面从职业分层视角，按照不同福利目标分别进行讨论。

（1）职业分层视角下的农户家庭收入福利效应。按照收入来源分析，农户家庭收入水平的提高主要取决于农户生产获得的各项收入，包括工资性收入（X_1）、要素租赁收入（主要指劳动力要素 X_2）等的增加，为此：

$$f(g_1) = \varphi(X_1 + X_2 + \cdots + \varepsilon)$$

其中，$\dfrac{\partial f(g_1)}{\partial X} > 0$，也就是说农户家庭收入福利效应随着农户获得的各项收入的增加而改善，省略号代表了其他未列明的因素。根据前述

---

① Robison, L. J., "An Appraisal of Expected Utility Hypothes Tests Constructed from Responses to Hypothetical Questions and Experimental Choices", *American Journal of Agriclcural Economics*, 1982, 64 (2): 367-375.

分析可知，职业分层是反映家庭人力资本、社会经济地位的结构性因素，可以透视个体及家庭的非农收入能力和稳定性，即对于工资性收入等各种收入 X_i，是关于职业分层 Q_i^s 的单调递增函数，由此可得

$$X_i = w(Q_i^s), \quad \frac{\partial X}{\partial Q^s} > 0$$

接下来对 $f(g_1)$ 代表的农户家庭输入福利效应变量求一阶段导数，按照复合函数求导公理，具体可得

$$\frac{\partial f(g_1)}{\partial Q_i^s} = \frac{\partial f(g_1)}{\partial X_i} \frac{\partial w(Q_i^s)}{\partial Q_i^s} > 0$$

基于上述公式可知，家庭收入福利效应 $f(g_1)$ 为关于职业分层的单调递增函数。也就是说，随着农村劳动力非农转移职业层次的提高，其家庭收入福利状况持续改善。

（2）职业分层视角下的农户社会保障福利效应。社会保障福利效应 $f(g_2)$ 是指社会保障福利水平，一般而言，主要从养老保险、医疗保险等基本社会保险（B_1）以及各种商业保险（B_2）的多种角度进行衡量，为此，其福利函数可以表示为

$$f(g_2) = \varphi(B_1 + B_2 + \cdots + \varepsilon)$$

其中，$\frac{\partial f(g_2)}{\partial X} > 0$，说明随着农户享受到的社会保障程度提高，其家庭社会社会保障效用是增长的，也就是说 $f(g_2)$ 为关于农户社会保障水平的单调递增函数。同时，相关研究表明，个体所从事的职业层次与其享有的社会保障程度有很大关系[1]，即医疗和养老保障等各种保障条件 B_i 对于职业分层 Q_i^s 来说是单调递增函数。由此可得

$$B_i = w(Q_i^s), \quad \frac{\partial B}{\partial Q^s} > 0$$

接下来对 $f(g_2)$ 进行变量 Q_i^s 求一阶段导数，按照复合函数求导公理，具体可得

$$\frac{\partial f(g_2)}{\partial Q_i^s} = \frac{\partial f(g_2)}{\partial B_i} \frac{\partial w(Q_i^s)}{\partial Q_i^s} > 0$$

---

[1] Brockmann H., et al., "The China Puzzle: Falling Happiness in a Rising Economy", *Journal of Happiness Studies*, 2009, pp. 387-405.

基于上述公式可知，家庭社会保障福利效用$f(g_2)$为关于职业分层的单调递增函数，即随着农户职业分层Q_i^s的提高，农户社会保障福利效用是增加的。

（3）职业分层视角下的农户居住条件、健康状况和社会关系等福利函数$f(g_3)$、$f(g_4)$、$f(g_5)$，按照上述理论模型推导过程，同样可以证明职业分层是农户家庭居住条件、健康状况和社会关系等方面福利的单调递增函数。

基于上述对五个方面农户家庭福利的分析，可得出农户家庭总福利函数的一阶导数为

$$U(g_1, g_2, g_3, g_4, g_5) = \sum f(g_i)$$

则

$$\frac{\partial U}{\partial Q_i^s} = \frac{\partial f(g_1)}{\partial Q_i^s} + \frac{\partial f(g_2)}{\partial Q_i^s} + \frac{\partial f(g_3)}{\partial Q_i^s} + \frac{\partial f(g_4)}{\partial Q_i^s} + \frac{\partial f(g_5)}{\partial Q_i^s} > 0$$

根据上述理论模型可知，农户家庭多维福利函数$U(g_1, g_2, g_3, g_4, g_5)$是关于职业分层的单调递增函数。农户非农就业职业层次提高会促进其家庭多维福利的改善。

第二节 职业分层影响农户要素配置的理论分析

任何经济主体的行为总是与约束条件下的资源配置相联系，古典经济学在探讨经济增长问题时，一直围绕着劳动力、土地和资本三种基本生产要素。随着现代微观经济学将家庭引入经济学研究，农户要素配置优化问题受到学者的广泛关注。作为人类社会最基本的决策单元，农户不仅拥有生产所需的各项生产资料，同时还掌握自主选择家庭内部劳动力使用时间和方式的权利，为实现效益最大化目标，农户具备合理配置生产要素的必要条件和内在动力。已有研究多从个体及家庭特征、要素市场发育、城市就业环境和务农机会成本等方面探究农户要素配置的影响因素，而忽视了劳动力职业特征对农户要素配置选择及效率的影响，事实上，劳动力作为三大要素中最灵活、变化最复杂的要素，其配置的状态可以直接影响土地、资本等其他资源的配置结果。随着社会劳动分

工日益复杂化,职位在个体获取有价值资源、服务和地位时的作用愈加重要,不同职业层次就业产生的比较优势差异对农户家庭资源配置决策具有深刻影响。鉴于此,本书试图阐释农村劳动力转移职业阶层变化对农户生产要素配置行为及效率的影响。

一 职业分层影响农户要素配置行为的理论分析

(一) 职业分层影响农户劳动力要素配置的理论分析

按照功能主义观点,职业与分层体系的各个部分有着千丝万缕的联系,随着新型工业社会的深入发展,一个社会要想实现长久的繁荣稳定,就需要建立与社会发展相适应的分层体系。在市场经济高度发达、经济增长极度依赖科技进步的今天,以职业为核心的分层系统意味着社会根据个人的能力和表现来安排位置,而不再像过去那样以先赋性因素为地位安排的方式。这是社会在支持机会均等和自由竞争前提下,给予市场中切合主流价值观的劳动者最高奖赏的生动写照,能够激励有才能的人通过努力来担当较高的位置,从而促使他们为社会做出更大贡献。依据托达罗的劳动力迁移模型可知,劳动力流动的动机在于城乡预期收入差距。除去劳动力迁移所带来的显性成本和隐形成本后,相对于农业生产,非农就业可为农户提供多少收入增量,是影响农户家庭劳动力转移决策的关键。因此,在进入非农行业后,农户所处职业层次,在一定程度上决定了他们的转移意愿。当前,我国已经进入刘易斯拐点,农村劳动力的边际生产率不再为零。同时,产业结构迎来深刻调整,传统的劳动密集型产业不断向资本和技术密集型产业转型升级,导致对农村剩余劳动力的吸纳能力减弱。不同职业阶层之间的薪资待遇和公共服务可得性差距被不断拉大,使职业因素在农户家庭劳动力配置中的作用愈加重要,促使不同职业层次的农村劳动力在向城镇迁移的过程中展现不同的行为决策,强化了职业分层与农户家庭劳动力配置决策之间的内在逻辑关联。

劳动力要素配置是指将劳动力资源分配到不同环节、部门和地区,对于农户家庭而言,将家庭劳动力资源投入农业生产或非农部门就业,是其最典型的两种劳动力要素配置方式。理性的劳动力配置决策要求农民基于自身资源禀赋对不同生计选择的成本和收益作出衡量和判断,并选择从事收益最高的那类经济活动,而农户职业层次的提升则会显化农村劳动力非农就业的比较优势，从而促使他们放弃农业生产，将更多精力投入非农经营。不仅如此，鉴于家庭成员之间存在的紧密关系，农民工的非农就业层次还会对其他家庭成员的迁移意愿产生影响。一方面，从事高层次职业的农户对非农部门的就业概率和相对工资率有着更高的预期和更准确的把握，有利于提高农业转移人口的预期收益，同时，由于他们在城镇中工作就业时间更长，拥有的社会网络关系质量更高，可以有效降低其他家庭成员就业部门转换所需的成本和失败概率；另一方面，高层次就业人口能够助推农户跨越城市落户门槛，实现家庭整体性迁移目标。研究表明，我国劳动力回流以农村户籍为主，绝大部分是临时工、受雇人员等低层次就业群体。由于积分制落户门槛的存在，他们不能平等地享受城镇居民的各项福利和公共服务，大大提高了他们在城市生活和就业的成本开支，迫使他们选择半工半农的生计模式，抑制了家庭劳动力的非农化配置。此外，由于缺乏社会保障以及岗位稳定性不足等问题，相对于中高阶层从业者，低层劳动力面临着更加严峻的生命周期约束，在进入老龄化以后，劳动能力的下降迫使他们无法继续胜任非农就业的各项要求，最终返乡务农将成为他们的归宿，这无疑会增加低层次非农就业农户采取兼业化的劳动力配置策略的概率，并刺激本该投入非农工作的劳动力提前返乡从事农业生产。

（二）职业分层影响农户土地要素配置的理论分析

土地流转不仅是农村家庭生计模型转变的标志，也是农村家庭脱离农业融入工业化进程并实现市民化的必然过程。已有研究均表明，推动土地流转的主要动力之一便是劳动力非农转移，而劳动力非农转移与土地流转的同步实现无疑对培育农业规模主体、加快城市化进程具有重要的政策含义。但现实情况是，我国大规模的农村劳动力转移并未引发预期中的土地流转规模的大幅上升。一方面，中国农民工规模连续多年稳步增长，2019年农民工总量达2.91亿人，常住人口城镇化率历史性地突破了60%[1]；另一方面，土地市场发育缓慢，到目前为止，农地流转

---

[1] 胡雯、张锦华：《密度、距离与农民工工资：溢价还是折价？》，《经济研究》2021年第3期。

率仍然不到40%，户均土地经营面积仅为7.8亩（1亩≈667平方米）[1]。显然，如何解释并破解农村劳动力转移与农户土地要素配置决策之间的失衡问题，是落实城乡融合发展战略、推动农业规模经营和促进乡村全面振兴等战略举措的关键。

农户土地要素配置行为是在一定的经济社会环境、家庭资源禀赋以及比较优势下所做的联合决策，体现了家庭对农业生产的依赖性。一方面，农户可能通过转入土地扩大农业经营面积，从而获取农业规模效益；另一方面，农户可能在比较优势的驱使下出租或转让土地经营权，减少农业耕作面积，甚至发生抛荒或放弃土地承包权的情况。受我国农地资源禀赋约束，农地面积狭小对农业人口流动产生较强的挤出效应，农业人口转移改变了农村原有的人地比例和关系，诱致了农户土地转出行为。但由于城乡之间较大的发展差距和户籍管制分割，农民工家庭的市民化压力持续增加，当农户将部分成员留在农村成为理性选择时，家庭土地流转的可能性就会降低。以教育为例，当前进城务工农民面临着难以负担的子女教育压力，尽管学者针对降低城市公立学校门槛的问题已经提出建议[2]，但城市公立学校的接纳数量有限，高昂的借读费以及复杂的证明材料迫使部分农民工子女留守在家。而农民工父母出于家庭照料的种种考量，会选择留在农村，并继续从事农业生产，从而形成了"老人务农、年轻人务工"的兼业化家庭生计模式，农户出租土地的意愿被弱化了。从职业分层视角来看，不同层次的非农职业在劳动报酬、工作环境、收入稳定性和社会保障等方面存在较大差距，从事低层次职业的劳动者由于获得的工资溢价较低，其收入水平难以满足农户改善家庭福利的期望，为了尽可能地提高收入水平，农户仍然有保留土地经营权并继续开展农业生产的内在动力。另外，土地不仅是生产资料，还具有社会保障功能，当前城乡社会保障体系尚未融合，土地仍然承担着家庭退出非农就业后的保障功能，正因如此，当转移劳动力的职业层次偏低时，农户会倾向于采取兼业化的生计模式，其参与土地流转市场的意

---

[1] 韩俊：《以习近平总书记"三农"思想为根本遵循实施好乡村振兴战略》，《管理世界》2018年第8期。

[2] 吴贾、张俊森：《随迁子女入学限制、儿童留守与城市劳动力供给》，《经济研究》2020年第11期。

愿并不高。然而，随着职业层次的提升，农民工的收入水平、社保待遇和公平感知都会得到显著提高，相对于非农生产带来的价值，家庭完全可以放弃农业生产收入，在此情况下，出租土地获取资产性收入将成为农户的理性选择。

（三）职业分层影响农户资本要素配置的理论分析

资本积累及其深化是农业持续发展的必由之路，随着农业技术水平的不断提高，资本在农业生产中发挥越来越重要的作用。依据诱致性技术变迁理论可知，如果一个要素的价格相对于其他要素上涨，生产者就会减少对这种要素的使用，并寻求其他低廉要素来进行替代。改革开放以来，农村要素市场不断发育，要素市场价格发现能力逐步增强，使农村劳动力、土地要素价格快速提高，促使农户用资本要素替代价格更为昂贵的劳动力和土地，推动了农业资本的深化。与此同时，农村劳动力向城市和非农行业流动，也使得农户资本要素配置行为更趋多元化，资本要素配置不再局限于投资化肥农药、机械设备等农业领域，而把更多目光转向金融性资产、耐用消费品以及城镇住房等。鉴于不同层次的农村劳动力转移在市场报酬、社会保障、就业机会和资本配置能力等方面的差异，其家庭资本配置行为也会展现出不同形态，因此分析职业分层对农户资本要素配置的影响就显得十分必要。

从要素替代的视角看，职业层次高的个体往往表现出较高的人力资本，而且拥有更多质量更高的就业机会，在参与劳动力市场竞争中拥有比较优势，这意味着他们的劳动力资源更加稀缺，价格也相应更加高昂。因而，他们会更积极地采用劳动节约型技术，通过购置农业机械或购买农业生产性服务的方式缓解农业生产中的劳动力紧张问题。不仅如此，由于高技术、高教育的劳动力在就业市场中享有更高的工资溢价水平，并且金融机构往往依据农户非农就业稳定程度、社会经济地位以及还款能力等因素发放贷款，这意味着高职业层次农户将拥有更多的财力物力和资本投入农业生产，从而为优化农户农业要素配置结构提供保障。另外，随着家庭非农就业人数的增长以及非农就业层次的提高，农业生产在农民家庭总收入中的比重可能会不断降低，当家庭非农收入足够高时，家庭的农业生产收入甚至可以忽略不计，在此情况下，农户一般会选择转让土地经营权，并将其家庭资本配置到非农领域。家庭生计依赖非农产业以及人口不断向城镇流动催生了农户非农资产的配置需求，农户金融素养的提高促使其对股票、基金等风险性金融资产的配置需求。而由于就业层次以及稳定性的提高，农户产品支付能力不断增强，在具备一定经济条件时，农户会倾向于购买城镇住房甚至缴纳城镇社会养老保险，以为家庭整体迁移提供条件。同时，为了规避风险，农户将相应增加预防性储蓄，并积极购买相关保险。上述经济行为增加了农户非农投资的倾向性，驱使农户对资本要素进行多部门配置。

二 职业分层影响农户要素配置结构和效率的理论分析

（一）职业分层影响农户要素配置结构的理论分析

经济增长有两个来源：增加要素投入和提高生产效率[①]。但在现实经济中，很多生产要素是不可再生资源或有限的可再生资源，因此，通过增加要素投入的方式促进经济增长是不可持续的，这使提高生产效率成为维持经济长期稳定增长的重点。对于提高生产效率的途径，古典经济学强调技术进步的作用，认为只有技术和创新才是推动经济稳定增长的不竭动力。然而，该理论仅意识到了行业内部的生产效率，却忽略了不同行业间存在的生产效率差异。事实上，由于各经济部门之间拥有不同的生产效率，当资源要素从生产率低的行业或部门流向生产率高的行业或部门时，就可以在要素总量固定的情况下促进生产效率提高。这种逻辑同样具有其微观适用性，农户家庭生产资源毕竟有限，如何优化生产资源配置结构是改善农户家庭福利的关键。随着市场化改革和城乡要素市场的开放，农户获得了在不同市场和部门配置家庭生产要素的机会和权利，但由于农村社会保障体系尚不完善，以及农户要素配置决策带有一定的路径依赖，农户家庭资源大规模向边际报酬更高产业流动的现象并未显现，抑制了农户家庭资源配置结构的优化和家庭财富的增长。鉴于职业层次体现了劳动力人力资本存量、经营管理能力、非农就业比较优势和发展潜力，具有较高职业层次的农户可以对不同资源配置方式的成本、收益和风险作出清晰的衡量和判断，有助于促进农户将家庭资源配置到生产效率更高的非农部门，从而推动农户家庭资源配置结构

[①] Valli V. and Saccone D., "Structural Change and Economic Development in China and India", *European Journal of Comparative Economics*, 2009, p. 6.

优化。

职业分层的提高可以促进劳动力的专业化分工，促使农户按照其比较优势将家庭资源分配到边际报酬更高的非农业部门，进而优化其家庭资源配置结构。一方面，随着农业流动人口职业层次的提高，劳动力机会成本显著增加，这会凸显农业农村部门经济效率低下的事实，进而激励农户增加非农产业投资比重。与此同时，职业分层的提高通常会带来农户家庭生活条件的明显改善，而当经济条件得到改善后，农户对闲暇的偏好将会增加，并更加偏向到辛苦程度低、就业环境好、潜在收益高的部门生产劳动，从而显著降低农村农业部门对农户家庭资源配置的吸引力。另一方面，从农业生产经济效应来看，非农就业用工价格的快速上涨，会改变农业生产要素相对价格，进而影响农户家庭农业生产收益水平。务农成本的提高意味着农业生产不再有利可图，使农户家庭资源要素配置的"离农化"趋势变得愈加明显。特别是对于职业层次较高的农业转移劳动力而言，他们具有较高的人力资本和优质的社会网络关系，在生产率相对较高的城镇地区和非农部门拥有更多经济机会，并可以获得更高的投资回报率和资源配置效益，这促使农户将更多资源调配到第二、第三产业。

（二）职业分层影响农户农业生产要素配置效率的理论分析

当前阶段，农户家庭经营仍然是我国农业生产活动的主要经营形态，第三次全国农业普查数据显示，2016年底，全国小农户数量占农业经营户的98.1%，小农户从业人员占农业从业人员总数的90%以上。大量农民依然保持着"以农为生、以土为业"的家庭生计模式，这表明农业收入仍然是农户家庭的重要收入来源，提高农业生产效率对改善农户生活福祉的作用不可忽视。在我国人地关系紧张、农村要素严重外流的背景下，要素配置失衡是农业农村发展不充分的根源，提高农业生产要素配置效率对改善农户家庭福利和增强农业竞争力、促进乡村全面振兴具有重要的现实意义。而职业分层通过改变劳动力要素配置结构，为土地、资本等要素的合理流动与优化提供契机的同时，也对农业生产要素配置效率产生了影响。

职业分层在减少农户农业生产劳动投入的同时，还鼓励具有不同程度非农比较优势的农户追加农业投资和购买生产性服务，进而对农业生产要素配置效率产生不确定影响。一方面,职业分层通过非农就业的劳动力流失效应对农业生产效率产生负面影响。具体表现为两点:一是随着农户非农就业层次的提高,农业收入占家庭总收入的比重降低,农业受重视程度减弱,促使农户逐渐减少农业投资;二是家庭劳动力机会成本提高,导致家庭农业劳动力短缺,造成农业兼业化和老龄化现象,不仅不利于农业转型升级,甚至阻碍农业新技术采用,造成农业粗放经营问题。另一方面,职业分层改变农业要素投入结构,提高农业生产效率。具体表现为:首先,劳动力转移可以减少农户家庭剩余劳动力,提高农业劳动生产率,减缓农业生产内卷化程度;其次,外出务工增加农户收入,农户可以通过追加化肥、农药等短期投入,以及增加雇工和购买农业生产社会化服务弥补家庭劳动力短缺的不足,进而维持农业生产效率;最后,从事高层次职业的家庭往往拥有较强的经济实力和商业眼光,具备开展农业创业或种植经济作物的能力,引入新技术、新品种,从而提高农业经营效率。另外,需要注意的是,鉴于低端职业收入稳定性差、社会保障缺失等弊端,低层次农业劳动力转移家庭往往会选择保留土地以维持农业生产,但低层次就业家庭经济基础较为薄弱,而且农业生产更多扮演着社会保障的角色,因此家庭可能会降低生产要素投入水平,从而对农业要素配置效率产生负面作用,不利于农业生产效率提高。

第三节 职业分层影响农户家庭福利的理论分析

一 职业分层影响农户家庭经济福利的理论分析

由于福利内涵的丰富性,相关研究将农户收入、消费、贫困、幸福感和可行能力等诸多概念纳入农户福利范畴,使得不同福利研究对象存在差异性,农户福利水平之间的可比性不强。尽管研究对象呈现多样化,但从内容上看,农户家庭福利研究大体可分为两个层面,即农户家庭经济福利和农户家庭多维福利。其中,经济福利研究主要基于传统福利经济学,认为福利是指收入、财富等给人们带来的效用,或者是人们需求的满足程度。而多维福利研究则一般建立在阿玛蒂亚·森的可行能力框架的基础上,提出福利的最高价值标准是自由,一个人的福利水平可以通过他们享有的机会以及选择过程体现出来。虽然许多文献指出，单从经济维度衡量农户福利水平所得到的结论并不可靠，但必须承认的是，农户参与社会经济活动的动因就是获取经济来源，而且提高收入水平更是农户改善家庭福利的主要途径。鉴于此，本书从经济视角切入，分析职业分层对农户家庭经济收入的影响。

大量研究表明，参与非农劳动力市场对农户家庭经济福利改善具有积极贡献。一方面，农村剩余劳动力由农业部门迁移到工业部门从事非农产业不仅可以获得更高的工资性收入，还可以有效缓解农村地区人地矛盾，促使农户采用现代化的农业经营方式，从而在短期内提高农户收入水平；另一方面，非农就业经历可以在提高经济收入的同时，促进农村劳动力人力资本积累，从而为农户未来返乡创业或留城定居提供空间。但以上逻辑均建立在较为严格的理论假设之上，即非农就业可以为农村劳动力提供稳定的收入来源，并且农村劳动力在外务工的净收入不低于留村务农，然而，这显然与实现情况不完全一致。实际上，并非所有农民工都能实现改善家庭经济福利的目标，非农就业对农户家庭经济福利的改善具有一定的职业分层效应。首先，如果农民流入的是缺乏工作技能、教育程度较低的次级劳动力市场，由于低质量劳动力供过于求，难以适应国家产业结构调整升级对就业技能属性的要求，就会导致其经常处于失业或半失业状态，进而抑制农户收入水平提高。其次，由于城市生活成本较高，并且劳动力流出容易引发农业收入损失，可能导致农业劳动力转移带来的负面效应超过给农户带来的正面效应。最后，低层次职业群体一般难以融入城市社会保障体系，这导致农户缺乏在某一岗位长期稳定工作的意愿，不利于劳动力人力资本积累。而随着职业层次的提高，劳动力的非农比较优势将会得到显现，从事非农就业将获取较高的工资溢价水平和福利待遇，从而对其家庭经济福利改善起到关键的推动作用。

二 职业分层影响农户家庭多维福利的理论分析

贫困是一种复杂的经济社会现象，不仅指社会群体的经济收入低下和基本生活物品不足，还包括卫生设施、公共服务和社会保障等客观基础条件发展不充分，以及遭受社会排斥、政治权利剥夺和价值观念滞后等发展权益受损问题，也是一种多维度、综合性的概念。其中，经济收入水平低下只是表象，能力不足与权利缺失才是核心。传统的福利分析方法，未能反映个人自由、休闲时间、健康状况和公共权利获得等潜在因素，很可能歪曲或夸大农户福利损失。鉴于经济福利分析方法的局限性，阿玛蒂亚·森提出了可行能力框架，他借助一个人能做什么和具有什么的可行能力，以及一个人认为值得去做或达到的功能性活动测度个体福利水平，为农户多维福利研究提供了可靠的理论基础。在现代工业社会，职业不仅是获取收入的经济来源，还代表了一定的社会经济地位，直接或间接地决定了个体的生活方式、提高生活质量的机会、精神健康和平均寿命等多种福利获取能力。因此，为了更深入地理解职业分层与农户福利的关系，本书基于阿玛蒂亚·森的可行能力理论对农户家庭多维福利展开讨论。

社会保障不仅具有提高农户福利水平的基本功能，还发挥着保障劳动力市场可持续运行的重要作用。对国家来说，为公民提供基本的社会保障服务是政府的一项基本责任，但持续加重的社会负担也给政府财政带来了巨大挑战。一个基本的现实是，政府无力为所有民众提供有效的社会保障支持，引入企业的力量成为完善社会保障体系的必由之路。但由于私人企业是以盈利为目的法人单位，缴纳社会保险金的成本过高，因此企业往往依据职业层次为其员工提供不同类型的社会保障待遇。如果农村劳动力流入就业门槛低、技术性不强和稳定性差的低层次职位，他们可能难以得到企业为员工提供的社会保障补贴福利，导致其参与社会保障体系需要承担高昂的费用，而这些农村劳动力的家庭经济状况通常并不乐观，不具备参与社会保障体系的能力。同时，当前国家大力构建以新农保、新农合为代表的农村社会保障网络，在一定程度上改善了农户缺乏社会保障的不利局面，这些社会项目一般以农村户籍和土地权利为参与要件，从而抑制了从事低层次非农职业的农村劳动者参与城镇社会保障体系的积极性。

有了可居住之处，才能拥有美好生活和幸福人生，居住环境反映了人们最基本的福利状态。早川和男在其《居住福利论：居住环境在社会福利和人类幸福中的意义》中指出，"一个普遍安全、适用的住宅和居住环境是社会稳定的最基本条件,居住是贯穿人生一辈子的福利基础"①。在现代社会,随着市场经济的发展和深化,住房的功能已不仅仅满足于居住,还包括了居住者对自然环境、人文环境、基础设施、公共资源、交往对象和生活方式等关乎个人和家庭未来发展的选择资源,即需要满足人们发展的功能。规划部门和开发商也会考虑消费者的需求,进行相应的基础设施投资和公共资源配置,从而造成不同收入、不同职业的人群居住在不同区域内不同档次的住房,引发了居住环境分异的现象。对于农业转移人口而言,不同层次的非农就业决定了他们在城镇的购房支付能力,同时非农工作的不稳定以及对乡村生活的依恋加剧了他们在城镇中的租房意愿,而为了尽可能减少生活开支,他们一般会选择居住在交通不便、社区环境较差和基础设施不完善的区域,从而大大降低了他们的居住福利。

健康是个体在身体和心理上适应社会的能力,影响个体社会资源的获取和自我价值的实现②。健康状态欠佳往往预示着较差的家庭福利水平,疾病等健康问题会使弱势群体丧失参与社会经济活动的机会,剥夺这部分人的社会可行能力,进而造成收入下降引发的贫困问题。现有研究显示,在国民健康水平持续提升的过程中,伴随个体健康水平差异化的社会分层现象,表现为与经济社会地位较高的群体相比,经济社会地位较低的群体在健康上具有明显劣势,社会中存在健康不平等现象。从就业现实来看,劳动力市场中的低层次职业多从事简单体力劳动,一般具有劳动强度高、生产环境差、工作时间不固定等特征,一些行业甚至会涉及高压、高温、化学污染等生产环节,无疑会对务工者的身体和心理健康造成负面影响。同时,低收入水平会形塑农民工缺乏规律的生活方式,造就不健康的生活习惯。非农就业层次偏低通常意味着劳动力单位时间获取的报酬不高,为了在有限的时间内赚取尽可能多的报酬,农民工可能会作出压缩基本消费、延长工作时间的决策,显然,这种短期行为会恶化农民健康状况。

---

① 早川和男:《居住福利论:居住环境在社会福利和人类幸福中的意义》,中国建筑工业出版社 2005 年版。
② 范红丽等:《城乡统筹医保与健康实质公平——跨越农村"健康贫困"陷阱》,《中国农村经济》2021 年第 4 期。

社会属性是人类的本质属性，人的生产和生活必定在一定的社会关系和家庭关系背景下展开，良好的人际关系能够拓展个体的选择范围，优化家庭资源配置，对农户家庭福利改善发挥积极作用。进城务工可以看作农村流动人口适应城市生活的过程，就业质量的高低决定了他们在社会中获得的报酬和尊严，是影响个体实现自我价值、建立社会关系和社会融合程度的关键因素。此外，家庭成员个体流动形成分离式的家庭生活状态，导致流动与留守的成员之间的家庭空间被分割，不利于营造和谐稳定的家庭关系。一方面，外出务工引发了农户分离式的家庭状态，农户家庭成员难以获得与亲人交流感情的机会，致使农户支付了巨大的感情成本，对农户家庭关系和谐稳定产生不利影响；另一方面，从事低层次非农就业的农民工可能难以负担子女的城市生活、教育等费用，迫使他们将子女留守在家，造成留守儿童缺乏父母的陪伴，引起儿童人力资本的永久损失。然而，随着所从事的非农职业层次提高，农户的消费支付能力得到强化，能够逐渐改变农户居住形态，促使农户通过举家搬迁的方式实现家庭成员团聚，从而改善农户家庭关系。

第四节 要素配置中介作用下职业分层影响农户家庭福利的理论分析

职业分层可以通过调节农户生产要素配置，间接对农户家庭福利产生影响。职业层次的提高意味着家庭可以掌握更多稀缺资源，从而给予农户更大自主分配生产资料的空间，有利于农户根据收益最大化原则调整家庭资源配置结构，为农户家庭福利改善提供契机。由上述理论分析可知，非农职业层次的提升既能促进农民对劳动力、土地和资本等要素市场的有序参与，也能在一定程度上优化农户要素配置组合和提高要素利用效率，同时，职业分层在提高家庭经济收入、促进家庭多维福利改善方面均发挥积极作用。加之理论上，要素配置行为可通过纠正要素资源错配、优化家庭禀赋结构、促进农业资本深化等路径改善农户各项福利指标。因此，从因果逻辑上讲，职业分层的提升可通过作用于农户要素配置行为和效率进而影响农户家庭福利状态。具体而言，一方面，农户从事非农就业引致家庭农业劳动人口减少，抑制农户农业生产投资行为，或购买农业生产性服务等劳动力型节约技术，对家庭农业产出水平产生不确定影响；另一方面，职业层次的提高会显化农户非农就业比较优势，促使农户将劳动力、资本等可变要素经过家庭内部再调整配置到其他部门，以实现家庭最大化收益：一是农户可以转让土地经营权，在获取一定资产性收益的同时，将劳动力和资本投入生产效率更高的非农部门，获取相对更高的经济回报；二是非农就业经历促进了农户的人力资本积累，缓解了农户家庭融资约束，有利于农户改善流动性偏好，将更多资金投入收益率更高的金融资产，从而提高农户资本收益率；三是高层次的非农职业通过稳定的收入来源和健全的社会保障为农户家庭生产生活提供了坚实基础，这促使农户将更多时间分配给闲暇和家庭生活，并将部分资本用于购买城镇住房等高价值消费品，从而极大地增进农户家庭福祉。上述理论逻辑如图 3-1 所示，可以发现，要素配置在职业分层与农户家庭多维福利间存在中介效应。

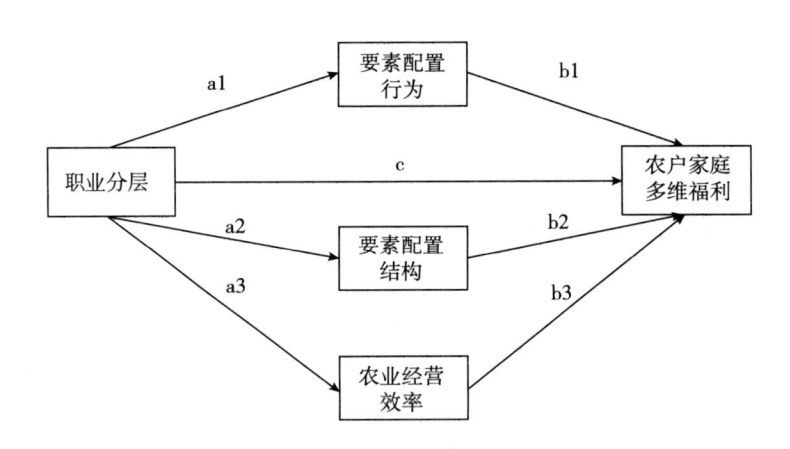

图 3-1 职业分层、要素配置与农户家庭多维福利的理论框架

第四章

职业分层、要素市场发育与农户家庭福利的现状分析

第一节 我国农村劳动力转移、要素市场发育与家庭福利改善的现状分析

一 农村劳动力转移政策变迁与农户非农就业态势

中央决策机构关于农村劳动力非农就业政策取向的变化与国家整体发展战略调整息息相关，不同时期我国经济社会环境和发展战略的差异，造成我国农村劳动力转移政策呈现出明显的阶段性特征。

（一）收紧和禁止流动阶段（1949—1978年）

中华人民共和国成立初期至改革开放之前，属于国家经济社会现代化建设探索时期，在这一时期，服务于国家整体发展目标，我国农村劳动力转移政策经历了截然不同的两个阶段。中华人民共和国成立之初，我国农村人口流动处于相对自由的状态，农民更多表现为一种职业而非身份。1949年，中国人民政治协商会议颁布的《中国人民政治协商会议共同纲领》，以及第一届人民代表大会通过的《中华人民共和国宪法》（以下简称《宪法》）都曾明确公民人身、居住和迁徙的自由权；1951年，由公安部出台的《城市户口管理暂行条例》，以及国务院发布的《关于建立经常户籍登记制度的指示》都只是对人口进行登记记录、办理相关手续的明确，而并未对农村劳动力非农转移作出限制。随着1953年"一五"计划的颁布，中央确立了"城市偏向、重工业优先"

和"农业支持工业"的发展战略,在这种背景下,确保城市粮食和生产资料供应以及维护社会稳定是第一要务,农业农村实质上被看作"蓄水池",主要定位于解决失业问题和几亿人的"吃饱"问题。另外,前一时期人口自由迁徙政策致使大量农村剩余劳动力涌入城市,他们大都缺乏工业发展所需要的相应技术或城市生活的必备技能,使得城市待业现象越发严重。因此,我国中央政府开始收紧农村劳动力转移政策,并于1953年4月首次颁布《关于劝止农民盲目流入城市的指示》,强调必须有组织、有计划地调配劳动力,并要求盲目流动的农民一律返乡。

随着1955年内务部、公安部发出《关于办理户口迁移的注意事项的联合通知》,以及国务院在1956年印发《关于防止农村人口盲目外流的指示》和1957年印发《关于制止农村人口盲目外流的指示》,中央决策者对防止农村劳动力盲目流动政策的实施力度持续增强,抑制劳动力外流的态度逐渐明晰。1958年1月,全国人民代表大会常务委员会通过的《中华人民共和国户口登记条例》对人口迁移作出了严格限制,标志着城乡分割的户籍制度在我国正式确立,这在事实上废止了1954年《宪法》中关于迁移自由的规定。至此,我国建立起比较完整的城乡二元制度结构壁垒,并通过包括农产品统购统销、生活用品定量供给、就业和住房分配等社会制度,以及人民公社和接班顶替制度得到不断强化,这种壁垒的形成不仅阻碍农村劳动力流动,也将劳动者分割为农民和工人两种不同的社会身份。1975年,第四届全国人民代表大会通过的《宪法》取消了关于人民迁移自由的规定,从而在法律上彻底堵死了农村劳动力进城务工的可能性。

在此阶段,受到国家农村劳动力转移政策剧烈变动的影响,我国农村劳动力流动态势也出现了明显分化,在1949年中华人民共和国成立初期到1953年第一个五年计划实施前,国家处于经济恢复阶段,农村劳动力大量涌入城市,弥补了城市劳动力相对不足的状况。据统计,相比1949年,1952年农村迁入城市人口达1398万人,城镇化比重由10.64%上升至12.46%[①]。而在"一五"计划以后,我国逐步设计并建

---

① 谢志强、姜典航:《城乡关系演变:历史轨迹及其基本特点》,《中共中央党校学报》2011年第4期。

立了"一个体制、三个制度",实行劳动力"统包统配"就业和安置政策,劳动者在城乡之间的个体流动行为被严禁和取缔,民间的劳动力流动陷于停滞,取而代之的是政府有组织、有计划的人口迁移制度。总体而言,这一时期的劳动力转移主要具有两个特点。一是劳动力的迁移方向主要是从内地农村迁往边疆地区,因为人口较为稠密的华北和东南沿海地区,人地关系和生产资料日益紧张,而东北、西北和内蒙古等地,通过开垦土地发展农业生产,劳动力存在一定缺口。二是劳动力迁移具有鲜明的行政支配特点,较为典型的如为了实现东西部工业平衡发展、保障经济安全,国家推动的"三线建设",仅1966年便计划从一二线地区调入三线地区34000名员工[①]。

禁止流动阶段(1953—1978年)我国劳动力转移政策的情况概要如表4-1所示。

表4-1　　禁止流动阶段(1953—1978年)我国劳动力转移政策的情况概要

年份	文件名称	文件内容
1953年	《中共中央关于劝止农民盲目流入城市的指示》	县、区、乡政府对自由进城找职业的农民,均不得开给介绍信……盲目地自由进入城市的村干部、党团员及民兵,亦均应一律还乡……
1956年	《关于防止农村人口盲目外流的指示》	各大城市和工业建设重点地区,对流入的人口已设法容纳安置,但容量有限,目前还有大量人口无法进行安置……应切实加以劝阻,说明目前各地无法安置的实际情况,说明流落外地、生产生活没有着落的危险性
1957年	《关于制止农村人口盲目外流的指示》	农村人口大量外流,不仅使农村劳动力减少,妨碍农业生产的发展和农业生产合作社的巩固,而且会使城市增加一些无业可就的人口……应加强对群众的思想教育……对于盲目流入的农村人口,必须动员他们返回原籍
1958年	《中华人民共和国户口登记条例》	公民由农村迁往城市,必须持有城市劳动部门的录用证明、学校的录取证明,或者城市户口登记机关的准予迁入的证明,向常住地户口登记机关申请办理迁出手续

(二)限制流动阶段(1979年至20世纪90年代初)

1978年末,中央工作会议和党的十一届三中全会召开,将党和国

---

① 陈东林:《三线建设:备战时期的西部开发》,中共中央党校出版社2003年版。

家的工作重心转移到经济建设上，与之相关的改革率先在农村和国企中展开。1980年，中央批转的全国劳动就业会议文件《进一步做好城镇劳动就业工作》，提出鼓励和扶植私人投资和企业经营，实行劳动部门介绍、自愿组织就业和自谋职业相结合的方针，为农村剩余劳动力转移开辟了政策空间。然而，由于受到社会长期动荡、城乡户籍分割、知青返乡安置等现实因素影响，城镇累积大量待业人群，农村劳动力转移到城市部门就业的外部条件还不成熟。因此，限制农村劳动力流动成为决策者的首要选项，例如在1981年，国务院颁布了《关于严格控制农村劳动力进城做工和农业人口转为非农业人口的通知》，提出要严格控制单位农村招工行为，大力清理、清退农村城镇务工劳动力，采用户口和粮食管理的方式限制"农转非"。

随着城乡经济体制改革的深入和人民公社的解体，以及"统购统销"政策的松动，农村劳动力非农转移的宏观环境日趋成熟。特别是工业化和城市经济的快速发展，催生了城市对农村劳动力的旺盛需求。国家开始对农村劳动力转移进行政策部署，打破城乡劳动力流动壁垒的改革被提上日程。1984年的中央一号文件《关于1984年农村工作的通知》和国务院颁布的《关于农民进入集镇落户问题的通知》等，明确指出允许务工、经商、从事服务业的农民自理口粮到集镇落户，为农村劳动力的大规模转移提出了基础。此外，1984年国务院还发布了《中华人民共和国居民身份证试行条例》，使农民在城乡流动中拥有合法身份，进一步推动了农村劳动力转移。然而，这一时期过快的农民工外出增长速度，给城市交通、就业和治安等带来较大压力，使得农村劳动力转移政策在放宽过程中出现波折，尤其是农村劳动力低素质、就业缺乏稳定性带来的负面效果日渐突出[①]。加上1988年末我国遭遇历史上较为严重的通货膨胀，社会经济秩序需要进行整顿。于是我国政府出台了相关政策，对盲目流动人口加强了管理。如1989年国务院出台的《关于严格控制农民工外出的紧急通知》，以及1990年的《关于做好劳动就业工作的通知》都强调要严格控制农民工外出，合理引导农村剩余

---

① 黄典林：《从"盲流"到"新工人阶级"——近三十年〈人民日报〉新闻话语对农民工群体的意识形态重构》，《中国传媒大学学报》2013年第9期。

劳动力转移，促进劳动力就地转移和消化。1991年《国务院政府工作报告》指出，为了使城镇劳动就业得到有效安置，要继续控制计划外使用农民工，严格控制"农转非"人员。与此同时，为了在控制农村劳动力盲目流动的同时，达到转移农业剩余劳动力的目的，政府积极探索"离土不离乡、进厂不进城"的农村就地转移模式。如江泽民同志在农村工作座谈会上的讲话中明确指出，改变农业劳动力过剩、发展滞后的方式不是劳动力大量涌入城市，而是就地消化。1991年印发的《中华人民共和国国民经济和社会发展十年规划和第八个五年计划纲要》也主张实施农村剩余劳动力"离土不离乡、就地转移为主"的方针（见表4-2）。

表4-2　　　限制流动阶段我国劳动力转移政策的情况概要

年份	文件名称	文件内容
1980年	《进一步做好城镇劳动就业工作》	在国家统筹规划和指导下，实行劳动部门介绍就业、自愿组织起来和自谋职业相结合的方针；赋予企业根据生产需要增减劳动力的自主权；搞活个体劳动者，拓宽就业门路
1981年	《关于严格控制农村劳动力进城做工和农业人口转为非农业人口的通知》	各地区、各部门要认真落实党在农村的各项政策，大力发展农村经济，引导农村多余劳动力在乡村搞多种经营，不要往城里挤。同时，要采取有效措施，严格控制农村劳动力进城做工和农业人口转为非农业人口
1984年	《关于1984年农村工作的通知》	农村工业适当集中于集镇……使集镇逐步建设成为农村区域性的经济文化中心。1984年，各省、自治区、直辖市可选若干集镇进行试点，允许务工、经商、办服务业的农民自理口粮到集镇落户。进一步确认了家庭联产承包责任制，并允许农民和集体资金自由地或有组织地流动，不受地区限制
1989年	《关于严格控制农民工外出的紧急通知》	铁道部和广东省反映……农民工大量集中去西北、东北和广东等地区，致使铁路客流暴涨。一些民工到达上述地区后，因找不到工作而流落街头，生活十分困难
1990年	《关于做好劳动就业工作的通知》	当前治理整顿期间，劳动力需求减少，待业队伍正在不断扩大，就业问题再次突出，不少地区压力已经很大。因此，必须继续努力做好就业工作，从各方面采取有效措施妥善安置待业人员

续表

年份	文件名称	文件内容
1991年	《国务院政府工作报告》	进一步安排好劳动就业，充分利用社会劳动资源。要继续实行劳动部门介绍就业、自愿组织起来就业和自谋职业相结合的就业方针，进一步拓宽就业门路……要继续控制计划外使用农民工，严格控制"农转非"人员
1991年	《中华人民共和国国民经济和社会发展十年规划和第八个五年计划纲要》	积极解决城乡劳动就业问题。合理开发利用我国丰富的人力资源，是发展国民经济和保障社会安定的必要条件。农村劳动力向城镇逐步转移的规模和速度，应当与经济发展和城镇的承受能力相适应

这一时期，相关政策的不断放宽为农村劳动力流动带来契机，然而，长期的社会动荡和经济停滞，使城市部门可以提供的就业机会十分有限，农村劳动力非农转移出现瓶颈。据统计，1982年，农村劳动力外出数量仅约200万人，且大多是在农村流动、走街串巷的小商小贩[1]。然而，随着改革开放步伐的加快、一系列制度障碍的清除，农村劳动力转移数量开始加速。1984—1988年，农村劳动力年均转移1100万人，累积转移数量达到5566万人，年均增速为23%[2]。到1989年底，农村劳动力外出数量达到3000多万人，"民工潮"开始显现。需要特别强调的是，这一阶段的农村劳动力转移仍以就地流动为主。自1984年中央文件将社队企业改称为乡镇企业，并充分肯定其对于农村经济发展的补充作用后，乡镇企业异军突起，并成为吸纳农业转移劳动力的主力军。到1988年，我国乡镇企业个数达1888万个，从业人数近9600万人，1992年超过1.1亿人。在乡镇企业的加持下，农村劳动力非农转移主要集中在农村和城镇地区，表现出"离土不离乡、进厂不进城"的特点。

(三) 规范和引导流动阶段 (20世纪90年代中期至2003年)

经过一段时间的调整，我国市场经济开始步入正轨，农村劳动力流动的规模化和常态化对规范和引导劳动力有序流通提出要求。特别是在

---

[1] 白永秀、刘盼：《新中国成立以来农村劳动力流动的历史演进——基于家庭联产承包责任制推动视角》，《福建论坛》(人文社会科学版) 2019年第3期。

[2] 《中国农村住户调查年鉴 (2004)》，人大经济论坛，2022年9月12日，https://s.pinggu.org/search-155648.html。

邓小平"南方谈话"之后,珠三角、长三角等沿海地区率先实现跨越式发展,出口外向型、劳动密集型产业迅速崛起,对劳动力的需求迅猛增加。同时,由于规模经济与增长极的形成,产业间、部门间和区域间收入差距扩大,对农村劳动力的拉力持续增强,致使其迅速向城市集中。在此背景下,为更好对接现实要素流动需求,国家开始实施以户籍改革和支持农民工跨地区流动为特点的就业制度,并基于市场信息、区域发展情况等因素对劳动力流动进行规范和引导。1993年,劳动部印发的《农村劳动力跨区域流动有序化——"城乡协调就业计划"第一期工程》中首次提出"异地就业已成为解决农村剩余劳动力就业问题的重要渠道",应在坚持就地转移的同时,完善劳动力市场机制,健全市场规则、秩序和相应的管理服务手段,使劳动力跨区域流动有序化。其后,1994年劳动部发布的《农村劳动力跨省流动就业管理暂行规定》和1995年中共中央办公厅、国务院办公厅转发的《中央社会治安综合治理委员会关于加强流动人口管理工作的意见》进一步对农村剩余劳动力跨区域流动的管理工作和主要措施进行细化。从户籍制度看,1997年《国务院批转公安部小城镇户籍管理制度改革试点方案和关于完善农村户籍管理制度意见的通知》开始放松小城镇落户限制,允许符合一定条件的农村人口办理城镇户籍,促进了农村劳动力稳定有序转移。

20世纪90年代中期以后,政府认识到农村劳动力向非农部门和城市流动是经济发展的必然趋势,其间出台的相关文件均对农民工在产业和地区间的流动释放出积极信号,并倡导采取必要举措引导和管理劳动力有序流动。1997年《国务院政府工作报告》提出,农村剩余劳动力转移要向农村经济的深度和广度进军,一部分农村劳动力转向城市和经济发达地区是经济发展的需要。2002年,农业部印发的《农业部关于做好农村富余劳动力转移就业服务工作的意见》也认为"调整农村就业结构是农业和农村经济结构战略性调整的重要内容",并且强调有关机构应对农民工群体开展职业技能培训。2003年国务院政府工作报告指出,引导农村富余劳动力向非农产业和城镇转移,是工业化和现代化的必然趋势,要清理和纠正对农民工的歧视政策,支持农民进城务工就业。尽管中央决策者已经认识到农民工的城乡流动是经济发展的客观要求,应取消阻碍劳动力转移的歧视性政策,但他们仍然认为需要对农村劳动力流动进行管理和引导，因此并未彻底放开农村劳动力流动与非农就业（见表4-3）。

表4-3　规范和引导流动阶段我国劳动力转移政策的情况概要

年份	文件名称	文件内容
1993年	《农村劳动力跨区域流动有序化——"城乡协调就业计划"第一期工程》	农村劳动力跨地区流动的规模不断扩大，异地就业已成为解决农村剩余劳动力就业问题的重要渠道。但是，目前这种流动混乱无序状态严重，特别是每年春节前后劳动力大量、集中流动的"民工潮"，形成……一系列社会问题，也给外出谋职的劳动者个人造成严重损失
1994年	《农村劳动力跨省流动就业管理暂行规定》	进一步规范用人单位用人、农村劳动者就业和各类服务组织从事有关服务活动的行为，引导农村劳动力跨地区有序流动
1995年	《中央社会治安综合治理委员会关于加强流动人口管理工作的意见》	作为流动人口主体的农村剩余劳动力的流动，在很大程度上仍然处于盲目无序状态。为了维护社会的稳定，保障改革开放和社会主义现代化建设的顺利进行，必须在全国范围内大力加强对流动人口的管理工作
1997年	《国务院批转公安部小城镇户籍管理制度改革试点方案和关于完善农村户籍管理制度意见的通知》	对经批准在小城镇落户的人员，不再办理粮油供应关系手续；根据本人意愿，可保留其承包土地的经营权，也允许依法有偿转让
1997年	《国务院政府工作报告》	农村剩余劳动力首先要向农村经济的深度和广度进军。……要加强疏导和管理，促进有序流动。鼓励学到技术和管理经验的农民回到家乡创业，促进当地脱贫致富
2002年	《农业部关于做好农村富余劳动力转移就业服务工作的意见》	改革开放以来，……农村富余劳动力转移取得了重大进展。目前，农民工已成为我国新一代产业工人的重要组成部分。农村富余劳动力跨区域流动就业，既为城镇经济发展注入了新的生机活力，促进了城镇经济和社会的繁荣，又开辟了农民增收的新渠道，成为农村经济发展新的增长点
2003年	《国务院政府工作报告》	引导农村劳动力合理有序流动。……我们坚持实施城镇化战略，积极稳妥地发展小城镇。支持农民进城务工就业，清理和纠正对农民工的歧视性政策和乱收费，保护他们的合法权益，同时加强引导和管理

随着家庭联产承包责任制的巩固和社会主义市场经济体制的确立，我国农村劳动力流动态势也呈现出新特征，具体表现为农民工规模持续

扩大、跨区域流动成为主流。这主要是因为从 1992 年开始，政府着手调整市场与计划的关系，重点推进乡镇企业产权改革，鼓励以个人独资和混合制形式的创业行为，乡镇企业粗放型经营和布局分散的弊端显现，使乡镇企业发展速度和吸纳就业的能力下降。与此同时，中国民营经济快速发展，尤其是在加入世贸组织之后，东南沿海地区利用中国劳动力丰富的比较优势，大力发展劳动密集型、出口导向型工业，创造了大量就业岗位。在此阶段，农村劳动力流动总量加速扩大，据蔡昉的测算，农村外流劳动力数量由 1997 年的 3980 万人迅速增加至 2004 年的 1.03 亿人，年均增长率达 15.2%[1]。另外，农村劳动力跨省流通愈加频繁，东南沿海地区成为劳动力流动的主要方向。《中国农村住户调查年鉴》显示，2003 年跨省流动的农村劳动力达 5670 万人，占外出务工总人数的 49.9%，其中 70% 的外出劳动力流入东部地区。

（四）保障和服务流动阶段（2004—2013 年）

中国共产党的第十六次全国代表大会提出统筹城乡发展战略，使得为进城农民工提供就业服务和保障逐渐进入政策视野。同时，相关研究指出，我国农民工面临就业环境恶劣、工资待遇低下和公民权益屡受侵害的问题[2]，引发了政府对前期农民工进城务工政策的反思，开始关注建立城乡劳动力平等就业的政策，完善城市就业公共服务体系。从 2003 年起国家出台了一系列落实城乡公共服务均等化的政策。如《国务院办公厅关于做好农民进城务工就业管理和服务工作的通知》等，从就业服务、子女教育和技能培训等方面着手改善农民工就业服务环境，维护农村劳动力平等就业的权利。特别是 2006 年出台的《国务院关于解决农民工问题的若干意见》旗帜鲜明地肯定了农民工为社会进步所做的重要贡献，指出"农民工为城市创造了财富，为农村增加了收入，为城市发展注入了活力"。并提出将农民工的子女教育、社会保障纳入城市公共服务体系，建立覆盖城乡的公共财政支出体系，使符合条件的农业转移人口逐步变为城镇居民。

2007 年，党的十七大报告提出"建立统一规范的人力资源市场，

---

[1] 蔡昉：《中国劳动力市场发育与就业变化》，《经济研究》2007 年第 7 期。
[2] 郑功成、黄黎若莲：《中国农民工问题与社会保护》，人民出版社 2007 年版。

形成城乡劳动者平等就业的制度。"标志着我国对于农村劳动者权益保护的重视程度达到前所未有的高度。2008年开始施行的《中华人民共和国就业促进法》强调，"不得对农村劳动者进城就业设置歧视性限制，保障城乡劳动者平等的劳动权利"。2009年印发的《中共中央 国务院关于加大统筹城乡发展力度进一步夯实农业农村发展基础的若干意见》明确提出将返乡创业农民工与就地就近就业农民纳入城乡公共就业服务体系的主张。党的十八届三中全会通过的《中共中央关于全面深化改革若干重大问题的决定》则提出，要维护农民生产要素权益，保障农民工同工同酬（见表4-4）。

表4-4　保障和服务流动阶段我国劳动力转移政策的情况概要

年份	文件名称	文件内容
2003年	《国务院办公厅关于做好农民进城务工就业管理和服务工作的通知》	按照公平对待、合理引导、完善管理、搞好服务的原则，采取有效措施，全面做好农民进城务工就业管理和服务的各项工作
2003年	《中共中央关于完善社会主义市场经济体制若干问题的决定》	逐步统一城乡劳动力市场，加强引导和管理，形成城乡劳动者平等就业的制度
2005年	《国务院关于进一步加强就业再就业工作的通知》	对持"再就业优惠证"人员、城镇其他登记失业人员，以及进城登记求职的农村劳动者，公共就业服务机构要提供免费的职业介绍服务
2006年	《国务院关于解决农民工问题的若干意见》	各级人民政府要把促进农村富余劳动力转移就业作为重要任务。要建立健全县乡公共就业服务网络，为农民转移就业提供服务
2006年	《国务院办公厅转发劳动保障部关于做好被征地农民就业培训和社会保障工作指导意见的通知》	在城市规划区内，要将被征地农民纳入统一的失业登记制度和城镇就业服务体系
2007年	《高举中国特色社会主义伟大旗帜　为夺取全面建设小康社会新胜利而奋斗》	健全面向全体劳动者的职业教育培训制度，加强农村富余劳动力转移就业培训。……积极做好高校毕业生就业工作。规范和协调劳动关系，完善和落实国家对农民工的政策，依法维护劳动者权益
2013年	《中共中央关于全面深化改革若干重大问题的决定》	维护农民生产要素权益，保障农民工同工同酬。……推进农业转移人口市民化，逐步把符合条件的农业转移人口转为城镇居民

首先，这一阶段农村劳动力流动的总量和范围都得到了空前扩大。

就总量而言，2013年全国农民工总量达到2.69亿人，外出农民工达到1.66亿人，相比2008年的2.25亿人和1.4亿人，同比增长19.6%和18.6%[①]。从范围来看，尽管东南沿海地区仍然是农村劳动流动的主要方向，2010年，东南沿海各省份占据了我国流动人口前十名中的9个。但由于中西部地区承接了东北部地区的产业转移，越来越多的农民工流向中西部地区，流入东部地区的农民工数量有所减少，仅2009—2013年流入东部的外出农民工占农民工总数的比例从71%下降到62.5%[②]。其次，从2004年开始，我国珠三角等东南沿海地区出现了"民工荒"，以25岁以下的女工和熟练技术工人为主，缺口人数达200万人。民工荒的本质是一种结构性短缺，其形成原因在于相关企业工资待遇水平较低，对农村劳动力产生的吸引力较弱。最后，这一时期举家迁移的农村劳动力开始增多，2003—2013年举家搬迁农村劳动力增加1148万人，同比增长47%。

（五）农民工市民化阶段（2014年至今）

尽管随着国家对农村劳动力流动态度的转变，农民工就业政策逐渐由禁止和限制演进为保障和服务，但由于长期分割的城乡二元结构，以及农民工人力资本积累不足，导致农村劳动力"候鸟式"的迁移状态并未得到根本改变，农民工城市融入的程度不高，融入障碍依然存在，如何促使城乡均衡发展、提高农民城市化意愿、加速完成市民化进程成为党和国家面临的难题。为改变人口城镇化滞后于经济发展的现状，提高农村劳动力非农就业质量，国家在新时期确立了"以人为核心的新型城镇化"目标，推动有能力和有意愿的农民工落户城市。

这一时期的政策特点是农民工落户政策不断放宽，政府多措并举减轻农民城镇化压力。2014年出台的《国务院关于进一步做好为农民工服务工作的意见》提出了"3个1亿人"，即到2020年实现"促进约1亿农业转移人口落户城镇，改造约1亿人居住的城镇棚户区和城中村，引导约1亿人在中西部地区就近城镇化"。为实现这一目标，该文件提出从稳定和扩大农民工就业创业、保障农民工土地和集体经济收益分配

---

① 《2013年全国农民工监测调查报告》，中国政府网，2014年5月12日，http://www.gov.cn/xinwen/2014-05/12/content_2677889.htm?from=androidqq。

② 张广胜、田洲宇：《改革开放四十年中国农村劳动力流动：变迁、贡献与展望》，《农业经济问题》2018年第7期。

权、促进农民工社会融入和实现公共服务均等化等方面提出具体意见，并指出了根据城市等级实施差异化落户政策的改革方向。鉴于农民工城镇化所需的经济成本，《国家新型城镇化规划（2014—2020年）》提出，要建立财政转移支付同农业转移人口市民化挂钩的机制，改变过去中央转移支付长期依据户籍人口的标准，从而提高流入地政府吸纳农业转移劳动力的积极性。随后的2016年《国务院政府工作报告》和2019年《国务院政府工作报告》都对这一"人地钱"相挂钩的政策进行了强调和部署（见表4-5）。

表4-5　农民工市民化阶段我国劳动力转移政策的情况概要

年份	文件名称	文件内容
2014年	《国务院关于进一步做好为农民工服务工作的意见》	积极探索中国特色农业劳动力转移道路，着力稳定和扩大农民工就业创业，着力维护农民工的劳动保障权益，着力推动农民工逐步实现平等享受城镇基本公共服务和在城镇落户，着力促进农民工社会融合，有序推进、逐步实现有条件有意愿的农民工市民化
2014年	《国家新型城镇化规划（2014—2020年）》	建立财政转移支付同农业转移人口市民化挂钩机制，中央和省级财政安排转移支付要考虑常住人口因素
2016年	《国务院政府工作报告》	加快农业转移人口市民化。深化户籍制度改革，放宽城镇落户条件，建立健全"钱地人"挂钩政策
2019年	《国务院政府工作报告》	抓好农业转移人口落户，推动城镇基本公共服务覆盖常住人口

在新形势下，我国农村劳动力流动出现了一些新特点。首先，农村劳动力转移速度出现明显下滑，国家统计局的调查数据显示，外出农民工人数的年均增速从2007—2012年的3.6%下降到2012—2017年的1.0%，2018年和2019年的增速分别仅为0.64%和0.84%。尤其是2020年受新冠疫情影响，农村劳动力转移呈现出"断崖效应"，增速同比减少1.78%。其次，随着时间推移，"80后"新生代农民工所占比例不断提高，并从2017年开始占比超过50%。最后，农民工群体年龄结构的变化也对农民工群体教育水平产生影响。虽然农民工在总体上仍以初中文化程度为主，但其占比逐年下降。《农民工监测调查报告》显示，大专及以上文化程度的农民工占比逐年提高，从2011年的5.3%提

升至2019年的11.1%。这不仅说明农民工的人力资本和素质在不断提高，也从侧面反映出农村外流劳动力所从事的职业和就业质量得到改善。

二 农村要素市场发育历程及农户家庭要素配置路径

要素（资源）配置市场化是相对于政府调控而言的要素配置方式，指的是借助市场机制实现要素流通与交换的过程。中华人民共和国成立初期，由于实行赶超型的经济发展战略，我国采取高度集中的计划经济体制，特别是对于农业农村而言，为了满足发展重工业所需的原始积累，国家采取工农价格剪刀差的方式以低于农产品价值的方式向农民"统购"农产品，农民并没有自主配置土地、劳动力和资本等要素的权利，农村要素市场几近于无。僵化的行政性配置模式不能依据实际情况对生产要素进行灵活合理配置，造成稀缺性资源存在严重浪费现象，导致我国社会经济发展陷入混乱的局面。改革开放以后，我国持续深化要素市场化改革，加快完善社会主义市场经济体系，培育和发展农村要素市场被提上日程，通过对以往政策的详细梳理可以发现，我国农村要素市场发育大体分为以下几个时期。

（1）农村要素市场探索时期。1978年，安徽省凤阳县小岗村的"大包干"拉开了我国经济体制转轨的大幕，农村要素市场化配置改革缓缓开启。首先，家庭联产承包责任制的确立赋予了农户自主配置生产要素的权利，家里自主生产、自负盈亏的经营模式极大地激励了农户生产积极性，劳动力、土地等要素的配置效率得以大幅提升。其次，国家逐渐重视市场在经济发展中的作用。在1982年党的十二大报告中，首次明确了计划与市场的关系，强调了"计划经济为主、市场调节为辅"的基本原则。此后，在1987年党的十三大报告中，中央将市场与计划两种资源配置手段放在同样重要的位置，明确要建立计划与市场相互协调的经济体制。最后，鉴于农村商品流通领域存在的农民卖粮难、购销倒挂等实际问题，1985年中共中央、国务院发布《关于进一步活跃农村经济的十项政策》，提出取消农产品"统购统销"制度，实行以市场供需为基础的农村商品经济。

然而，由于制度变革的路径依赖，这一时期，我国农村经济仍存在较为浓厚的行政和计划色彩，市场在要素配置中的作用依然不强。从土地和劳动力要素来看,通过家庭联产承包责任制的实施,农户获得了承包地和生产自主权,但土地和劳动力在市场中的配置与流动却发展的较为迟缓。农业部的数据显示,截至1992年,我国农村发生流转的土地还不到1%;而国家对农村劳动力流动的策略也是以就地就近转移为主,其本质是对劳动力市场的制度性分割。至于农村金融市场,在此阶段基本上由政府垄断,金融机构的政策性和商业性功能尚未分离,金融服务存在项目少、质量差、水平低等问题,难以满足农户的长短期金融需求。

(2)农村要素市场发展时期。1992年,党的十四大明确提出建立社会主义市场经济制度,使农村要素市场的良好发育迎来新契机。为深化经济体制改革,1993年党的十四届三中全会审议通过了《中共中央关于建立社会主义市场经济体制若干问题的决定》,明确指出建立社会主义市场经济制度的目标表,就是要使市场在资源配置中发挥基础性作用。2003年,党的十六届三中全会通过《中共中央关于完善社会主义市场经济体制若干问题的决定》,再度强调要更大程度地发挥市场在资源配置中的基础性作用,以适应经济社会发展的需要。与此相对应,农村要素市场发育障碍得到进一步破除。

首先迎来变革的是农村土地市场,2002年,国家颁布了《中华人民共和国农村土地承包法》,规定"土地承包经营权可以依法采取转包、出租、互换、转让或者其他方式流转"。2007年实施的《中华人民共和国物权法》(现《中华人民共和国民法典》)将农村土地的承包经营权界定为用益物权。法律的明确为农户土地流转解决了后顾之忧,此后农地流转市场迅速活跃,2007—2009年的农地流转率分别为5.2%、8.7%和12%,每年以占总面积3.5%的速度增长,截至2013年,全国承包地流转比例已达到26%[①]。土地经营规模化使得农业劳动力剩余不断加重,政府逐渐消除农村劳动力城乡流动的障碍。2003年,国务院办公厅印发《关于做好农民工进城务工就业管理和服务工作的通知》,要求取消对农民工进城的行政审批以及对就业职业工种的限制。不仅如

---

① 《全国26%承包地已流转农业部要求不能搞强迫命令》,新华社,中央政府门户网站,http://www.gov.cn/jrzg/2014-02/23/content_2619466.htm。

此，这一时期国家还推进了农村金融多元化改革。1993年发布的《国务院关于金融体制改革的决定》确定了"建立政策性金融与商业性金融分离，以国有商业银行为主体，多种金融机构并存的金融组织体系"的改革目标。农村金融的多元化还体现在机构的所有制上，鼓励在县域内设立多种所有制的社区金融机构，允许私有资本和外资参股。2006年，银监会出台《关于调整放宽农村地区银行业金融机构准入政策更好支持社会主义新农村建设的若干意见》，提出鼓励各类资本进入农村金融服务领域，发展村镇银行、贷款公司等符合农业生产特点的新型农村金融组织。一系列惠农金融政策的实施，对满足农村生产生活资金需求起到了推动作用，支持了农村经济社会的快速发展。

（3）农村要素市场深化时期。2013年，党的十八届三中全会通过《中共中央关于全面深化改革若干重大问题的决定》，将市场在资源配置中的"基础性作用"替换为"决定性作用"，并强调要"赋予农民更多资产性权利"，从而开启了农村要素市场化变革的新征程。在此后，党的十九届四中全会通过的《中共中央关于坚持和完善中国特色社会主义制度、推进国家治理体系和治理能力现代化若干重大问题的决定》进一步提出，"健全劳动、资本、土地、知识、技术、管理、数据等生产要素由市场评价贡献、按贡献决定报酬的机制"，为农村要素市场发育指明了方向。

新时代以来，农村要素市场加速发育，呈现出了一些新特点。以农村土地要素市场为例，2016年10月，中共中央办公厅、国务院办公厅印发《关于完善农村土地所有权承包权经营权分置办法的意见》，明确提出"顺应农民保留土地承包权、流转土地经营权的意愿，将土地承包经营权分为承包权和经营权，实行所有权、承包权、经营权分置并行"，三权分置改革，缓解了农地领域一直存在的"稳定"与"放活"的矛盾，是继家庭联产承包责任制后我国农村改革的又一次重大创新。这一时期，我国土地要素市场的变革还扩展至农村宅基地和集体经营性建设用地上。2017年，中央一号文件强调农村集体经济组织可以通过出租、合作经营等方式盘活利用闲置农房和宅基地；2019年，中共中央、国务院发布的《关于建立健全城乡融合发展体制机制和政策体系的意见》提出允许农村集体经营性建设用地的主张。不仅如此，农村金融市场的发展也迎来了春天，2015年，中央一号文件强调完善对农业经营主体的金融服务，发展农村普惠金融。截至2017年底，我国金融机构涉农贷款余额增至30.95万亿元，10年间平均增速约18%，占各项贷款总额的比重从22%提高至25%[①]。另外，国家还对农村金融模式进行了创新，开展了农村承包土地经营权和农民住房财产权的抵押贷款试点，盘活了农村沉睡资本，拓宽了农民融资渠道。

随着农村要素市场化改革的不断加深，农户家庭生产要素的配置路径也日趋多元化。在要素分配市场化的背景下，农村要素的资产属性得以激活，要素流动性被大幅强化，其配置领域从农业农村扩展至非农部门和城市，配置方式也变得更加多元化，作为农村要素配置最小决策单元的农户，其家庭生产经营模式和多种要素配置路径也必然会随之改变。从劳动力市场看，随着家庭联产承包责任制的推进和户籍管制的放宽，农户可以将劳动力资源在产业和城乡间进行匹配，既能将家庭全部劳动力资源集中起来从事单一非农产业或农业规模经济，也可以根据比较优势围绕年龄和性别产生"男耕女织"式的性别分工和"年轻人务工，老年人耕地"的代际分工。从土地市场看，由于土地产权权能的持续强化，以及市场对其资产属性的认可，农户可以通过流转、入股和转让等多种方式获取土地收益，并可以将其作为抵押物向金融机构申请贷款。

三 农村扶贫政策演进及农户家庭多维度福利改善

贫困是阻碍人们追求幸福生活、改造自身可行能力的主要因素之一，长期以来，受到区域经济社会发展和资源禀赋的约束，我国农村地区一直处于相对贫困的状态，农民缺乏改善自身福利和生活水平的能力和机会。中国共产党高度重视人民的利益，始终坚持在中国特色社会主义思想的指导下带领人民与贫困作斗争，特别是在改革开放以后，随着对扶贫工作认识的不断深化，以及投入能力和组织保障的提高，中国的农村扶贫走出了一条从救济式扶贫为主转向贫困区域综合性开发，再到以贫困家庭和人口为瞄准对象的精准扶贫之路。我国扶贫政策的演进契合了经济社会的不同发展阶段，对应了贫困人口结构和贫困类型的变

---

① 苏岚岚、孔荣：《农民金融素养与农村要素市场发育的互动关联机理研究》，《南方经济》2019年第2期。

化，对农户家庭多维福利的改善起到了至关重要的作用。

1978年是中国扶贫历程中的一个重要节点，通过前一阶段的探索，中国共产党认识到中国发展的现实状况和薄弱的经济基础无法与资本主义发达国家相媲美，因此中国社会主义现代化建设必须经历一段长时间的历程，分阶段解决发展不平衡问题。邓小平同志提出"非均衡的发展策略""让一部分人、一部分地区先富起来，最终实现共同富裕"。随后，通过一系列的经济体制改革和对外开放政策，中国经济迎来全面增长期，生产力的解放和经营自主权的赋予大大促进了生产积极性，经济发展的活力和动力不断增强，带动了农民收入水平提高，农村的普遍贫困现象得到迅速扭转。然而，经济的快速增长也使区域和群体间的收入差距日益凸显，广大落后地区的经济发展和人民生活水平明显落后于经济发达地区。这一时期的国家扶贫政策主要以"外部输血"的救济式扶贫为主。1980年初至20世纪80年代中期，为了帮助"老少边穷"地区尽快改变贫困落户面貌，国家相继确立了7笔专项扶贫资金[①]，年投入金额总计近40亿元，有力地缓解了贫困地区资源外流状况。从粮食生产形势看，1984年中国粮食总产量为40721万吨，比1978年增加了10254万吨。从收入增长效应看，1979—1985年农村居民实际人均纯收入增长169%，年均增长15.1%。中国贫困人口规模从2.5亿人，迅速缩减到1.25亿人，年均减贫达1785万人。

20世纪80年代中期，随着农村经济发展速度放缓，政策减贫的效应呈现减弱趋势，一些欠发达地区农民增产增收困难，农户生活改善进程停滞。为此，政府改变过去分散救济的单一化扶贫模式，强调基于贫困地区资源特点进行有针对性地开发和建设，通过借助科技的进步和农民素质的提高，促进贫困农户自我脱贫和内生发展能力。1986年5月，国务院贫困地区经济开发领导小组正式成立，并在各省市县（乡）设立扶贫分支机构，统筹谋划和组织全国农村扶贫开发工作，标志着扶贫工作的组织化、规范化和常态化，扶贫资源能够得到更加合理的配置。1994年，国务院发布《国家八七扶贫攻坚计划》，提出利用7年时间集

---

① 分别为支援不发达地区发展资金、支持老少边穷地区贷款、支援不发达地区发展经济贷款、"三西"农业建设专项资金、国家扶贫专项贴息贷款、牧区扶贫专项贴息贷款、县办企业专项贷款。

中资源解决8000万贫困人口的温饱问题。在"八七"计划实施期间，国家坚持开发式扶贫方针，并进行了一系列政策创新。在扶贫范围上，以调整后的592个国定贫困县为主要扶持对象，中央财政、信贷和以工代赈等扶贫投资集中投放在国定贫困县。同时，在贫困县的划定上，以中西部省份为重点，加大了对贫困地区的政策倾斜；在参与主体上，在强调统一领导、省负主责的同时，启动了部门定点扶贫以及东西部合作，并将市场的力量引入扶贫开发中，鼓励民间资本和国际机构参与到中国扶贫开发中；从扶贫产业上看，这一时期，产业发展扶贫不仅包括财税、金融，还包括了种养业、加工业，兴办乡村扶贫经济实体和科技扶贫等内容，并且将扶贫经济效益摆在了重要位置，作为扶贫开发工作成效的一个重要指标。2000年底，全国贫困人口减少到3209万人，基本实现了中央确定的扶贫攻坚目标。

21世纪初，我国基本解决了农村贫困人口的温饱问题，农村整体贫困的现象不复存在，但我国农村贫困形势依然不容乐观，这主要体现在城乡发展差距进一步拉大，农村人口的社会福利、就业能力和发展机遇处于明显劣势。不仅如此，农村人口的致贫因素更加趋向个性化，使得贫困帮扶除了要在经济上给予援助，还要在精神和文化层面提供支持。随着扶贫形势的变化，2001年国务院印发《中国农村扶贫开发纲要（2001—2010年）》，明确农村减贫目标是巩固温饱成果，更进一步实施综合性扶贫战略，为全面建成小康社会奠定基础。在这一思想的指引下，我国贫困人口扶助政策频频出台，如西部大开发、全面建设小康社会和社会主义新农村等；一系列利农惠农政策连续发布，包括2001年开始试点农村税费改革，2003年试点新型农村合作医疗，统筹发展城乡社会保障体系，2004年对农民实行粮食补贴、良种补贴和农机具购置补贴，2006年全国取消农业税等。这极大地减轻了农民的生活负担，提高了农村贫困人口社会融入和就业创业能力。鉴于这一时期贫困人口呈现的"小集聚、大分散"态势，国家将扶贫工作的瞄准对象转向贫困村，采用"整村推进"的扶贫方式，改善贫困村生产生活条件。同时注重贫困地区劳动力转移培训和产业化扶贫，提高贫困人口素质和市场参与能力，以期获得稳定的非农就业机会，促使龙头企业政策优惠的获取与其带动贫困户数量相挂钩，增强农业产业化的扶贫带动效能。

第四章 职业分层、要素市场发育与农户家庭福利的现状分析

为了实现"两个一百年"的奋斗目标，在2020年顺利建成全面小康社会，中国共产党在21世纪的第二个十年对农村贫困问题发起了总攻令，使得扶贫力量不断增强，扶贫方略持续完善。2011年我国颁布并实施的《中国农村扶贫开发纲要（2011—2020年）》，将国家扶贫标准大幅上调，贫困线由农民人均收入1273元提高至2300元（2010年不变价），在这一标准下，全国贫困人口由2688万人大幅增至1.28亿人。同时中央明确"两不愁，三保障"作为新阶段扶贫总体目标，其中"两不愁"在于解决农村贫困和温饱问题，致力于巩固前期扶贫成果，而"三保障"则侧重于解决人力资源不足和发展能力低下的问题，是新时期扶贫的重点和难点。在扶贫难度和压力都有所增加的背景下，中国共产党再次创新扶贫模式，提出"精准扶贫、精准脱贫"的扶贫方略。精准扶贫就是将扶贫对象聚焦于贫困家庭和贫困人口，而不再停留在扶持贫困县和贫困村的层面上，从而把有限的资源分配给更需要帮助的农民群体，并依据致贫原因的不同采取差异化的扶贫手段，最终实现脱贫攻坚目标。根据国家扶贫办统计，自2013年以来，中国减贫速度明显加快，农村贫困人口由2012年的9899万人迅速减少到2019年的551万人，贫困发生率从10.2%下降到0.6%，并于2020年末实现贫困人口归零的脱贫攻坚目标。

中国的扶贫工作取得了举世瞩目的减贫成就，在为全球减贫事业做出巨大贡献的同时，也给广大农村居民带来了能切身感受到的实惠和好处，使农户家庭多维福利得到明显提高。从收入水平上看，农村居民家庭人均收入由1952年的49.35元增加至2020年的17131元，以世界银行每人每天1.9美元的标准计算，1981年中国贫困发生率高达88.3%，是世界水平的2倍，而到了2012年，中国贫困发生率降到6.5%，仅为世界贫困发生率的一半左右[1]。国家统计局住户调查办公室《中国农村贫困监测报告》的数据显示，2013—2016年，贫困地区农村居民的生活质量得到大幅提高，居住土坯房的农户比重从7.0%下降到4.5%，降低了2.5个百分点；使用净化自来水的农户比重从30.6%提高到

---

[1] 汪三贵、曾小溪：《从区域扶贫开发到精准扶贫——改革开放40年中国扶贫政策的演进及脱贫攻坚的难点和对策》，《农业经济问题》2018年第8期。

40.8%提高了10.2个百分点；每百户拥有洗衣机和冰箱的数量分别增加了14.9台和22.1台。同时，贫困地区农村基础社会和公共服务不断完善，同时期，通电话、有线电视和宽带的自然村的比重分别提高4.8%、10.6%和21.9%。有硬化路面主干道的自然村比重提高18%。不仅如此，通客车、上小学和幼儿园便利、有文化活动室和卫生室及垃圾处理站的自然村的比重均有不同幅度的提高。

第二节 农民职业分层测度指标构建与特征分析

一 职业分层划分指标构建与描述

当前学界对于职业分层的测度体系和测度方法尚未形成较为统一的意见，不同理论流派分别抓住职业分层的不同侧面对职业群体的社会层次进行划分。美国社会学家爱德华（Edward）较早地开展了职业等级性质研究，他基于美国人口普查数据第一次采用职业的平均受教育程度和收入水平的方法将职业划分为六大类。立足于马克思主义阶级对立视角，并结合现代资本主义发展特点，赖特（Wright）依据生产资料所有权、组织资产和工作技能构建了包含12个社会阶层的分析框架。利用当代英国数据，新韦伯主义阶级理论家戈德索普（Goldthorpe）构建了一个融合职业信息（收入多寡、工作的稳定性、晋升机会等）和雇佣关系（监督难易程度、人力资本可替代性）的7分类的职业阶层框架，得到欧洲发达国家政府的广泛认同。在大多数社会分层学者眼中，职业分层是一个多维度指标，但特雷曼（Treiman）认为，判断一个人的职业地位只要评价职业声望就够了。他通过构建国际声望等级量表（SIOPS）对60多个国家的职业声望高低进行测量，结果显示各国民众对职业声望的评价非常相似，职业声望测量在不同国家和地区之间具有较强的普适性。基于全国民意研究中心（NORC）关于社会职业声望的调查研究，布劳（Blau）和邓肯（Duncan）把教育和收入拟合成一个能代表社会经济地位的指数（SEI），并统计表明该指数能较好地预测职业地位。他的这种做法代表了社会学在研究方法上的突破，且极大简化了职业声望研究的相关流程，在世界范围内得到许多学者的模仿和重复使用，其最著名的派生物：由甘泽布姆（Ganzeboom）根据16个国家

271种职业产生的国际标准职业社会经济指数（ISEI）已经成为全球最具影响力的职业分层指标之一[①]。随着劳动力市场的开放和转型，许多国内学者也将目光投向职业分层与流动研究领域。其中，最具代表性的是中国社会结构变迁课题组，他们依据职业对组织资源、经济资源和文化资源的控制力将社会划分为十大阶层，并指出我国已经形成了一种"洋葱型"的社会阶层结构[②]。参照李强的设计，陈志霞和陈剑锋采用主成分分析法对武汉城镇居民职业声望进行评价，发现我国城市居民职业分层距离"橄榄型"社会结构尚有一定差距，由于中低层职业偏多，职业分层结构更近似"桃型"[③]。朱静和候慧丽基于职业声望和平均受教育程度构造职业分层指数，并通过统计发现我国城乡流动人口的职业阶层结构存在显著差异，非农流动人口已接近"橄榄型"，而农业流动人口仍然是下层人口规模过大的"烛台型"结构[④]。王超恩和符平从职业声望、职业权利和待遇的综合视角构建了专门针对农民工的职业阶层评价体系，发现农业流动人口存在明显的年龄和人力资本区隔，进一步佐证了我国农民工职业结构分布层次偏低的论断[⑤]。

职业分层测度方法主要包括主观测度法和客观测度法，前者基于研究者或研究对象的主观价值判断，通过对社会系统的抽象分析建立职业分层提纲；后者则依循个体经验性数据进行实证统计分析，构建职业分层的连续性数据谱系[⑥]。目前国内研究大都采纳了陆学艺的理论分析框架，并在一些研究中对特雷曼的职业声望量表进行灵活运用。参考已有文献，本书拟采用 Lin N. 和 Xie W. 分组职业声望测量方法[⑦]，对所使用 CLDS 数据库中涉及的职业进行声望测量，同时，为尽量回避单纯依靠职业声望分层所引发的偏差，分别计算出每种职业的平均受教育年

[①] 周京奎等：《农地流转、职业分层与减贫效应》，《经济研究》2020年第6期。
[②] 陆学艺：《当代中国社会流动》，社会科学文献出版社2004年版。
[③] 陈志霞、陈剑峰：《转型加速期城市居民的职业地位评价与社会分层》，《数理统计与管理》2007年第2期。
[④] 朱静、候慧丽：《流动人口的职业结构与分层机制》，《兰州学刊》2010年第6期。
[⑤] 王超恩、符平：《农民工的职业流动及其影响因素——基于职业分层与代际差异视角的考察》，《人口与经济》2013年第5期。
[⑥] 李弘毅：《职业分层的方法论及其功能》，《学术交流》2004年第12期。
[⑦] Lin N. and Xie W., "Occupational Prestige in Urban China", *American Journal of Sociology*, 1988.

数,并将"职业声望"和"平均受教育年数"相乘,以此构造职业分层指数。此外,本书还借鉴了布劳、邓肯和李春玲的社会经济地位回归方程[①][②],测算不同类型职业的社会经济地位指数。

就具体操作而言,职业声望评价方法有一个缺点,即测量的职业种类不能太多,如果列出过多职业,将使被调查者进行职业评价时感到厌倦和困难,从而降低调查资料效度。但如果列出的职业种类太少,又达不到研究职业声望的目的。为此,本书参考了林南设计的分组职业声望测量方法。将研究所涉及的121种职业随机分为12组(由于某些职业的个案数很少,往往只抽中了1个或2个个案,为了让数据更有代表性,我们将这些出现频次很低的职业类别合并到其他相似的类别中,尽量使这些类别的频次不低于20),每组共11种职业,其中,中小学教师在每组中都出现,另外10种职业每组都不同。所有的被调查者也被随机分为10组,每组被调查者只需评价一组职业,把11种职业进行高低等级排列,排名最低的职业赋值为1,排名最高的职业赋值为11。为了把职业评价整合到一起,将每组中都出现的中小学教师作为参照职业,对各种职业声望的评分进行标准化转换,转换后再对评分重新赋值,使各职业声望的评分都在0—100分。然后,根据各职业群体的文化程度,分别计算每种职业的平均受教育年限,并将"职业声望"与"平均受教育年数"相乘,以此作为职业分层指数。从图4-1中可以看出每种职业声望评分与它的平均受教育年限都存在显著的线性相关关系,也就是说,职业的声望评分越高往往受教育水平也越高。

此外,本书还采用社会经济地位指数重新评估每种职业在社会结构中的位置。由于职业声望测量只能评估少数职业的声望评分,而无法得知所有职业的声望分布,美国社会学家奥蒂斯·邓肯设计了一种方法,即基于各类职业的声望评分及相应职业的平均收入和教育水平,求出收入和教育对职业声望的回归系数。然后,运用这一回归方程求出所有

---

① Blalock H. M., et al., "The American Occupational Structure", *American Sociological Review*, Vol. 33, No. 2, 1967, p. 296.

② 李春玲:《当代中国社会的声望分层——职业声望与社会经济地位指数测量》,《社会学研究》2005年第12期。

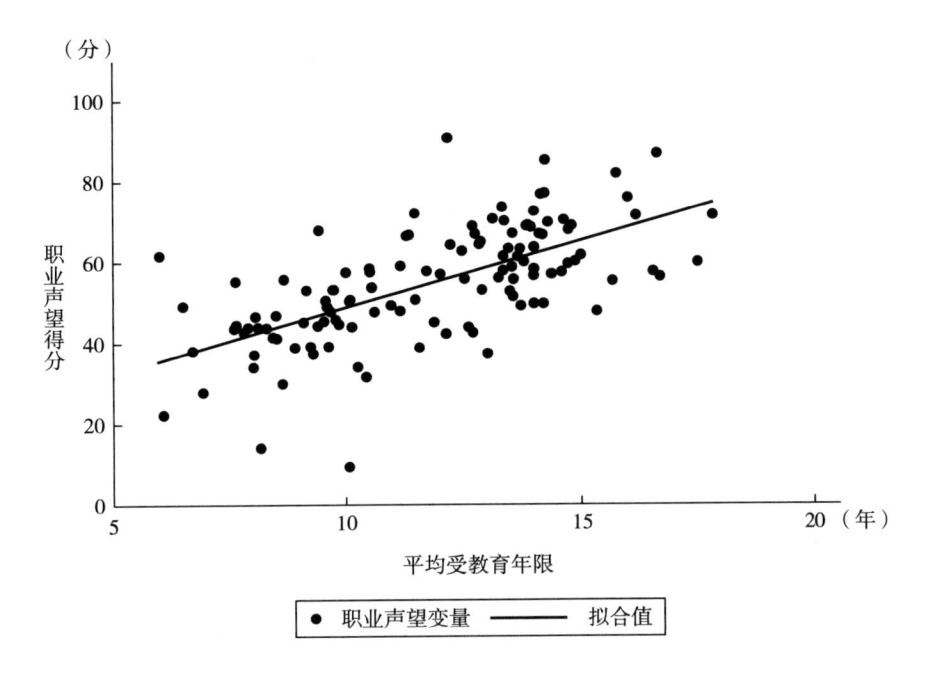

图 4-1　职业声望得分与平均受教育年限的相关关系

职业的声望得分，即社会经济地位指数（Socio-Economic Index，SEI）。然而，中国的现实情况与西方社会有很大不同，相关调查显示，受中国特有的城乡分割、单位体制和社会风俗等因素影响，我国相同职业个体的收入和文化水平可能存在较大差距，从而导致仅以职业的平均收入和教育水平来估计职业声望和地位可能出现较大偏差。鉴于此，李春玲在原有社会经济地位回归方程的基础上引入权利因素、部门因素和社会歧视因素共3个变量，提高了该方程对中国社会职业声望的解释力。具体方程如下：

Y=11.808+3.349×平均教育年限+0.573×平均月收入+16.075×最高管理者+11.262×中层管理者+3.738×基层管理者+8.942×党政机关+6.841×事业单位-5.694×企业单位-26.655×受歧视职业

基于以上职业分层测度方法，本书从职业声望得分和职业分层指数两个方面对中国居民职业分层结构进行描述，如表4-6所示。

表4-6　中国居民职业声望得分和职业分层指数的情况概要

得分排序	职业分类	频数（人）	声望得分（分）	职业分层指数
1	党和国家权力机关负责人	18	90.73	1103.88
2	法官、检察官和律师	24	86.96	1445.71
3	西医医师	17	85.27	1213.84
4	科研人员	33	81.97	1291.65
5	医学技术人员	22	77.14	1097.49
6	事业单位负责人	20	76.91	1088.28
7	飞机和船舶技术人员	2	76.03	1216.48
8	人民警察	118	73.74	982.57
9	航天和电子工程技术人员	32	72.71	1017.94
10	医药制造人员	37	72.17	827.03
11	公证员、审判辅助人员和法律顾问	6	71.65	1158.34
12	大学教师	56	71.62	1276.37
13	消防和应急救援人员	8	70.78	928.99
14	银行专业人员	54	70.45	1030.66
15	中医医师	8	70.22	939.19
16	经济和金融专业人员	173	69.91	999.35
17	兵器和航天工程技术人员	8	69.26	960.98
18	教学人员	351	69.06	1021.69
19	安全和消防人员	16	69.04	875.95
20	专业技术人员	13	69.02	955.66
21	工程技术人员	74	68.65	956.46
22	证券专业人员	11	67.91	1000.13
23	计算机、通信和电子设备制造人员	181	67.87	639.33
24	经济和统计专业人员	20	67.22	910.83
25	军人	12	67.07	855.14
26	建筑和建材工程技术人员	54	67.06	946.58
27	法律、社会和宗教专业人员	74	66.81	947.98
28	社会团体、社会组织和宗教组织负责人	23	66.68	756.67
29	居委会、村委会干部	179	66.47	750.05
30	企业负责人	213	65.17	838.64
31	医疗卫生技术人员	12	64.47	827.36

续表

得分排序	职业分类	频数（人）	声望得分（分）	职业分层指数
32	医疗辅助、健康咨询和服务人员	37	64.41	787.23
33	制药和检验检疫技术人员	2	63.63	890.82
34	产品设计程技术人员	11	63.31	851.81
35	卫生专业技术人员	203	63.27	867.70
36	市场管理服务人员	32	62.84	783.54
37	审计、税务和评估专业人员	14	61.79	926.85
38	播音员和主持人	1	61.67	570.02
39	信息传输、软件和信息技术服务人员	175	61.57	821.87
40	金融服务人员	180	61.35	838.45
41	中小学教师	446	60.19	894.75
42	商务专业人员	29	60.06	828.41
43	广播电影电视设备技术人员	2	59.97	1049.47
44	水利、气象、地震和环境工程技术人员	11	59.61	877.89
45	铁路、船舶和航空设备制造人员	19	59.13	659.76
46	安全、质量认证和管理工程技术人员	11	58.84	797.01
47	公共卫生与健康医师	4	58.48	614.04
48	信息和通信技术人员	68	58.37	817.18
49	电气和电力工程技术人员	14	57.93	773.78
50	乡村医生	56	57.78	676.85
51	中等职业教师	15	57.71	954.14
52	农业技术人员	31	57.66	606.36
53	人力资源专业人员	41	57.62	840.41
54	安全生产管理人员	9	57.53	575.3
55	地质、地理和矿山勘测技术人员	8	57.10	820.81
56	技术辅助服务人员	133	57.09	685.94
57	特殊教育教师	6	56.64	792.96
58	记者和编辑人员	28	56.48	942.01
59	道路、水上和铁路工程技术人员	8	56.18	744.39
60	幼儿教育教师	190	55.95	700.55
61	新闻出版、文化专业人员	33	55.77	757.12
62	电气设备和器具制造人员	100	55.74	483.27

续表

得分排序	职业分类	频数（人）	声望得分（分）	职业分层指数
63	翻译人员	6	55.41	868.09
64	文教、乐器及玩具制造人员	201	55.24	421.58
65	水土、自然环境和动植物保护服务人员	40	53.85	568.12
66	生产制造及有关人员	772	53.34	519.93
67	文艺创作、体育专业人员	120	53.22	686.05
68	设备制造人员	190	53.18	516.89
69	化学原料和化学制品制造人员	90	53.11	486.25
70	会计专业人员	437	52.91	713.56
71	护理人员（护士、护师）	114	51.50	698.21
72	石油加工、炼焦和煤化生产人员	19	50.80	582.86
73	交通运输、仓储和邮政人员	1226	50.72	511.71
74	采矿人员	187	50.52	483.32
75	机械设备维修人员	206	50.35	507.66
76	冶金、化工和机械技术人员	35	49.79	697.06
77	图书和档案管理人员	10	49.77	706.73
78	电力、热力、气体、水生产和输配人员	60	49.36	541.31
79	办事人员和有关人员	1185	49.26	676.01
80	废弃资源整合利用人员	6	49.18	319.67
81	纺织服装工程技术人员	5	49.09	471.26
82	电力、燃气及水供应服务人员	356	47.96	534.68
84	通用工程机械操作人员	815	47.96	463.91
83	公共卫生辅助服务人员	3	47.92	734.77
85	汽车、摩托车和自行车制造人员	34	47.68	506.25
86	化学纤维、橡胶和塑料生产人员	99	46.92	399.06
87	纺织品、服饰、皮革和鞋帽加工人员	550	46.69	376.49
88	机械制造基础加工人员	272	45.87	448.92
89	运输设备操作人员	316	45.52	434.17
90	安全保护服务人员	159	45.22	411.53
91	文化和文体娱乐服务人员	59	45.18	536.80
92	金属冶炼和加工人员	182	44.70	440.61
93	林业生产人员	71	44.51	340.41

第四章 | 职业分层、要素市场发育与农户家庭福利的现状分析

续表

得分排序	职业分类	频数（人）	声望得分（分）	职业分层指数
94	食品、饮料生产加工人员	101	44.40	417.62
95	设备维修服务人员	183	44.08	446.58
96	木材加工、家具和木制品制作人员	237	43.98	357.04
97	租赁和商务服务人员	33	43.95	554.04
98	纺织、针织和印染人员	158	43.91	347.11
99	建筑施工人员	1752	43.81	363.86
100	畜牧业生产人员	175	43.60	331.61
101	非金属矿物制造人员	361	42.73	334.03
102	旅游及公共游览场所服务人员	28	42.56	540.67
103	房地产服务人员	183	42.34	513.63
104	生产辅助人员	87	41.47	350.08
105	金属制品制造人员	247	41.22	351.45
106	印刷人员	58	39.19	377.71
107	纸制品生产和加工人员	70	39.15	361.86
108	检验试验人员	98	38.91	449.85
109	住宿和餐饮服务人员	1064	38.86	346.12
110	环境卫生人员（环卫工人）	447	38.10	255.53
111	保卫保安人员	354	37.43	348.08
112	保险专业人员	80	37.39	486.54
113	农林牧渔生产辅助人员	29	37.18	298.72
114	批发、零售与采购人员	2670	34.10	349.66
115	绿化与园艺服务人员	49	34.03	272.93
116	社会生产和生活服务人员	2381	31.72	330.88
117	农副产品加工人员	47	30.01	259.24
118	渔业生产人员	149	27.87	192.85
119	农民	17830	22.35	135.75
120	称重和包装人员	107	14.16	115.66
121	居民生活服务人员	583	9.48	95.32

上述职业声望得分排列反映出当今人们对不同类型职业社会地位评价的一些基本特征。首先，处于社会结构最高层次的是政府官员和高级

知识分子，也就是说，相对于拥有较高收入和较多经济资本的企业家，人们会对拥有较多权力资本和文化资本的人予以更高的声望评价，这说明权力资本和文化资本仍然是决定中国个体社会位置的主要力量。其次，一些特殊部门和高经济收入行业从业者也获得了较高的声望评价。比如律师、西医医生和证券专业人员等，他们获得的声望地位明显高于其他部门或行业的同类人员。最后，受当代中国社会主流价值观和社会风俗影响，人们会给予一些对社会做出特殊贡献的职业群体更高的评价，但也会歧视少数服务性行业和简单重复劳动职业。前者有代表性的如人民警察、消防和应急救援人员、军人；后者有称重和包装人员、居民生活服务人员等。从职业分层指数来看，其职业分布与通过职业声望评价获得的职业分布差别不大，但引入职业受教育水平因素后，在一定程度上缓解了单独依赖职业声望排序的主观性，增强了职业排序的可信度，比如广播电影电视设备技术人员、记者和编辑人员分别从职业声望排序的第43位和第58位，提升至第10位和第23位，这符合中国社会结构的现实情况，说明职业分层指数具有较强的解释力。

参考已有研究，依据职业分层指数的高低，本书将职业层次划分为上、中、下三大类。各职业层次的人数和所占比例如表4-7所示。从表4-7中可以看到，相较城镇户籍人口，农村户籍人口的职业层次明显偏低，所从事的职业主要分布于低端加工业、生活服务业和农业等对技能水平要求较低的行业，只有很小一部分农村户籍人口能够凭借自身努力打破劳动力市场壁垒，进入职业结构的中高阶层。

表4-7　　　　　　中国城乡居民职业分布的情况概要

分层	分层指数区间	城镇户籍人口 频次（人）	城镇户籍人口 百分比（%）	农村户籍人口 频次（人）	农村户籍人口 百分比（%）	职位说明
上层	800以上	2016	19.97	699	2.26	法律专业人员、国家机关人员等
中层	400—800	4019	39.81	4789	15.48	各类专业技术人员和办事人员

续表

分层	分层指数区间	城镇户籍人口 频次（人）	城镇户籍人口 百分比（%）	农村户籍人口 频次（人）	农村户籍人口 百分比（%）	职位说明
下层	400以下	4059	40.22	25455	82.26	各行业工人、生活服务人员、农民等
总计		10094	100	30943	100	—

二 农民职业分层的特征分析

建立在前述职业层次测度方法及社会职业排序描述性分析的基础上，本书进一步对农民非农职业分布情况以及城乡居民职业层次差异进行描述性统计分析，并展开时间和省际维度的比较分析，以揭示农业流动人口城镇就业的非农职业分布特征。

（一）农民职业层次的整体水平偏低

图4-2报告了城镇和农村户籍人口职业层次的分维度水平。由于从事农业生产的劳动力在农村户籍人口中占有较大比例，因此在统计分析时本书剔除了职业为农民的样本，这样可以对城镇人口和农民工的职业分布进行更加直观的比较。从图4-2中可以看到，农村户籍人口就业层次主要集中于职业分层指数偏低的0—500区间内，位于职业分层指数500—1000区间的人数明显减少，职业分层指数超过1000的劳动人口几乎没有；而城镇户籍人口的职业分布形态比较均匀，相当一部分职业群体分布在职业分层指数500—1000的区间内，在职业分层区间1000—1500中也有一定分布。由此可见，相对于城镇劳动力，我国农业流动人口在社会就业结构中处于明显劣势，大部分农村劳动力只能进入城镇劳动力不愿意从事的中低层劳动力市场。对城乡居民职业分布特征进行统计刻画，结果显示农村户籍人口职业分布的偏度与峰度分别是1.2757和5.6362，城镇户籍人口职业分布的偏度和峰度分别是0.6237和2.8157，表明样本职业分层综合水平均近似正态分布，进一步佐证了我国农民工职业层次偏低的论断。

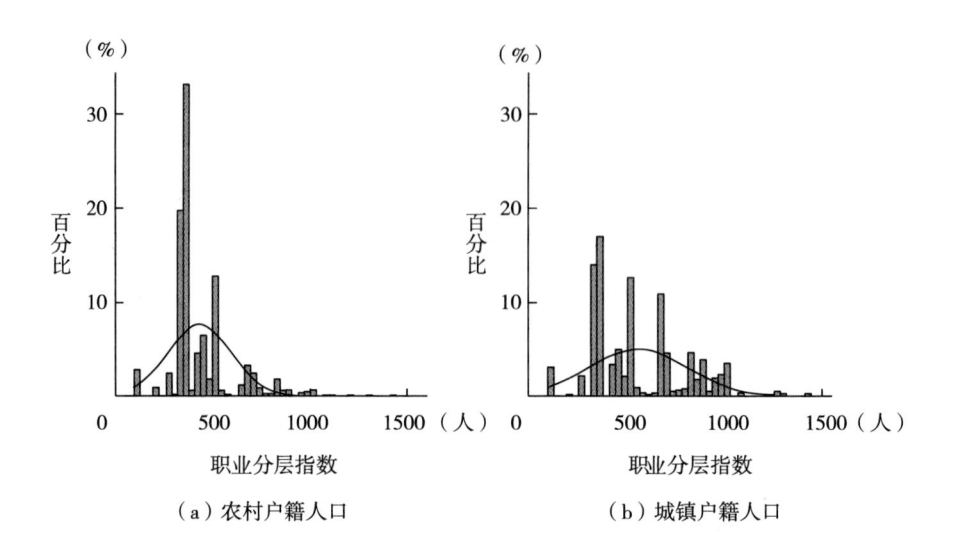

图 4-2 中国城乡居民职业分布统计

(a) 农村户籍人口　　(b) 城镇户籍人口

(二) 农民职业层次的晋升渠道受阻

表 4-8 报告了不同年份农民职业层次的总体情况和均值比较结果。分年份来看，不论是哪一种测量方法，农民非农就业的职业层次都没有得到显著提高，反而呈现出一种下降态势。均值比较结果显示，我国农村劳动力 2016 年非农就业的职业层次相较于 2014 年有显著提高，而 2018 年的职业层次显著低于 2014 年和 2016 年的职业层次水平，说明农民非农就业质量经历了一种先上升、后下降的过程。从样本个体差异看，农民非农就业的层次波动不断提高，2014 年的波动水平最低（标准差为 10.0731），2016 年的其次（标准差为 10.8741），2018 年的波动幅度最大（标准差为 12.1426），这表明了我国农民工群体内部开始出现分化，尽管大多数农民工只能进入低端劳动力市场，但一部分农业户籍劳动力凭借自身能力进入了职业层次较高的部门和行业。

表 4-8　　样本农民职业分层情况年份统计结果

统计量	职业声望得分（分）			职业分层指数		
	2014 年	2016 年	2018 年	2014 年	2016 年	2018 年
均值	43.4977	44.2613	42.8930	431.0414	441.7012	435.0199

续表

统计量	职业声望得分（分）			职业分层指数		
	2014 年	2016 年	2018 年	2014 年	2016 年	2018 年
标准差	10.0731	10.8741	12.1426	153.8853	163.3517	178.0061
最大值	90.73	90.73	90.73	1213.844	1445.710	1291.649
最小值	9.47	9.47	9.47	95.3172	95.3172	95.3172
均值比较	2014 年与 2016 年	-0.7636***		2014 年与 2016 年	-10.6598***	
	2014 年与 2018 年	0.6047**		2014 年与 2018 年	-3.9785	
	2016 年与 2018 年	1.3683***		2016 年与 2018 年	6.6813*	

注：均值比较采取的是双样本 t 检验，*、**、***分别表示在 10%、5% 和 1% 的统计水平下显著。

（三）农民职业层次的区域性差异较明显

表 4-9 显示了东部、中部、西部三大地理分区农民职业层次分维度水平以及样本比较结果。分区域看，东部、中部和西部农村劳动力的非农职业层次存在显著差异，具体而言，东部农业转移劳动力具有最高的职业层次，中部地区农业转移劳动力的就业层次低于东部地区，但高于西部地区，西部地区的农业转移劳动力的职业层次最低，上述职业层次梯度在职业声望和职业分层指数测度方法中均成立，说明具有较强的稳健性。从样本差异来看，中部地区的职业层次波动水平最大，然后依次是东部样本和西部样本。农民职业层次的区域性差异表明，结合地区实际有针对性地加强农民职业教育、维护农民工就业权利和促进劳动力市场公平竞争的必要性和紧迫性。

表 4-9　　样本农民职业分层情况区域统计结果

统计量	职业声望得分（分）			职业分层指数		
	东部	中部	西部	东部	中部	西部
均值	43.4904	43.1893	42.5673	439.0759	431.1416	428.1749
标准差	10.8909	11.4155	10.6189	163.9596	165.9336	162.2097
最大值	90.73	90.73	90.73	1291.649	1213.844	1445.710
最小值	9.47	9.47	9.47	95.3172	95.3172	95.3172

续表

统计量	职业声望得分（分）			职业分层指数		
	东部	中部	西部	东部	中部	西部
均值比较	东部与中部		0.3011***	东部与中部		7.9343**
	东部与西部		0.9231***	东部与西部		10.9010**
	中部与西部		0.6220**	中部与西部		2.9667

注：均值比较采取的是双样本 t 检验，*、**、*** 分别表示在 10%、5% 和 1% 的统计水平下显著。

第三节　农户生产要素配置特征分析

一　农户要素配置行为的特征分析

农户优化家庭资产配置的方式之一就是通过参与要素市场调整家庭不同生产要素间的配比，因此参与农村要素市场可以视作农户突破原有资源禀赋约束的重要渠道，有助于改变农户生产要素错配和农村资源配置失衡的现状。鉴于农村要素市场发育不成熟、长期存在大量沉睡资本，以及城乡间的要素流动不畅等问题，政府采取工商资本下乡、农村产权制度改革、加大基础设施投入等一系列举措活跃农村要素市场，并且通过构建更加透明的市场环境以提高农户参与要素市场的积极性。但我国农村要素市场的体制机制尚不完善，农民对要素市场的理性参与仍需要较长时期的积累。从生产要素的基本类型看，土地、劳动力和资本市场是农户要素市场化的主要途径，对农户上述三种要素市场参与行为展开分析，能够帮助我们理解农村要素市场的发展现状和趋势。

（一）农户土地要素市场参与行为的特征分析

农户土地要素市场参与情况如表 4-10 所示，从农地转入情况看，全体样本农户 2014 年、2016 年和 2018 年的农地转入率分别为 10.8%、11.5% 和 11.4%，相应的农地转入面积均值分别为 1.8482 亩、2.0797 亩和 1.8409 亩，表明近 6 年来，农民农地转入交易参与率略有上升，但农地转入交易规模变化不大。从农地转出交易看，全体样本农户 2014 年、2016 年和 2018 年的农地转出交易参与率分别为 11.5%、

12.2%和10.1%，相应的农地转出面积均值分别为0.52亩、0.40亩和0.31亩，表明近6年来，农民农地转出交易参与率和参与意愿均呈现下降趋势，同时，农民农地转出规模均值水平较低，也可能与我国家庭联产承包责任制下的土地平均分配有关。分区域看，在农地转入交易方面，在2014年和2016年农户农地转入参与率最高的是中部地区（13.8%），2018年农地转入参与率最高的是西部地区（13.6%），而东部地区农户农地转入参与率近6年来最低（9.1%—9.3%）；农户农地转入规模最大的是中部地区，然后依次是西部地区和东部地区。农地转出交易方面，近6年来西部地区农户样本农地转出参与率最高（17.2%—14.0%），其次是中部地区（10.54%—10.53%），农地转出参与率最低的是东部地区（9.1%—7.3%）。从分区域比较的差异性看，在2014—2018年东部地区农户农地流转参与率和参与平均规模显著低于中部地区和西部地区的农地流转参与率和参与平均规模（多数年份在1%的统计水平下显著）；中部地区农户的农地转出交易参与率和参与平均规模在1%的统计水平下显著低于西部地区的农户样本，而在农地转入交易方面，中部地区农户的农地平均交易规模显著高于西部地区的农户样本。

表4-10　　　　　　样本农户土地市场参与情况统计结果

样本	统计量	农地转入交易			农地转出交易		
		2014年	2016年	2018年	2014年	2016年	2018年
全样本	参与率（%）	10.80	11.48	11.35	11.49	12.18	10.11
	流转面积均值（亩）	1.8482	2.0797	1.8409	0.5217	0.4029	0.3099
东部	参与率（%）	9.15	9.26	9.34	9.05	9.85	7.35
	流转面积均值（亩）	0.9557	0.9310	1.0505	0.2267	0.2847	0.2098
中部	参与率（%）	13.82	13.81	12.28	10.54	11.58	10.53

续表

样本	统计量	农地转入交易			农地转出交易		
		2014年	2016年	2018年	2014年	2016年	2018年
中部	流转面积均值（亩）	4.6203	5.0352	3.8286	0.3462	0.3191	0.3423
西部	参与率（%）	10.83	13.11	13.60	17.24	17.33	14.02
	流转面积均值（亩）	0.6802	0.9792	1.1709	1.2801	0.7242	0.4356
均值比较	东部与中部	-0.0466***	-0.0454***	-0.0294***	-0.0149***	-0.0174***	-0.0319***
		-3.6646***	-4.1041***	-2.7781***	-0.1195***	-0.0344	-0.1325***
	东部与西部	-0.0167***	-0.0385***	-0.0426***	-0.0819***	-0.0748***	-0.0667***
		0.2655**	-0.0482	-0.1203	-1.0534***	-0.4394***	-0.2258***
	中部与西部	0.0299***	0.0069	-0.0132*	-0.0670***	-0.0574***	-0.0349***
		3.9301***	4.0559***	2.6577***	-0.9339***	-0.4051***	-0.0933**

注：均值比较采取的是双样本t检验，*、**、***分别表示在10%、5%和1%的统计水平下显著。

（二）农户劳动力要素市场参与行为的特征分析

改革开放以来，我国农村非农就业比例不断上升，进入非农劳动力市场成为人地关系日益紧张背景下农户改善家庭生产要素配置的主要方式。表4-11分别显示了拥有非农就业行为的家庭以及非农就业人员占农户家庭劳动人口的比重。可以看出，我国农户非农劳动力市场的参与率较高，其中77%的家庭至少有一名劳动力进入非农就业市场，并且农户家庭劳动力的非农业就业比例已经达到45%以上。从时间维度看，2014—2018年，农户非农劳动力市场参与率在总体上保持增长趋势，但在2016年之后增速明显放缓。从空间维度看，东部家庭的劳动力市场参与度最高，不论是非农就业行为，还是家庭非农就业比例，东部地区农户均在1%的统计水平下显著高于中部地区和西部地区农户。此外，在2016年和2018年，中部农户样本的非农就业市场行为和非农就业比例显著高于西部农户样本。

表 4-11　　样本农户劳动力市场参与情况统计结果

样本	统计量	非农就业行为			非农就业比例		
		2014 年	2016 年	2018 年	2014 年	2016 年	2018 年
全样本	劳动力市场参与均值	0.7320	0.7727	0.7742	0.4244	0.4502	0.4531
东部	劳动力市场参与均值	0.7762	0.8178	0.8305	0.4700	0.5058	0.5108
中部	劳动力市场参与均值	0.7051	0.7723	0.7802	0.3931	0.4285	0.4415
西部	劳动力市场参与均值	0.6909	0.6876	0.6586	0.3857	0.3688	0.3531
均值比较	东部与中部	0.0711***	0.0455***	0.0503***	0.0769***	0.0773***	0.0693***
	东部与西部	0.0853***	0.1302***	0.1719***	0.0843***	0.1370***	0.1577***
	中部与西部	0.0142	0.0847***	0.1216***	0.0074	0.0597***	0.0884***

注：均值比较采取的是双样本 t 检验，*、**、*** 分别表示在 10%、5% 和 1% 的统计水平下显著。

（三）农户资本要素市场参与行为的特征分析

鉴于向正规金融机构申请贷款是农户缓解家庭流动性约束的重要选择，且以股票、债权和基金为代表的金融产品是优化居民家庭收入结构的典型工具，本书通过农户银行融资借贷和金融资产配置行为衡量农户资本要素市场参与情况，如表 4-12 所示。从农户银行融资行为看，全样本 2014 年、2016 年和 2018 年市场参与率分别为 0.76%、1.28% 和 2.20%，表明近 6 年来农户正规机构融资参与率呈现明显上升趋势，这可能是由于 2013 年以来国家大力推行农地抵押贷款业务，农村金融环境的持续改善显化了农户的融资需求和潜力。从农户金融资产配置看，全样本农户的金融资产配置比例由 2014 年的 0.95% 提高到 2016 年的 1.16%，而又在 2018 年明显下滑至 0.80%。从分地区比较的差异性看，东部地区农户的金融资产配置比例显著高于中部地区和西部地区农户，但中部地区和西部地区农户的金融资产配置比率不存在显著差异，这说明我国农户金融市场参与行为存在显著的区域性差异，东部地区农户的参与热情更高，金融资产在家庭资产配置中的比重更大。

表 4-12　　　　　样本农户资本市场参与情况统计结果

样本	统计量	银行融资行为			金融资产配置		
		2014年	2016年	2018年	2014年	2016年	2018年
全样本	资本市场参与均值	0.0076	0.0128	0.0220	0.0095	0.0116	0.0080
东部	资本市场参与均值	0.0082	0.0129	0.0220	0.0158	0.0183	0.0125
中部	资本市场参与均值	0.0079	0.0101	0.0146	0.0033	0.0054	0.0044
西部	资本市场参与均值	0.0062	0.0154	0.0287	0.0036	0.0056	0.0044
均值比较	东部与中部	0.0003	0.0028	0.0074 *	0.0125 ***	0.0129 ***	0.0081 ***
	东部与西部	0.0020	-0.0025	-0.0067	0.0123 ***	0.0122 ***	0.0081 ***
	中部与西部	0.0017	-0.0053 **	-0.1410 ***	-0.0003	-0.0003	0

注：均值比较采取的是双样本 t 检验，*、**、*** 分别表示在 10%、5% 和 1% 的统计水平下显著。

二　农户要素配置结构和效率的特征分析

（一）农户要素配置结构的特征分析

农户家庭生产要素配置是一种联合决策，农户会基于家庭收益最大化和风险最小化两种考虑综合匹配劳动力、土地和资本等生产要素，以促进要素耦合及实现效用最大化。随着非农就业机会的不断增加，越来越多的农户倾向于使用资本和土地对劳动力进行替代，一些人力资本较高的农户选择进入非农部门就业以获取更高的比较收益，具有农业经营比较优势的农户则会增加农业劳动投入，并通过大规模农地流转实现农业规模化经营，从而导致不同类型农户的家庭要素配置结构明显不同。根据前文的理论分析，参考林文声等、宦梅丽和侯云先的研究[①][②]，本书分别从劳动分工、家庭兼业化程度、机械投入比、亩均机械投入和农业机械化水平提炼农户要素配置结构特征。

鉴于劳动力是农户最灵活的生产要素，且非农就业状态直接影响农户对其他生产要素的配置，本书根据家庭有无外出务工行为对样本进行分类，如表 4-13 所示。从家庭劳动分工和兼业化程度看，有外出务工

[①] 林文声等：《农地确权、要素配置与农业生产效率——基于中国劳动力动态调查的实证分析》，《中国农村经济》2018 年第 8 期。

[②] 宦梅丽、侯云先：《农机服务、农村劳动力结构变化与中国粮食生产技术效率》，《华中农业大学学报》（社会科学版）2020 年第 10 期。

行为的家庭将更多的劳动力配置于非农部门,并且家庭对非农收入的依赖明显提升,农业收入仅占家庭总收入的28.78%,其中东部地区占比最少,仅为23.26%。从农业机械化采用情况看,农户外出务工显著提高了农业机械投工比、亩均机械投入和农业机械化程度,这说明,非农就业改变了农业生产要素投入结构,促使农户家庭引入新的生产技术,但可以看到,农户外出务工行为对其亩均机械投入和农业机械化程度的促进作用并不明显,导致这种现象的原因可能是,随着家庭非农收入的提高,农业生产的重要性不断下降,因此家庭对农业机械的投资意愿不强。

表4-13　　　　　　　样本农户要素配置情况统计结果

样本	外出务工行为	家庭劳动分工	兼业化程度	机械投工比	亩均机械投入	农业机械化程度
全样本	有	0.4671	0.2878	1.7931	0.6851	1.8853
	无	0.7322	0.6159	1.3872	0.6283	1.8545
东部	有	0.4454	0.2326	1.5621	1.0259	2.0408
	无	0.7267	0.5575	1.3082	0.6754	1.9132
中部	有	0.4637	0.3299	1.5326	0.5010	1.9992
	无	0.7325	0.6432	1.3304	0.4797	1.8708
西部	有	0.5088	0.3558	1.1702	1.1028	1.6179
	无	0.7374	0.6531	1.1532	0.7417	1.7414

(二)农户农业生产效率的特征分析

为了得到每家农户的农业生产效率情况,本书研究采用随机前沿分析法估算农户的农业生产效率。已有研究显示,随机前沿分析模型纳入白噪声项,能够在分析技术效率损失的同时,保证生产函数模型估计结果的无偏性和有效性[1]。测算农业生产效率需要事先假定农业投入与产出的关系,由于超越对数生产函数设定形式较为灵活,不仅无须限定各要素替代弹性完全相同且弹性的和为1,而且允许投入和产出之间存在

---

[1] 李霖:《蔬菜产业组织模式选择及其对农户收入和效率的影响研究》,博士学位论文,浙江大学,2018年。

非线性关系。因此，设定农户农业生产函数为

$$\ln Y_i = \alpha_0 + \beta_L \ln L_i + \beta_A \ln A_i + \beta_M \ln M_i + \beta_{LA} \ln L_i \ln A_i + \beta_{LM} \ln L_i \ln M_i + \beta_{AM} \ln A_i \ln M_i +$$
$$0.5\beta_{LL}(\ln L_i)^2 + 0.5\beta_{AA}(\ln A_i)^2 + 0.5\beta_{MM}(\ln M_i)^2 + \varepsilon_i + \mu_i \quad (4-1)$$

式中：Y_i 为第 i 个农户的农业总产值；L_i、A_i、M_i 分别为第 i 个农户的农业劳动力、土地和资本投入；向量 $\boldsymbol{\beta}$ 表示劳动力、土地和资本投入一次项、交互项和平方项估计系数；ε_i 为第 i 个农户的随机误差项；μ_i 为第 i 个农户的农业生产效率损失项。假定 μ_i 独立于 ε_i，并且服从均值为 Y^U、方差为 σ_u^2 的非负半正态分布。

表4-14展示了样本农户农业生产的产出指标、投入指标和效率损失。可以看到，不论是投入还是产出指标，在村务农样本均明显高于外出务工样本和全部农户样本。同时，从农业生产效率损失看，在村务农样本的农业生产效率损失明显低于外出务工样本。

表4-14　样本农户农业生产效率情况统计结果

变量名称		全部农户样本		外出务工样本		在村务农样本	
		均值	标准差	均值	标准差	均值	标准差
产出指标	家庭农业产值	6407.880	20523.750	5379.937	18330.50	9288.680	25472.500
投入指标	农业时间投入	302.370	307.481	278.788	363.371	368.459	357.283
	农地经营规模	8.9864	63.1750	7.0559	27.1624	14.4792	114.9265
	农业物质投入	4090.490	16744.500	3724.510	15826.560	5116.169	19046.770
效率损失	农业生产效率损失	0.57	0.28	0.58	0.29	0.55	0.26

第四节　农户家庭福利测度指标构建与特征分析

阿玛蒂亚·森的可行能力理论认为，个人的福利水平不应根据其所拥有的资源或商品进行评价。商品能给人带来什么？或者人们能从商品中获得什么？即功能性活动，才是影响福利水平的关键。因此，对于个体福利的评价，其信息基础应在于个人实际能够做某事，以及实现某种功能性活动组合的可行能力，也就是人们追求珍视生活的自由程度和达

到生命中有价值状态的机会。但是，可行能力方法在为福利分析提供更完整理论框架的同时，也给研究的可操作性带来了挑战，由于森并没有给出一个可用于直接评估的可行能力列表，这就要求研究者需要根据不同的研究对象和研究背景确定不同的指标。对于中国农村居民福利问题而言，由于我国实行家庭联产承包责任制，农户是农村生产生活的基本单元，因此以农户为研究对象较为合适，而农村社会经济发展滞后，农民生活水平相对较低，决定了农户福利水平评价应聚焦于家庭功能实现，并重点关注基本生活需求。鉴于此，本书从农户家庭功能出发，从经济福利和非经济福利两方面，针对农户家庭收入结构、社会保障、居住环境、健康状况和社会关系五项内容对农户的福利状况进行考察。

一 农户家庭经济福利的特征分析

如前文所述，用收入代替福利具有若干缺陷，但实际上经济状况仍然是衡量福利最重要的指标。特别是对于中国这样一个经济发展水平还不是很高的国家来说，农民的经济收入是提高其生活质量的主要决定因素。收入的提高会增强满足感、幸福感，拓宽个体生活选择集，从而提高农民福利水平。对于家庭经济福利进行考察，不仅可以通过家庭人均收入、家庭人均消费、家庭恩格尔系数等指标衡量农民生活水平，也可以按照收入来源对家庭总收入、农业生产收入、工资性收入、家庭经营性收入和资产性收入等进行调查，从而为分析不同农民群体的收入结构提供基础。

表4-15显示了各职业分层农户家庭收入水平及收入来源结构。从收入水平来看，不同职业分层农户的收入水平差距十分明显，随着农户职业层次的提高，家庭总收入呈现上升趋势。高层次农户的家庭总收入分别约是中层农户和低层农户的1.30倍和2.18倍。从收入来源的结构看，农业生产收入、转移性收入占家庭总收入的比重随着农户职业层次的提高而不断下降，工资性收入、非农经营收入、资产性收入等的比重则随着农户职业层次的提高而增加。这说明职业分层越高的农户非农收入水平越高，其家庭经济收入对于农业生产的依赖也越低，家庭收入来源的丰富能够促进收入结构改善，提高农户家庭收入的稳定性。

表 4-15　　　　　样本农户家庭收入结构情况统计结果

变量名称	高层职业农户 数值（元）	高层职业农户 比例（%）	中层职业农户 数值（元）	中层职业农户 比例（%）	低层职业农户 数值（元）	低层职业农户 比例（%）
农业生产收入	4662.21	4.82	5117.05	6.88	11530.44	25.94
工资性收入	61162.48	63.27	50003.54	67.22	21436.03	48.23
家庭经营性收入	17393.75	17.99	11690.08	15.72	7362.66	16.57
资产性收入	3336.85	3.45	2449.40	3.29	704.96	1.59
转移性收入	474.43	0.49	948.50	1.27	937.04	2.11
其他收入	9642.61	9.97	4173.08	5.62	2474.45	5.57
家庭总收入	96672.33	—	74381.65	—	44445.58	—

注：由于四舍五入的原因，合计有可能不完全等于100%，下同。

对于农户经济福利的探讨和比较，不仅可以采用家庭人均收入指标，还可以通过农户人均消费和家庭恩格尔系数等进行统计。研究表明，由于人们倾向于隐瞒或者低估家庭实际收入情况，故分析消费能力成为透视居民家庭真实经济状况的有效方法。如表4-16所示，不同层次的农户家庭人均收入、人均消费的变动趋势与农户家庭总收入的趋势保持一致，高层职业家庭的人均收入和消费均最高，其次是中层职业家庭，低层职业农户的家庭人均收入和消费水平最低。然而，不同层次农户的家庭恩格尔系数的统计结果与上述趋势存在明显不同，低层职业农户拥有最低的恩格尔系数水平，高层职业农户次之，中层职业农户家庭的恩格尔系数最高。这可能是由于农业生产仍然是低层职业农户家庭的主要收入来源，其食品消费基本可以实现自给自足，从而降低了家庭的恩格尔系数；中高层职业农户将更多的家庭劳动力投入非农产生和经营活动，较高的离农化程度使得家庭食品消费更多依赖市场，以导致他们的家庭恩格尔系数升高。

表 4-16　　　　　样本农户家庭经济福利情况统计结果

变量名称	高层职业农户 数值	高层职业农户 标准差	中层职业农户 数值	中层职业农户 标准差	低层职业农户 数值	低层职业农户 标准差
家庭人均收入（元）	31311.36	58527.05	20237.43	30372.9	12301.55	27382.89

续表

变量名称	高层职业农户 数值	高层职业农户 标准差	中层职业农户 数值	中层职业农户 标准差	低层职业农户 数值	低层职业农户 标准差
家庭人均消费（元）	20391.05	30800.56	14493.44	19791.88	11141.95	20945.07
家庭恩格尔系数（%）	38.83	0.2362	41.17	0.2359	37.43	0.2442

二 农户家庭多维福利的特征分析

农户在提升自身福利过程中所面临的困境是多方面的、综合性的，除了满足家庭最基本需求的经济福利，居住环境、社会保障、健康状况和社会关系等非经济福利也是农户家庭重要的福利来源，这就导致农户非农就业行为对其家庭福利状况的影响并不一致。下面分别从这四个方面提炼农户家庭非经济福利特征。

居住是福利的重要组成部分，随着社会的发展，人们对居住条件的要求不再满足于生存需求，而是越来越重视住房的视角感受和舒适程度。表4-17显示了各职业层次农户的家庭居住情况。从家庭现居房产价值对数看，中层职业农户的房产价值对数最高，其后依次是高层职业农户和低层职业农户。同时，家居整洁度和家庭设施齐全度在不同职业层次间表现出相似的变动趋势，即随着农户职业层次的提高，农户家居整洁度和家庭设施齐全度也在持续提高。由此可见，农户家庭居住环境与其在劳动力市场中的位置密切相关。

表 4-17　　　　样本农户家庭居住环境情况统计结果

变量名称	高层职业农户 数值/比例	高层职业农户 标准差	中层职业农户 数值/比例	中层职业农户 标准差	低层职业农户 数值/比例	低层职业农户 标准差
现居房产价值对数	11.04671	3.2100	11.2502	2.7453	10.3293	2.8207
家居整洁度	6.8795	1.5323	6.4451	1.6380	6.0826	1.7322
家庭设施齐全度	3.3886	0.7268	3.3150	0.7607	3.1941	0.8407

为城乡居民提供收入和医疗服务保障，是社会和谐稳定的前提，也是实现家庭劳动再生产的物质基础。从表4-18来看，我国农户社会保

障体系参与水平较高，城乡医疗保险参与率已经达到90%左右，城乡养老保险参与率已经达到60%左右。分样本看，不同职业层次农户家庭的社会保障参与率存在一定差异。高层职业农户的社会保障项目参与程度最高，其后依次是低层职业农户和中层职业农户。这一统计结果产生的原因可能是，近年来国家大力推进新农合、新农保制度建设，农村居民的医疗和养老保险覆盖率明显提高，特别是对于缺少城镇居民医疗保险、职工基本养老保险参与机会的农户来说，参加新农合、新农保是其融入国家社会保障体系的主要渠道。但需要指出的是，目前新农合、新农保制度的补贴力度较弱，补贴范围较窄，因此农户的社会保障待遇水平还有待加强。

表 4-18　　　　　样本农户家庭社会保障情况统计结果

变量名称	高层职业农户		中层职业农户		低层职业农户	
	比例	标准差	比例	标准差	比例	标准差
是否参加医疗保险	0.9275	0.2597	0.8863	0.3175	0.9027	0.2964
是否参加养老保险	0.6568	0.4749	0.5673	0.4955	0.5838	0.4929

身体健康状况是影响农户福利的重要因素。健康不仅是一种深层次的可行能力，健康状态还会影响其他能力的转化效率。参考已有文献，本书研究采用自评健康、心理健康和自评幸福三个指标来评估农户健康，它们都是影响健康状态的重要因素。其中，自评健康和心理健康为偏小型虚拟定性变量，以自评健康为例，1—5分别代表非常健康、健康、一般、比较不健康、非常不健康。自评幸福为偏大型虚拟定性变量，1—5分别代表非常不幸福、不幸福、一般、幸福、非常幸福。如表4-19所示，不同职业分层之间农户健康状况变动趋势符合理论预期，即随着农户职业层次的提高，其自评福利、心理健康和自评幸福都得到不断提高，这表明高层次职业不仅会影响农户经济收入，还会对农户家庭健康状况带来正面效应。

表 4-19　　　　　　　样本农户家庭健康情况统计结果

变量名称	高层职业农户 数值	高层职业农户 标准差	中层职业农户 数值	中层职业农户 标准差	低层职业农户 数值	低层职业农户 标准差
自评健康	1.9129	0.7962	2.0665	0.8439	2.4607	0.9992
心理健康	1.5988	0.7697	1.5295	0.7931	1.7573	0.9129
自评幸福	3.9189	0.8587	3.8227	0.8898	3.6699	0.9036

良好的家庭关系和人际关系可以拓展个体选择范围，为改善家庭福利创造条件。本书采用家庭关系、社会关系和社区信任分析农户社会关系质量。其中，家庭关系和社区信任为定性虚拟变量，家庭关系的取值范围是 1—10，表示家庭成员之间亲密程度递增序列；社区信任的取值范围是 1—5，分别代表非常不信任、不信任、一般、信任、非常信任；社区关系为连续型变量，表示在本地拥有的可以得到支持和帮助的朋友数量。由表 4-20 可知，农户职业层次越高，其家庭关系越和谐，社会关系网络越丰富，但社区成员之间的信任程度有所减弱。

表 4-20　　　　　　　样本农户家庭社会关系情况统计结果

变量名称	高层职业农户 数值	高层职业农户 标准差	中层职业农户 数值	中层职业农户 标准差	低层职业农户 数值	低层职业农户 标准差
家庭关系	7.6205	1.4771	7.4046	1.5010	7.2378	1.5762
社会关系	13.100	25.6076	12.734	28.5211	11.284	25.1324
社区信任	3.8284	1.5762	3.6220	0.8572	3.6175	0.8215

三　基于模糊评价法的农户综合福利评价及特征分析

在现实生活中，很多现象和问题并非只有"是"和"否"两种情况，而是还存在某种中间过渡状态，这种模糊性和复杂性无法运用经典数学方法加以描述和解决，为了处理和研究模糊性现象，模糊数学应运而生。模糊数学是由美国控制论专家 L. A. 扎德（L. A. Zadeh）教授创立的，扎德教授采用"隶属函数"这个概念来描述现象差异中的过渡状态，从而突破了古典集合论中非此即彼的绝对关系，有助于更好地反映客观存在的模糊现象。模糊综合评价是模糊数学的主要内容，是对受多种因素影响的事物做出全面评价的一种有效的多因素决策方法，主要是利用模糊数学的思想，对受到多种因素影响的事物，按照一定的标准给出达到某项标准的可能性。其特点在于结论清晰、系统性强，能较好地解决多维评价结果模糊、难以量化的问题。阿玛蒂亚·森将福利定义为"有理由珍视的实质自由"，许多学者也认为福利是一个广泛且存在模糊性的概念，因此模糊评价方法在处理农户福利问题上具有明显优势。鉴于此，本书研究采用模糊评价方法估算农户福利模糊评价值，并对农户家庭总体福利指数和分维度指数的特征进行描述。

（一）模糊综合评价的函数设定及指标加总

将农户家庭福利状况表示为模糊集 X，设可能随农户职业阶层和要素配置变化的福利内容为 X 的子集 W，则第 i 个农户的福利函数可表示为 $W^{(n)} = \{x, \mu_w(x)\}$，其中，$x \in X$，$\mu_w(x)$ 为 x 对 W 的隶属度，$\mu_w(x) \in [0, 1]$，一般来说，隶属度越接近 1 时福利状态越好，越接近 0 时福利状态越差，0.5 为模糊临界值，隶属度值越大表示农户的福利状况越好。

选择合适的隶属函数是运用模糊评价方法的关键之一，而隶属函数的选择主要依据指标的类型。一般情况下，指标数据类型可分为连续变量、虚拟定性变量和虚拟二分变量三种。在本书构建的评价指标体系中，家庭人均收入、家庭人均消费和房产价值对数等属于偏大型连续变量，隶属函数定义为

$$\mu(x_{ij}) \begin{cases} 0 & (0 \leq x_{ij} \leq x_{ij}^{\min}) \\ \dfrac{x_{ij} - x_{ij}^{\min}}{x_{ij}^{\max} - x_{ij}^{\min}} & (0 \leq x_{ij} \leq x_{ij}^{\max}) \\ 1 & (x_{ij} \geq x_{ij}^{\max}) \end{cases}$$

式中：x_{ij} 为衡量农户福利第 i 项功能性活动的第 j 项指标；$x_{ij}^{\min}$ 和 $x_{ij}^{\max}$ 分别为农户福利第 i 项功能性活动的第 j 项评价指标值的上限和下限；$\mu(x_{ij})$ 为该指标隶属度，值越大福利状况越好。家庭恩格尔系数属于偏小型连续变量，隶属函数定义为

$$\mu(x_{ij}) \begin{cases} 0 & (0 \leqslant x_{ij} \leqslant x_{ij}^{\min}) \\ \dfrac{x_{ij}^{\max} - x_{ij}}{x_{ij}^{\max} - x_{ij}^{\min}} & (0 \leqslant x_{ij} \leqslant x_{ij}^{\max}) \\ 1 & (x_{ij} \geqslant x_{ij}^{\max}) \end{cases}$$

在此式中，指标 x_{ij} 与农户福利状况呈反向变动关系；养老保障、医疗保险属于虚拟二分变量，隶属函数定义为：$\mu(x_{ij}) = \begin{cases} 0 & (x_{ij}=0) \\ 1 & (x_{ij}=1) \end{cases}$，此式表示，当农户参与社会保障体系 x_{ij} 时，该指标对应的隶属函数为 1，否则为 0；家居整洁度、家庭设施、自评健康、自评快乐、家庭关系等为虚拟定性变量，采用的隶属函数与偏大型连续变量相同：

$$\mu(x_{ij}) \begin{cases} 0 & (0 \leqslant x_{ij} \leqslant x_{ij}^{\min}) \\ \dfrac{x_{ij} - x_{ij}^{\min}}{x_{ij}^{\max} - x_{ij}^{\min}} & (0 \leqslant x_{ij} \leqslant x_{ij}^{\max}) \\ 1 & (x_{ij} \geqslant x_{ij}^{\max}) \end{cases}$$

式中：$x_{ij}^{\min}$ 和 $x_{ij}^{\max}$ 分别为指标 x_{ij} 的最大值和最小值。

在获得初级指标隶属度的基础上，我们需要确定各指标权重，以取得农户各功能性活动及综合福利的隶属度。本书在测度农户福利状况时，借鉴 Cheli 和 Lemmi 给出的权重结构测算方法，公式为：$\omega_{ij} = \ln\left[\dfrac{1}{\mu(x_{ij})}\right]$，使用该公式可以保障给予隶属度较小的变量以较大的权重，这符合某些受到严重剥夺的可行能力可能会对家庭福利产生更显著影响的社会现实[1]。在得到初级指标隶属度和权重的基础上，可进一步根据 Cerioli 和 Zani 提出的汇总公式，计算各功能性活动和综合福利的隶属度，具体公式为：$\mu(x_i) = \sum_{k=1}^{K} \bar{\mu}(x_{ij}) \times \omega_{ij} / \sum_{k=1}^{K} \omega_{ij}$，在此式中，$K$ 为每项功能行活动中的初级指标个数[2]。最后，对各功能性活动的隶属度加权汇

---

[1] Cheli B. and Lemmi A., "A Totally Fuzzy and Relative approach to Multidimensional Analysis of Poverty", *Economic Notes*, Vol. 24, No. 1, 1995, pp. 115-134.

[2] Cerioli A. and Zani S., *A Fuzzy Approach to the Measurement of Poverty*, Springer Berlin Heidelberg, 1990.

总，便得到了表征农户总福利水平的隶属度 μ。加总公式为 $\mu = \sum_{i=1}^{I} \mu(x_i) \times \omega_i / \sum_{i=1}^{I} \omega_i$，式中：$I$ 为对农户家庭福利的评价一共包括 I 项功能性活动。

（二）农户家庭福利的特征分析

根据前文所选择的福利评价指标以及模糊评价方法，对农户家庭总体福利指数进行测算，如表 4-21 所示。从测算结果看，不同职业层次农户的家庭总体福利指数存在一定差异，高层职业家庭的总福利指数最高，其次是中层职业家庭，低层职业家庭的福利指数最低。其中，中、高层职业家庭的综合福利指数分别为 0.57、0.54，超过了 0.5 的一般福利水平，总体福利水平良好，而低层职业家庭的综合福利指数为 0.48，低于一般福利水平，总体福利水平较差。从各项功能性活动的隶属度情况来看，农户居住环境、社会保障、健康状况和社会关系总体较好，其隶属度分别达到 0.61、0.57、0.67 和 0.54 以上，均超过 0.5 的一般福利水平，这说明农户居住条件比较舒适，身体健康状况良好，大多数农户拥有最基本的社会保障，社会关系比较融洽。同时，农户家庭在经济条件方面的福利水平较低，职业层次从高到低的隶属度仅分别为 0.43、0.35 和 0.24，这说明相对而言农户家庭经济收入水平偏低，农户消费能力较差，农户从家庭收入及消费中获取的福利有限。此外，分样本来看，不同职业层次农户的家庭经济条件福利存在的较大差异。高层职业家庭的经济条件隶属度接近低层职业家庭经济条件隶属度的 2 倍，这说明，尽管同样流入非农劳动力市场，但相比高层职业流动，低层劳动力转移对家庭经济福利的改善作用十分有限。

表 4-21　　　　样本农户家庭模糊综合评价统计结果

功能性活动及指标	高层职业农户 隶属度	高层职业农户 权重	中层职业农户 隶属度	中层职业农户 权重	低层职业农户 隶属度	低层职业农户 权重
总模糊指数	0.5720		0.5352		0.4828	
经济条件	0.4291	0.8932	0.3476	0.9641	0.2354	1.2260
家庭人均收入	0.4093	0.8396	0.3548	1.0566	0.2232	1.4464
家庭人均消费	0.3596	1.0226	0.3138	1.1587	0.2447	1.4243

续表

功能性活动及指标	高层职业农户 隶属度	高层职业农户 权重	中层职业农户 隶属度	中层职业农户 权重	低层职业农户 隶属度	低层职业农户 权重
家庭恩格尔系数	0.6060	0.5008	0.6159	0.4846	0.6578	0.4187
居住环境	0.6724	0.3968	0.6512	0.4289	0.6092	0.4955
现居房产价值	0.6675	0.4042	0.6414	0.4441	0.6126	0.4899
家居整洁度	0.6506	0.4298	0.6524	0.4269	0.5727	0.5573
家庭设施齐全度	0.9613	0.0394	0.9618	0.0388	0.9461	0.2250
社会保障	0.6194	0.4790	0.5655	0.5699	0.5941	0.5206
医疗保险	0.5773	0.5493	0.5065	0.6800	0.5416	0.6132
养老保险	0.9278	0.0749	0.8804	0.1273	0.9000	0.1053
健康状况	0.7629	0.2706	0.7419	0.2984	0.6739	0.3945
自评健康	0.7577	0.2774	0.7327	0.3109	0.6302	0.4616
心理健康	0.8685	0.1409	0.8786	0.1294	0.8219	0.1960
自评幸福	0.7216	0.3262	0.7003	0.3561	0.6532	0.4257
社会声望	0.5850	0.5362	0.5701	0.5618	0.5418	0.6128
家庭关系	0.7505	0.2869	0.7515	0.2855	0.7328	0.3108
社会关系	0.4686	0.7580	0.4543	0.7888	0.4100	0.8915
社区信任	0.7153	0.3588	0.6681	0.4031	0.6984	0.3349

第五章

职业分层影响农户要素配置决策的实证分析

双循环战略背景下，推动经济高质量发展对促进要素市场化配置、畅通要素流通渠道、激活农村要素市场和优化主体要素配置结构都提出较高要求。作为我国经济活动中规模最大的群体，农村劳动者能否借助要素市场融入国民经济循环，不仅关乎自身福祉和收入水平的提高，还是决定双循环战略成败的关键环节。近年来，随着产权管制的逐步解除和户籍管制的放松，农户生产要素的市场流动性显著增强，越来越多的农村家庭选择外出务工，并且基于家庭比较优势参与土地和资本要素市场，有效提升了要素配置的效率。但从现实情况看，我国农村要素市场仍存在诸多异常现象，由于非农就业技能缺乏带来的弱竞争力，使农业流动人口在非农就业市场中一直处于劣势地位，务工收入水平及稳定性的限制使农地对家庭的生活保障功能仍然无法被完全替代。为了规避生存风险，农户往往选择保留土地经营权，并将部分家庭劳动力配置于农业，导致我国农业经营规模狭小，从而弱化了家庭参与生产要素市场的意愿和积极性，不利于农村要素市场发展和农户要素结构优化。尽管我国农业流动人口职业层次整体偏低是不争的事实，相关研究指出，农民工多处于拖欠工资严重、超时劳动频现、工资待遇极差、社会保障缺失的次级劳动力市场[1]，但鲜有研究从职业分层角度对农户要素配置行为

---

[1] 顾海英等：《现阶段"新二元结构"问题缓解的制度与政策——基于上海外来农民工的调研》，《管理世界》2011年第11期。

进行细致探讨。因此，本章立足于农户家庭内部分工和要素配置联合决策视角，深入探究农户非农就业职业分层差异与要素配置决策之间的关系。

第一节 职业分层影响农户要素配置决策的研究假说

一 职业分层影响农户要素市场参与的研究假说

根据一般均衡理论可知，要素市场并非单独运行，而是多种要素市场匹配发展的结果[1]。在农户家庭经营的格局下，农户对一种要素市场的参与和决策不仅受市场环境等外源性因素影响，还受其他要素配置行为的影响。家庭成员可以在户主的组织下对家庭有限资源进行合理配置并展开细致的分工协作生产，在最小化家庭风险的同时追求要素配置总效益的最大化。由上文可知，劳动力是农户家庭最灵活也是最主要的生产要素，因此农户家庭生产要素配置也会围绕劳动力要素展开[2][3]。一般来说，农户会首先确定家庭成员的未来工作与生存计划，在了解掌握非农劳动所带来的收入预期，以及城市工作可以提供的生活环境和保障水平的前提下，才会决定是否将劳动力全部投入非农产业，或是否参与土地和资本等其他生产要素市场[4]。职业是社会分工走向深化的产物，它是劳动者参与社会经济生活的直接体现，与劳动者的经济收入、晋升前景、工作稳定性、工作条件以及保障性息息相关。高层职业的工资水平相对较高、稳定性更强，能够降低家庭基于生存理性对农业生产的依赖，释放家庭用于维持农业生产的劳动投入，从而有利于农户将土地使用权流转给其他经营个体，将劳动力配置于收入更高的非农部门。同

---

[1] Aristotle, *The Nicomachean Ethics*, translated by D. Ross, Oxford: Oxford University Press, Revueéconomique, 1980, 5, p.7.

[2] 仇童伟、罗必良:《农业要素市场建设视野的规模经营路径》，《改革》2018年第3期。

[3] Fang C., et al., "The Chinese Labor Market in the Reform Era", *China's Great Economic Transformation*, 2008.

[4] 纪月清等:《土地细碎化与农村劳动力转移研究》，《中国人口·资源与环境》2016年第8期。

时，职业分层体现了个体人力资本、社会关系等生计资本存量，反映出农户的行为能力和对要素市场的认知，决定了农户驾驭其他资本的能力和范畴，高层职业群体的人力资本水平较高，在非农部门的比较优势更加明显，其融资借贷能力和风险偏好更强，倾向于采取更积极的要素市场参与行为；而低层职业群体的受教育水平偏低，缺乏相应的工作技能和经验，在投资、融资和风险管理层面的行为态度更加保守，因此对参与生产要素市场的意愿相对较弱。由此，本书提出以下假说。

H5-1a：职业分层的提高正向影响农户劳动力要素市场参与。

H5-1b：职业分层的提高正向影响农户土地转出，负向影响农户土地转入。

H5-1c：职业分层的提高正向影响农户资本要素市场参与。

二 职业分层影响农户要素配置结构的研究假说

除了改变农户要素市场参与行为，非农就业的层次差异还会对农户家庭要素配置结构产生影响。不同职业分层的农户，其务工比较优势、留城定居意愿和家庭生计资本存在差异。由于距离成本、交通费用、家庭情感支出等迁移成本的存在，低层次职业的工资水平和务工收益不一定比举家外出的迁移成本高，此时农民工对农业部门的依赖性仍然很强，导致家庭部分资源禀赋被锁定于农业农村，并表现出城乡两栖、钟摆式的生活方式。随着职业层次的提高，农户非农收入的稳定性逐渐增强，农业生产对家庭生活的兜底效应消失，推动家庭剩余劳动力向非农产业转移，进而实现了家庭资源由生产率低的部门向生产率高的部门流动的要素结构优化过程。此外，非农就业还减少了农业劳动力数量，拉动农户进行要素替代，职业层次越高的农户，其家庭劳动力务农的机会成本也越高，因此越倾向于通过购置机械设备或购买社会生产性服务来节约劳动力，从而促进了家庭农业机械化水平的提高。通过农业机械购置与使用及农业生产性服务购买等资本性投入，农户农业投资结构得以优化，并对农业生产方式产生影响。鉴于此，本书提出以下假说。

H5-2a：职业分层的提高促进农户生产要素向非农部门流动。

H5-2b：职业分层的提高促进农户采用农业机械设备等新的生产要素。

三 职业分层影响农户农业生产效率的研究假说

农业生产效率是反映农户生产要素配置状况的另一项重要内容。外出务工改变了农户家庭的非农就业比较优势和人地关系比例，促进了对农业机械设备的投资和使用，这都将进一步影响农业生产效率。现有研究成果指出，非农就业同时对农业生产效率产生正负两方面的影响。一方面，非农就业通过农业劳动力流失效应负面影响农业生产效率，具体表现为随着非农收入占比的提高，农户逐渐减少农业劳动投入，从而产生农业劳动力短缺或老龄化现象，不利于农业转型升级和新技术采用[1]；另一方面，非农就业通过改善农业要素投入结构进而影响农业生产效率。非农就业会推动农业规模经营，并能够扩展家庭增加农业雇工、购买机械和引进新技术的收入预算约束。职业分层综合反映了个体的职业地位、经济优势以及获取非农领域事业成功的机会，随着农户职业层次的提高，农业生产对于改善其家庭福利状况的作用会越来越小，因此农业的受重视程度会越来越低，从而减少农户农业生产要素投入，抑制了农业要素结构的优化。此外，相关研究表明收入水平的提高会促使家庭成员更倾向于闲暇时间，强化农业劳动力的流失效应，致使农业经营趋于粗放化和副业化[2][3]。由此，本书提出以下假说。

H5-3a：职业分层的提高会降低农户农业生产效率。

第二节 职业分层影响农户要素市场参与的实证分析

一 变量选取与描述性统计

（1）因变量：农户要素市场参与。按照前文对于农户家庭主要生产要素类型的界定，将农户要素市场参与分为土地市场、劳动力市场和

---

[1] Hennessy T. and Mark O'Brien, "Is Off-farm Income Driving On-farm Investment?", *Working Papers*, Vol. 13, No. 4, 2007, pp. 235-246.

[2] Carletto C., et al., "Fact or Artefact: The Impact of Measurement Errors on the Farm Size-productivity Relationship", *Policy Research Working Paper Series*, Vol. 103, No. 1, 2011, pp. 254-261.

[3] Wang C., et al., "Impacts of Migration on Household Production Choices: Evidence from China", *Journal of Development Studies*, 2014, p. 50.

资本市场的参与。土地流转行为包括有无土地转入或转出行为以及土地转入和转出规模；劳动力市场参与包括家庭劳均非农工作时间、家庭非农就业比重，这两个指标在一定程度上反映了农户家庭参与劳动力市场的深度和广度；资本市场参与包括农户是否申请过银行贷款和是否持有股票等金融产品，它们是农户参与资本市场的重要方式。

（2）核心自变量：职业分层。如前文所述，本书参考林南和叶晓兰、张翼和侯慧丽等人的研究，在取得目前社会主要职业群体声望得分的基础上，进一步构建了职业分层指数，用于刻画从事某种具体工作的农民工的职业地位。考虑到我国农民工内部已经发生明显分化，按照分层指数的高低将职业分为上层、中上层、中层、中下层和下层，以便对不同层次职业的农民工家庭进行直接比较。此外，本书还借鉴了李春玲改进的社会经济地位指数测算方程，估算了各职业的社会经济地位指数，并在稳健性分析中使用家庭劳均职业分层来描述农户职业分层。

（3）控制变量：根据相关文献，本书选取了受访者性别、年龄、受教育年限、婚姻状况、是否参加技能培训反映受访者个体特征，选取经营耕地面积、家庭人口规模、家庭年消费额、居住房屋是否为自有、自有房产价值、家庭健康成员人数、家庭抚养比反映受访者家庭特征，选取村人均耕地面积、村外出务工人口占比、村内有无非农经济、村交通状况、村内有无农信社、有无统一的灌溉服务、村年财政收入反映农村特征，并以东部地区为参照组，引入区域虚拟变量，同时控制了时间和个体效应。

上述各变量的定义、赋值和描述性统计如表5-1所示。

表5-1　　　　　　变量定义、赋值及描述性统计

变量类别	变量名称	变量定义及赋值	均值	标准差	最小值	最大值
要素市场参与决策	有无土地转出	否=0；是=1	0.14	0.35	0	1
	土地转出规模	耕地面积（亩）	2.17	20.17	0	1100
	有无土地转入	否=0；是=1	0.11	0.31	0	1
	土地转入规模	耕地面积（亩）	0.41	3.39	0	200
	劳均非农工作时间	月工作时长（天）	24.24	5.59	0	31
	家庭非农就业比例	家中从事非农就业的人数占比（%）	0.49	0.34	0	1

续表

变量类别	变量名称	变量定义及赋值	均值	标准差	最小值	最大值
要素市场参与决策	有无银行贷款	否=0；是=1	0.031	0.17	0	1
	有无金融产品	否=0；是=1	0.01	0.12	0	1
核心变量	职业分层	对职业分层指数进行标准化	31.48	10.19	9.5	100
个体特征	性别	女=0；男=1	0.49	0.50	0	1
	年龄	实际调查值（岁）	46.38	14.88	14	96
	年龄平方	年龄的平方/100	23.71	13.28	1.96	92.16
	受教育年限	实际调查组（年）	7.20	3.96	0	19
	婚姻状况	未婚=0；已婚=1	0.83	0.37	0	1
	是否参加技能培训	否=0；是=1	0.05	0.21	0	1
家庭特征	经营耕地面积	实际调查值（亩）	7.30	43.87	0	3000
	家庭人口规模	实际调查值（人）	4.06	2.03	0	20
	家庭年消费额	实际调查值（元）	38341.69	68307.80	0	5000000
	居住房屋是否为自有	否=0；是=1	0.95	0.21	0	1
	自有房产价值	实际调查值（对数）	10.43	2.74	-2.30	20.72
	家庭健康成员人数	家中身体状况为健康的人数占比（%）	0.86	0.24	0	1
	家庭抚养比	家中16岁以上及65岁以下人数占比（%）	0.76	0.26	0	1
村庄特征	村人均耕地面积	实际调查值（亩）	4.12	11.62	0.0004	140.54
	村外出务工人口占比	村外出务工人口占总人口比重（%）	0.14	0.54	0	1
	村内有无非农经济	否=0；是=1	0.28	0.45	0	1
	村交通状况	村所在地到最近县/区距离（千米）	30.36	50.88	0	500
	村内有无农信社	否=0；是=1	0.15	0.36	0	1
	有无统一的灌溉服务	否=0；是=1	0.45	0.50	0	1
	村年财政收入	村年财政收入（万元）	0.82	9.41	0	1032.75

二 计量模型设定

（1）IV-Probit 模型。为考察职业分层对农户家庭土地和资本市场参与决策的影响，本书构建以下模型：

$$Prob(Y_{it}=1 \mid X_{it}) = Prob(\beta_0 CS_{itk} + \beta_1 X_{it} + \varepsilon_{it}) \tag{5-1}$$

式中：Y_{it} 为虚拟变量，$Y_{it}=1$ 表示农户当前有农地流转、申请生产性贷款或持有其他金融资产的要素配置行为，否则 $Y_{it}=0$；CS_{itk} 为 i 农户 t 年的职业分层指数及职业所处的层次水平（k 分别对应取值 0，1，2，3，4，5）；X_{it} 为控制变量，具体包括农户户主、家庭和村庄特征变量；β_0、β_1 是需要估计的参数；ε_{it} 为服从标准正态分布的随机误差项。职业分层与农户要素配置可能存在内生性。一方面，要素配置效率较高的家庭拥有更高的收入水平和社会资本存量，有助于家庭进行人力资本投资和打破劳动力市场中的行业壁垒；另一方面，非农就业的农户可能就是那些受过良好教育、交通状况便捷、地理位置优越的农户家庭，而不具备这些客观条件的农户难以实现对家庭生产要素的合理配置。由此，上述模型可能因职业分层与要素配置之间的反向因果、遗漏变量、测量误差和样本选择等产生内生性问题。鉴于此，本书构造了两类指标作为工具变量。一类是职业分层的外生决定变量："掌握该项工作相关技能所花费的时间。"社会地位等级越高的职业就越需要从业者具备丰富的工作经验、出色的职业素养以及较强的综合判断能力、领导能力，这些职业技能往往需要很长的时间才能掌握，但社会中一项具体工作的技能要求，并不会直接影响某个农户的要素配置行为。另一类变量采用留一法（Leave-One-Out Strategy），对每个农户，计算除该农户外的同村农户户均职业分层情况。之所以选择这个变量，是因为中国农村家庭存在典型的同群效应[①]，这种效应会使农户的职业层次受到其他同村家庭的影响，而与此同时，同村其他农户的职业分布情况对该农户的要素配置决策又不存在直接影响，从而满足工具变量相关性与外生性要求。

（2）IV-Tobit 模型。鉴于农户土地流转规模、家庭劳均工作时间

---

① 史常亮：《土地流转对农户资源配置及收入的影响研究》，《中国人口·资源与环境》，博士学位论文，中国农业大学，2018年。

近似连续型变量，但其数据从零点处删失，属于归并数据，本书采取 IV-Tobit 模型估计职业分层对上述农户要素配置行为的影响，并设定方程如下：

$$\begin{cases} Y_{it}^* = \beta_0 CS_{itk} + \beta_1 X_{it} + \varepsilon_{it} \\ Y_{it} = \max(0, Y_{it}^*) \end{cases} \quad (5-2)$$

式中：Y_{it}^* 为潜变量；Y_{it} 为 i 农户 t 年的要素市场参与情况（土地转入、转出规模、家庭老年龄人口年平均工作时间）；CS_{itk} 为 i 农户 t 年的职业分层水平；X_{it} 为控制变量，如表 5-1 所示；β_0、β_1 是需要估计的参数；ε_{it} 为随机误差项。同理，本书采用工具变量法（IV-Tobit）进行估计，以尽量纠正模型中可能存在的内生性问题引发的估计偏误。

（3）Fractional Logit 模型。由于农户非农就业比例是取值介于 0—1 的离散分数，传统的 OLS 回归、对数转换等方法无法保证全部预测值都落在 [0，1] 区间内，从而可能导致所估计结果同实际的经济意义相背离。本书采用 Fractional Logit（FLR）检验职业分层对农户家庭劳动力市场参与决策的影响，设定方程如下：

$$E(Y_{it} \mid X_{it}) = G(\beta_0 CS_{itk} + \beta_1 X_{it} + \varepsilon_{it}) \quad (5-3)$$

$$E(Y_{it} \mid X_{it}) = \frac{\exp(\beta_0 CS_{itk} + \beta_1 X_{it} + \varepsilon_{it})}{1 + \exp(\beta_0 CS_{itk} + \beta_1 X_{it} + \varepsilon_{it})} \quad (5-4)$$

式中：Y_{it} 为 i 农户 t 年的家庭劳动力在非农就业市场的配置强度；CS_{itk} 为 i 农户 t 年的职业分层水平；X_{it} 为控制变量。其中，$1 < G(.) < 0$，且满足 Logistic 的累积概率分布函数。显然，上述并非线性方程，一般使用准极大似然法（QML）进行估计，有利于模型更精准地实现对样本数据的拟合。此外，工具变量使用方法如表（5-2）所示。

表 5-2　职业分层对农户土地流转决策的影响回归结果

变量	有无土地转入			土地转入规模		
	Probit (1)	Probit (2)	IV-probit (3)	Tobit (4)	Tobit (5)	IV-Tobit (6)
职业分层	-0.0182*** (0.0023)	—	-0.0496*** (0.0047)	-1.1329*** (0.1602)	—	-2.9573*** (0.4526)

续表

变量	有无土地转入			土地转入规模		
	Probit (1)	Probit (2)	IV-probit (3)	Tobit (4)	Tobit (5)	IV-Tobit (6)
上层	—	-0.4501*** (0.0569)	—	—	-32.4412*** (4.4106)	—
中上层	—	-0.5412*** (0.1391)	—	—	-38.3102*** (10.8538)	—
中层	—	-0.5736*** (0.0812)	—	—	-35.4282*** (6.1606)	—
中下层	—	-0.3423** (0.1585)	—	—	-23.2487* (12.2467)	—
下层	—	-0.1896** (0.0934)	—	—	-12.9171 (15.2698)	—
性别	0.0051 (0.0386)	0.0297 (0.0392)	0.0402 (0.0376)	1.2330 (2.9514)	2.8066 (3.0043)	3.2111 (3.0395)
年龄	0.0311*** (0.0102)	0.0291*** (0.0103)	0.0133 (0.0102)	1.5562* (0.7877)	1.3939* (0.7973)	0.7062 (0.8222)
年龄平方	-0.0376*** (0.0108)	-0.0373*** (0.0109)	-0.0247* (0.0106)	-2.0893** (0.8350)	-2.0407** (0.8438)	-1.5271* (0.8566)
婚姻状况	0.0938 (0.0710)	0.0972 (0.0714)	0.0463 (0.0689)	10.2226* (5.5160)	10.3505* (5.5519)	7.8543 (5.6415)
受教育年限	0.0076 (0.0059)	0.0064 (0.0060)	0.0269*** (0.0063)	0.8327* (0.4610)	0.7440 (0.4653)	1.8793*** (0.5268)
是否参加技能培训	0.3061*** (0.0840)	0.2963*** (0.0856)	0.4970*** (0.0849)	14.2397** (6.4359)	13.3159** (6.5567)	25.2726*** (7.0597)
经营耕地面积	0.0124*** (0.0013)	0.0114*** (0.0013)	0.0082*** (0.0014)	1.1125*** (0.0791)	1.0653*** (0.0798)	0.9525*** (0.0890)
家庭人口规模	0.0399*** (0.0107)	0.0422*** (0.0107)	0.0426*** (0.0104)	2.1533*** (0.8382)	2.3150*** (0.8443)	2.4348 (0.8552)
家庭年消费额	-3.4107 (3.4307)	-1.7907 (3.3502)	0.0000 (0.0000)	-0.0000 (0.0000)	-0.0000 (0.0000)	-0.0000 (0.0000)
居住房屋是否为自有	-0.1826 (0.2754)	-0.2728 (0.2770)	-0.3140 (0.2701)	-10.0616 (21.7629)	-16.8834 (21.8881)	-17.0818 (22.4282)

续表

变量	有无土地转入			土地转入规模		
	Probit (1)	Probit (2)	IV-probit (3)	Tobit (4)	Tobit (5)	IV-Tobit (6)
自有房产价值	-0.0062 (0.0062)	-0.0061 (0.0063)	-0.0019 (0.0061)	-0.1910 (0.4830)	-0.2003 (0.4878)	0.0236 (0.4952)
家庭健康成员人数	0.4024*** (0.0966)	0.4182*** (0.0972)	0.4510*** (0.0930)	33.0269*** (7.5684)	34.2416*** (7.6283)	36.9271*** (7.7694)
家庭抚养比	0.2346*** (0.0891)	0.2304** (0.0897)	0.2361** (0.0858)	17.1498** (6.8861)	16.8977** (6.9472)	18.0145** (7.0101)
村人均耕地面积	0.0019 (0.0021)	0.0014 (0.0021)	-0.0007 (0.0021)	0.3611** (0.1557)	0.3219* (0.1570)	0.2287 (0.1625)
村外出务工人口占比	0.3370*** (0.1259)	0.3215** (0.1272)	0.1740 (0.1251)	27.6504*** (9.5206)	26.8757*** (9.6350)	20.1355** (9.9436)
村内有无非农经济	-0.2507*** (0.0472)	-0.2391*** (0.0480)	-0.1521** (0.0480)	-19.2872*** (3.6631)	-18.5152*** (3.7291)	-14.7502*** (3.8756)
村交通情况	-0.0002 (0.0006)	-0.0004 (0.0006)	-0.0010 (0.0006)	-0.0413 (0.0512)	-0.0550 (0.0517)	-0.0850 (0.0539)
村内有无农信社	0.2531*** (0.0630)	0.2354*** (0.0633)	0.2133*** (0.0610)	19.4868*** (4.9338)	18.1406*** (4.9654)	18.0391*** (5.0252)
有无统一的灌溉服务	-0.0726* (0.0381)	-0.0588* (0.0385)	-0.0626 (0.0369)	0.2750 (2.9169)	1.2209 (2.9463)	0.5508 (2.9686)
村年财政收入	-0.0004 (0.0004)	-0.0004 (0.0004)	-0.0001 (0.0004)	-0.0305 (0.0325)	-0.03074 (0.0326)	-0.0181 (0.0327)
瓦尔德 χ^2	429.69***	465.97***	515.24***	502.41***	528.83***	422.74***
样本量	18193					

注：*、**、*** 分别代表在10%、5%和1%的统计水平下显著，括号内数值为标准误差。

三 实证检验与结果分析

（一）职业分层对农户土地流转决策的影响估计与结果分析

表5-2显示了职业分层对农户土地流转决策的影响回归结果。由列（1）和列（2）可知，职业分层在1%的统计水平下显著负向影响农户土地转入决策，且不同职业层次的非农就业对农户土地转入决策的影

响存在差异。尽管各层次的劳动力转移都对农户土地转入决策存在负向影响，但上层、中上层和中层非农就业对农户土地转入决策的抑制作用更强，中下层和下层职业的影响系数和显著性则有所减弱。然而，列（1）和列（2）可能存在内生性问题导致估计结果存在偏误。由列（3）工具变量估计结果可知，一阶段估计的 F 值为51.45，表明所选工具变量非弱工具变量。此外，瓦尔德内生性检验（Wald Test of Exogeneity）在1%的统计水平下拒绝职业分层不存在内生性问题的原假设，故而采用列（3）回归结果进行解释。结果显示，职业分层在1%的水平下显著负向影响农户土地转入决策。这表明，职业层次的提升会弱化农户转入土地的动机和意愿，降低农户从事农业生产的积极性和必要性，促使其转出土地从事边际收益更高的非农产业，从而实现家庭收入和福利水平的提高。

从控制变量的影响来看，个体特征中，是否参加技能培训在1%的统计水平下正向显著影响农户土地转入，随着乡村振兴战略的实施，农户参与农业相关技能培训的机会越来越多，有助于农户接触和学习先进的种植技术、农业机械和管理经验，为农户扩大农业经营规模提供条件。家庭特征中，农户经营耕地面积在1%的统计水平下正向显著，土地经营规模一定程度上说明了农户的农业比较优势，且较大的经营面积能降低农业机械等生产要素的投入成本，提高转入土地所带来的综合收益。家庭人口规模和健康成员人数在1%的统计水平下正向显著，家庭有效劳动力是发展农业生产的必要基础，家庭劳动力数量越多，农户越有动力转入土地以调节人地比例关系。村庄特征中，村内有无非农经济在5%的统计水平下负向显著，区域内非农经济越发达、就业机会越多，农户转入土地的意愿就越低。村内有无农信社在1%的统计水平下正向显著，金融环境越好的村庄，农户资金需求受到信贷配给的概率越低，其从事农业规模经营的倾向性越高。

职业分层对农户土地转入规模的影响估计结果如表5-2列（4）和列（5）所示，职业分层在1%的统计水平下负向显著影响农户土地转入规模，将职业分层作为类别变量加入回归发现，中层以上非农转移对农户土地转入规模的负向影响更加显著，中下层职业转换对土地转入规模的影响强度和显著性明显降低，下层非农转移对土地转入规模的影响不显著。然而，上述基准模型估计结果可能存在内生性问题，DWH内生性检验在1%的统计水平下拒绝职业分层不存在内生性问题的原假设，表明工具变量估计结果与基准模型估计结果存在明显差异，同时，一阶段估计的F值为24.99，高于判断工具变量有效性10的临界值，表明所选取的工具变量不是弱工具变量。结果显示，职业分层仍在1%的统计水平下显著负向影响农户土地转入规模，且影响系数在控制内生性问题后得到明显提高。这表明非农就业能力越强的农户，其家庭转入土地的数量就越少，从事农业规模经营的可能性越小，农业收入在家庭收入结构的比重越低。其他控制变量的影响方向和显著性水平与列（3）的估计结果相近，此处不再赘述。

表5-3显示了职业分层对农户有无土地转出及土地转出规模的影响。由列（1）和列（4）回归估计结果可知，职业分层在1%的统计水平下显著正向影响农户土地转出决策和土地转出量，且通过列（2）和列（5）回归结果可以发现，非农就业对农户土地转出的影响存在明显的职业差异，中层及以上的劳动力非农转移对农户土地转出决策具有显著的促进作用，而中层以下的劳动力转移对农户土地转出不存在显著影响。考虑到职业分层与农地转出之间可能存在双向因果关系，从而引发内生性问题，采用工具变量法对基准模型进行估计。由列（3）和列（4）估计结果可知，瓦尔德内生性检验在1%的统计水平下拒绝职业分层为外生变量的原假设，且一阶段F值分别为31.97和23.23，表明所选工具变量不存在弱工具变量问题。估计结果显示，职业分层分别在1%和5%的统计水平下对农户有无土地转出及土地转出规模产生正向显著影响。这表明职业层次越高的农户越倾向于转出土地经营权，将更多的家庭资源配置于能够带来更高回报的非农产业中，而职业劣势群体由于非农就业的不稳定，依然难以摆脱对家庭农业生产的依赖，致使农户往往采取"农忙务农，农闲务工"的季节性农业经营方式，以及"男工女耕""青壮年进城，老年人务农"的家庭兼业生计模式，导致其农地转出意愿不高。

在控制变量的影响方面，受教育年限在1%的统计水平下显著正向影响农户土地转出，接受教育是提升个体人力资本的主要渠道，受教育程度高的个体拥有更强的非农就业和管理能力，有助于缓解其家庭对土地保障性功能的依赖。是否参加技能培训在1%的统计水平下正向显著影响农户有无土地转出，但对土地转出规模的影响不显著，表明个体技能水平主要对农户是否参加土地流转的基本决策发挥作用。家庭经营土地面积、家庭人口规模和健康成员人数分别在不同的统计水平下负向显著影响农户土地转出，家庭经营的耕地面积越大，劳动力资源越充裕，其对农地的需求量也就越高，因而转出农地的意愿和规模也就越低。村财政收入在5%的统计水平下正向显著，村庄的财政状况越好，越能鼓励村民土地转出的积极性。村内有无信用社在1%的统计水平下负向显著，村庄的金融市场环境决定了农户进行融资借贷的机会选择集，较好的融资外部条件在一定程度上有助于缓解农户资金约束，提高农户农业生产投资的积极性，从而显著降低了农户的土地转出意愿。

表5-3　职业分层对农户土地流转决策的影响回归结果

变量	有无土地转出 Probit (1)	Probit (2)	IV-probit (3)	土地转出规模 Tobit (4)	Tobit (5)	IV-Tobit (6)
职业分层	0.0084*** (0.0021)	—	0.0064*** (0.0021)	0.0655*** (0.0158)	—	0.0469** (0.0203)
上层	—	0.3299*** (0.0573)	—	—	2.5456*** (0.4196)	—
中上层	—	0.3407*** (0.0910)	—	—	2.8997*** (0.6581)	—
中层	—	0.2518*** (0.0751)	—	—	1.7774*** (0.5512)	—
中下层	—	0.1716 (0.1182)	—	—	1.9583 (1.6306)	—
下层	—	0.2060 (0.2254)	—	—	1.2972 (0.8642)	—
性别	0.0544 (0.0422)	0.0341 (0.0431)	0.0601 (0.0424)	0.2627 (0.3087)	0.1160 (0.3145)	0.3209 (0.3115)
年龄	0.0137 (0.0105)	0.0121 (0.0105)	0.0110 (0.0107)	0.0989 (0.0766)	0.0845 (0.0767)	0.0729 (0.0787)
年龄平方	−0.0145 (0.0109)	−0.0115 (0.0110)	−0.0127 (0.0111)	−0.1074 (0.0802)	−0.0818 (0.0802)	−0.0904 (0.0810)

续表

变量	有无土地转出 Probit (1)	Probit (2)	IV-probit (3)	土地转出规模 Tobit (4)	Tobit (5)	IV-Tobit (6)
婚姻状况	-0.0513 (0.0707)	-0.0550 (0.0712)	-0.0591 (0.0710)	-0.6100 (0.5137)	-0.6393 (0.5150)	-0.6937 (0.5172)
受教育年限	0.0260*** (0.0064)	0.0258*** (0.0065)	0.0225*** (0.0072)	0.1841*** (0.0473)	0.1840*** (0.0478)	0.1492*** (0.0531)
是否参加技能培训	0.1120 (0.0893)	0.1490 (0.0913)	0.1472*** (0.0953)	0.4233 (0.6573)	0.6872 (0.6696)	0.7769 (0.7028)
经营耕地面积	-0.0086*** (0.0023)	-0.0071*** (0.0022)	-0.0095*** (0.0024)	-0.0169 (0.0132)	-0.0092 (0.0127)	-0.0244* (0.0145)
家庭人口规模	-0.0596*** (0.0110)	-0.0576*** (0.0111)	-0.0603*** (0.0110)	-0.4646*** (0.0809)	-0.4495*** (0.0813)	-0.4722*** (0.0812)
家庭年消费额	7.3507*** (2.4007)	6.8607*** (2.4507)	8.0507*** (2.4807)	5.2706*** (1.7306)	4.8106*** (1.7606)	5.9606*** (1.8006)
居住房屋是否为自有	-0.3652 (0.2451)	-0.2844 (0.2462)	-0.3887 (0.2459)	-3.1759* (1.764)	-2.5213 (1.7647)	-3.4187* (1.7739)
自有房产价值	0.0071 (0.0069)	-0.0064 (0.0070)	-0.0077 (0.0070)	-0.0370 (0.0509)	-0.0327 (0.0509)	0.0437 (0.0512)
家庭健康成员人数	-0.2400** (0.0947)	-0.2419** (0.0952)	-0.2257** (0.0956)	-1.8961*** (0.6929)	-1.9228*** (0.6948)	-1.7545** (0.7001)
家庭抚养比	0.0930 (0.0939)	0.0859 (0.0943)	0.0945 (0.0938)	0.5642 (0.6895)	0.5359 (0.6901)	0.5736 (0.6895)
村人均耕地面积	0.0041* (0.0022)	0.0048 (0.0022)	-0.0036 (0.0022)	0.0245 (0.0158)	0.0301* (0.0158)	0.0201 (0.0162)
村外出务工人口占比	0.1386 (0.1418)	0.1132 (0.1438)	0.1116 (0.1440)	1.6496 (1.0321)	1.4146 (1.0428)	1.3946 (1.0479)
村内有无非农经济	-0.0812* (0.0482)	-0.0975*** (0.0488)	-0.0654 (0.0504)	-0.5216 (0.3540)	-0.6726* (0.3578)	-0.3603 (0.3710)
村交通情况	0.0012** (0.0006)	0.0014** (0.0006)	0.0011* (0.0006)	0.0095** (0.0048)	0.0048** (0.0517)	0.0083* (0.0049)
村内有无农信社	-0.3571*** (0.0709)	-0.3641 (0.0712)	-0.3527*** (0.0710)	-2.6536*** (0.5293)	-2.7076*** (0.5297)	-2.6084*** (0.5297)
有无统一的灌溉服务	-0.0365 (0.0414)	-0.0519 (0.0419)	-0.0345 (0.0414)	-0.1112 (0.3025)	-0.2147 (0.3051)	-0.0937 (0.3028)

续表

变量	有无土地转出			土地转出规模		
	Probit (1)	Probit (2)	IV-probit (3)	Tobit (4)	Tobit (5)	IV-Tobit (6)
村年财政收入	0.0007*** (0.0002)	0.0007** (0.0002)	0.0007** (0.0002)	0.0044** (0.0018)	0.0045** (0.0018)	0.0048** (0.0018)
瓦尔德x^2	144.63***	166.49***	122.18***	131.60***	528.83***	104.49***
样本量	18193					

注：*、**、*** 分别代表在10%、5%和1%的统计水平下显著，括号内数值为标准误。

（二）职业分层对农户劳动力市场决策的影响估计与结果分析

职业分层对农户劳动力市场参与决策的影响结果如表5-4所示。其中，列（1）和列（2）展示了职业分层对农户家庭劳均工作时间的影响，模型估计结果显示，职业分层对农户劳动力供给在1%的统计水平下正向显著。然而，上述模型可能因职业分层为内生变量产生估计偏误。列（3）工具变量估计结果显示，瓦尔德内生性检验在5%的统计水平下拒绝职业分层为外生变量的原假设，且一阶段F值为20.53，表明不存在弱工具变量问题。工具变量估计结果证实，职业分层在1%的统计水平下显著增加农户家庭劳均工作时间。说明劳动力就业质量提高、进入非农部门工作，将会对农业劳动人口进入劳动力市场起到促进作用。其他控制变量的影响也基本符合预期。婚姻状况在5%的统计水平下正向显著，已婚群体承担着子女抚育、老人赡养及维持日常开销等家庭责任，较高的经济压力迫使他们将更多的精力投入工作。居住房屋是否为自有以及自有房产价值在5%的统计水平下对家庭劳均工作时间产生负向影响，房屋不仅具有居住功能，还是一项重要的家庭资产，房产价值越高的农户，其整体经济实力越强，从而对家庭劳动力从事生产活动产生抑制作用。家庭抚养比在5%的统计水平下正向显著，家庭抚养比反映了农户的家庭负担情况，抚养比越高说明家庭劳动力越丰裕，有助于分散经济压力，家庭成员通过多方面就业来增加收入的倾向性更弱。村人均耕地面积和有无统一的灌溉服务在5%的统计水平下正向显著，这两项指标在一定程度上反映了本地区的农业发展潜力，当土地规模越大,且农业经营条件越好时,农户可能会将更多时间投入于农业生产。

职业分层对农户非农业领域劳动力配置的影响结果如列(4)和列(5)所示。职业层次提高在1%的统计水平下显著正向影响农户非农就业比例,且各层次的影响效应都在1%的水平正向显著,但相对来说,中高层次的非农就业对家庭劳动力转移的带动效果更强。然而,该模型可能因内生性问题而存在估计偏误,由于普通的工具变量估计并不适用于被解释变量为离散分数的情形,本书考虑采用基于条件混合过程(CMP)的工具变量法对模型进行两阶段回归。其中,第一阶段回归结果显示,工具变量对内生变量职业分层有显著正向影响,说明不存在弱工具变量问题。第二阶段回归中的辅助检验参数"atanhrho_12"在1%的统计水平下显著异于0,拒绝职业分层是外生变量的原假设,故采用CMP估计所得到的结果进行下一步分析。CMP估计结果显示,在处理了内生性问题之后,核心变量职业分层指数对家庭劳动力非农就业占比的影响效果得到增强,说明就业层次的提升有助于家庭劳动力选择进入城市或非农部门工作,推动农村劳动力进一步转移和市民化。控制变量的影响方面,家庭经营耕地面积在1%的统计水平下负向显著,这与以往研究发现一致,相关研究显示承包地数量显著抑制了农户劳动力外出务工,土地对外出务工存在替代效应[①]。家庭人口规模、健康成员人数和抚养比均在1%的统计水平下正向显著,劳动力配置必然受到家庭劳动力数量的约束,家庭劳动力数量越多,意味着农业劳动以外的可用劳动时间也越多,农户向非农领域配置劳动力的可能性和比例相应越高。房屋是否为自有和自有房产价值在5%的统计水平下负向显著,这可能是由于当农户具备较强的经济实力和较高的社会地位时,其外出务工的必要性有所减弱,更加偏好通过闲暇获取效用。村庄有无统一的灌溉服务在1%的统计水平下正向显著,村庄可以提供的生产性服务越齐全,农户家庭劳动力资源向非农领域配置的概率越高。

---

① 潘静、陈广汉:《家庭决策、社会互动与劳动力流动》,《经济评论》2014年第3期。

表 5-4　职业分层对农户劳动力市场决策的影响回归结果

变量	劳均工作时间 Tobit (1)	Tobit (2)	IV-Tobit (3)	非农就业比例 FLR (4)	FLR (5)	CMP (6)
职业分层	0.0293*** (0.0077)	—	0.0939*** (0.0213)	0.0431*** (0.0020)	—	0.0592*** (0.0020)
上层	—	1.3514*** (0.2034)	—	—	1.3101*** (0.0676)	—
中上层	—	1.6384*** (0.3367)	—	—	1.3370*** (0.0525)	—
中层	—	0.7970** (0.2617)	—	—	1.2960*** (0.1036)	—
中下层	—	1.1216** (0.4018)	—	—	1.2466*** (0.0865)	—
下层	—	-0.7145 (0.7755)	—	—	1.1159*** (0.2005)	—
性别	0.2710* (0.1440)	0.2167 (0.1465)	0.2130 (0.1458)	-0.2315*** (0.0367)	-0.3078*** (0.0375)	-0.1285*** (0.0198)
年龄	0.0425 (0.0396)	0.0410 (0.0398)	0.0653 (0.0404)	0.0069 (0.0096)	0.0044 (0.0097)	0.0016 (0.0054)
年龄平方	-0.0583 (0.0430)	-0.0497 (0.0432)	-0.0708 (0.0433)	0.0104 (0.0102)	0.0196* (0.0103)	0.0083 (0.0058)
婚姻状况	0.4381* (0.2485)	0.4102 (0.2493)	0.5221** (0.2511)	-0.0439 (0.0631)	-0.0614 (0.0636)	-0.0565 (0.0361)
受教育年限	0.0966*** (0.0225)	0.0952*** (0.0227)	0.1336*** (0.0253)	0.0057 (0.0057)	0.0121** (0.0058)	0.0029 (0.0031)
是否参加技能培训	0.1402 (0.3188)	0.2216 (0.3258)	-0.2267 (0.3397)	-0.0234 (0.0818)	0.0744 (0.0840)	-0.0231 (0.0410)
经营耕地面积	0.0120** (0.0051)	0.0158** (0.0052)	0.0185*** (0.0055)	-0.0132*** (0.0013)	-0.0107*** (0.0013)	-0.0062*** (0.0010)
家庭人口规模	-0.0453 (0.0437)	-0.0514 (0.0438)	-0.0552 (0.0440)	0.1305*** (0.0110)	0.1323*** (0.0111)	0.0688*** (0.0059)
家庭年消费额	0.0000** (0.0000)	0.0000** (0.0000)	0.0000 (0.0000)	0.0000*** (0.0000)	0.0000*** (0.0000)	0.0000 (0.0000)
居住房屋是否为自有	-3.2344*** (0.9296)	-2.9027*** (0.9305)	-2.9834*** (0.9372)	-1.0458*** (0.2384)	-0.8806*** (0.2400)	-0.3772** (0.1314)

续表

变量	劳均工作时间			非农就业比例		
	Tobit (1)	Tobit (2)	IV-Tobit (3)	FLR (4)	FLR (5)	CMP (6)
自有房产价值	-0.0447* (0.0240)	-0.0434* (0.0241)	-0.0504** (0.0241)	-0.0051 (0.0061)	-0.0057 (0.0062)	-0.0079** (0.0032)
家庭健康成员人数	-0.1177 (0.3414)	-0.2123 (0.3419)	-0.2525 (0.3456)	0.9760*** (0.0866)	0.9371*** (0.0872)	0.4703*** (0.0517)
家庭抚养比	-0.9927** (0.3716)	-1.0394** (0.3728)	-1.0671** (0.3741)	0.4276*** (0.0935)	0.4376*** (0.0943)	0.2238*** (0.0545)
村人均耕地面积	0.0132 (0.0087)	0.0171** (0.0087)	0.0182** (0.0089)	-0.0023 (0.0022)	0.0004 (0.0022)	0.0002 (0.0012)
村外出务工人口占比	-0.6035 (0.4886)	-0.4223 (0.4912)	-0.2875 (0.5006)	-0.3841** (0.1246)	-0.2766** (0.1259)	-0.0771 (0.0696)
村内有无非农经济	-0.0346 (0.1640)	-0.1595 (0.1658)	-0.2065 (0.1731)	0.1462*** (0.0418)	0.0653 (0.0425)	-0.0233 (0.0221)
村交通情况	0.0120*** (0.0023)	0.0128*** (0.0023)	0.0133*** (0.0023)	-0.0012** (0.0006)	-0.0003 (0.0006)	0.0002 (0.0003)
村内有无农信社	0.0462 (0.2081)	-0.0009 (0.2087)	0.0180 (0.2093)	0.0467 (0.0532)	0.0123 (0.0536)	0.0003 (0.0285)
有无统一的灌溉服务	0.4708*** (0.1421)	0.4056** (0.1432)	0.4452** (0.1430)	0.1676*** (0.0362)	0.1000** (0.0367)	0.0565*** (0.0192)
村年财政收入	-0.0040*** (0.0012)	-0.0040*** (0.0012)	-0.0043*** (0.0012)	-0.0002 (0.0003)	-0.0002 (0.0003)	-0.0003*** (0.0001)
瓦尔德 χ^2	132.78***	180.57***	137.51***	—	—	—
样本量	18193					

注：*、**、***分别代表在10%、5%和1%的统计水平下显著，括号内数值为标准误。

（三）职业分层对农户金融市场决策的影响估计与结果分析

职业分层对农户金融市场决策的影响结果如表5-5所示。由列（1）和列（4）基准模型估计结果可知，职业分层对农户获取银行贷款和购买金融产品的影响分别在1%和10%的统计水平下正向显著，并且列（2）和列（5）估计结果显示，非农就业对农户金融市场参与的影响存在差异性，中层及以上的非农就业机会能显著推动农户参与资本市场，中层以下的就业渠道则难以对农户资本市场参与起到促进作用。然而，上述模型可能因职业分层为内生变量而产生估计偏误。列（3）和列（6）工具变量估计结果显示，瓦尔德内生性检验分别在5%和10%的统计水平下显著拒绝解释变量为外生的原假设，且一阶段估计值分别为23.71和18.27，均大于10%偏误下的临界值16.38，表明不存在弱工具变量问题。工具变量估计结果证实，职业分层在1%的统计水平下显著增加农户获取银行贷款和持有金融资产的概率。表明农户职业层次越高，其投资规划、风险抵御和创业增收能力越强，对投资理财、融资信贷和资产配置的需求也越高。因此，改善农户非农就业环境是促进农村金融市场发育的重要手段。

在控制变量的影响方面。是否参加技能培训分别在1%和10%统计水平下正向显著影响家庭获得银行贷款和持有金融产品。通过参加技能培训，农户创业意愿和实施创业的能力得到提高，家庭流动性约束趋紧增加了农户融资需求，并随着金融素养的提高，农户风险抵御能力和资产配置能力增强，有助于促进农户金融市场参与。自有房产价值1%的统计水平下分别负向和正向显著影响家庭融资借贷和持有金融产品。一方面，房产价值越高的农户在整体上具有更好的经济条件和融资能力，其融资倾向可能相对较弱；另一方面，家庭资产规模会提高家庭在金融市场配置资产的数量和比重，增加风险性资产投资，以实现家庭资产结构的优化。村外出务工人口占比、有无非农经济及财政收入情况均正向显著影响农户银行融资贷款，这三项指标在一定程度上反映了本地区经济发展水平，相关研究显示，区域内经济发展水平越高，农户各行业投资的潜在利润率越高，其向正规金融机构申请生产性贷款的意愿也就越强。村人均耕地规模和村内有无农信社分别在1%和10%的统计水平下正向显著促进农户金融资产选择。村人均耕地面积与农户家庭实际经营规模密切相关，而农地经营规模越大，农户面临的潜在经营风险也越高，因而会促使农户购买保险以降低经营风险。村内拥有金融机构网点可以为农户提供便利的金融服务，并能起到金融知识宣传的作用，有利于增加农户股票等风险资产投资。

表 5-5　职业分层对农户金融市场决策的影响回归结果

变量	有无银行贷款 Probit (1)	有无银行贷款 Probit (2)	有无银行贷款 IV-probit (3)	有无金融产品 Probit (4)	有无金融产品 Probit (5)	有无金融产品 IV-probit (6)
职业分层	0.0130*** (0.0077)	—	0.0390*** (0.0094)	0.0103* (0.0051)	—	0.0395** (0.0151)
上层	—	0.4528** (0.1676)	—	—	0.7780*** (0.2035)	—
中上层	—	0.4481** (0.1707)	—	—	0.6425* (0.2903)	—
中层	—	0.6571*** (0.1767)	—	—	0.4953** (0.1936)	—
中下层	—	0.2641 (0.1778)	—	—	0.4283 (0.2675)	—
下层	—	0.0636 (0.0873)	—	—	0.2252 (0.1849)	—
性别	-0.0405 (0.0625)	-0.0298 (0.0635)	-0.0171 (0.0615)	-0.0023 (0.1210)	-0.0022 (0.1284)	-0.0344 (0.1184)
年龄	0.0416** (0.0185)	0.0411** (0.0187)	0.0301 (0.0185)	-0.0142 (0.0349)	-0.0213 (0.0351)	-0.0002 (0.0348)
年龄平方	-0.0479** (0.0198)	-0.0476** (0.0200)	-0.0404** (0.0195)	0.0061 (0.0393)	0.0169 (0.0394)	-0.0027 (0.0386)
婚姻状况	0.2795** (0.1295)	0.2878** (0.1307)	0.2350* (0.1272)	0.5422* (0.2878)	0.4821* (0.2879)	0.5414* (0.2794)
受教育年限	0.0317*** (0.0102)	0.0313** (0.0103)	0.0453*** (0.0108)	-0.0031 (0.0210)	-0.0051 (0.0218)	-0.0184 (0.0217)
是否参加技能培训	0.4119*** (0.1165)	0.4170*** (0.1199)	0.5502*** (0.1217)	0.5299** (0.1708)	0.5446** (0.1765)	0.3439* (0.1942)
经营耕地面积	0.0055*** (0.0015)	0.0053*** (0.0015)	0.0032* (0.0017)	-0.0049 (0.0058)	-0.0025 (0.0054)	-0.0011 (0.0055)
家庭人口规模	0.0112 (0.0183)	0.0119 (0.0184)	0.0146 (0.0179)	-0.0108 (0.0361)	-0.0181 (0.0376)	-0.0119 (0.0351)
家庭年消费额	0.0000*** (0.0000)	0.0000*** (0.0000)	0.0000*** (0.0000)	0.0000*** (0.0000)	0.0000*** (0.0000)	0.0000** (0.0000)
自有房产价值	-0.0702*** (0.0091)	-0.0707*** (0.0092)	-0.0672*** (0.0091)	0.1398*** (0.0386)	0.1329*** (0.0373)	0.1259*** (0.0368)

续表

变量	有无银行贷款 Probit (1)	有无银行贷款 Probit (2)	有无银行贷款 IV-probit (3)	有无金融产品 Probit (4)	有无金融产品 Probit (5)	有无金融产品 IV-probit (6)
家庭健康成员人数	-0.3041* (0.1370)	-0.2914** (0.1383)	-0.2502* (0.1352)	0.2581 (0.4090)	0.1723 (0.4066)	0.1599 (0.3974)
家庭抚养比	-0.1055 (0.1611)	-0.0968 (0.1622)	-0.0789 (0.1574)	-0.4350 (0.3223)	-0.4964 (0.3311)	-0.4546 (0.3134)
村人均耕地面积	0.0033 (0.0030)	0.0032 (0.0030)	0.0016 (0.0031)	0.0125** (0.0044)	0.0144*** (0.0043)	0.0139*** (0.0042)
村外出务工人口占比	0.6303*** (0.1907)	0.6307** (0.1930)	0.5181** (0.1923)	-0.1877 (0.4501)	-0.1288 (0.4609)	0.0774 (0.4483)
村内有无非农经济	0.0844 (0.0729)	0.0910 (0.0739)	0.1405* (0.0732)	0.1245 (0.1288)	0.0629 (0.1345)	0.0492 (0.1315)
村交通情况	-0.0003 (0.0010)	-0.0003 (0.0010)	-0.0009 (0.0010)	-0.0060 (0.0037)	-0.0060 (0.0037)	-0.0048 (0.0036)
村内有无农信社	0.1217 (0.0874)	0.1327 (0.0881)	0.1351 (0.0854)	0.3074* (0.1553)	0.3356** (0.1564)	0.3048* (0.1507)
有无统一的灌溉服务	0.0147 (0.0624)	0.0093 (0.0632)	0.0201 (0.0609)	-0.1907 (0.1251)	-0.1635 (0.1287)	-0.1968 (0.1212)
村年财政收入	0.0010** (0.0003)	0.0009** (0.0003)	0.0011*** (0.0003)	-0.2864 (0.3874)	-0.2954 (0.3828)	-0.3170 (0.4631)
瓦尔德χ^2	172.11***	182.19***	188.09***	111.32***	122.37***	96.47***
样本量			18193			

注：*、**、***分别代表在10%、5%和1%的统计水平下显著，括号内数值为标准误。

四 稳健性分析

为了验证上述结论的稳健性，本书进行了一系列稳健性检验。一是尽管本书在实证模型中尽可能多地控制了影响农户要素市场决策的变量和职业分层的内生性问题，但模型仍然可能存在一些不可观测变量，从而同时影响农户要素活动和职业选择行为。为了缓解遗漏变量导致的内生性问题，本书使用固定效应模型工具变量法，通过控制家庭和时间固定效应，克服不随时变的遗漏变量对估计结果产生的影响。二是虽然本书在回归中引入了两类控制变量，并通过加入固定效应控制了一部分内生性问题，但仍然难以应对可能由"选择性偏差"引发的估计偏误。为此，本书采用倾向得分匹配法（PSM）来控制因"选择性偏差"而导致的内生性问题。三是上文中使用的关键变量职业分层指数是个体指标，然而，已有文献指出农户才是农村社会的最小决策单元，因此有必要进一步测算农户家庭平均职业分层。同时，测量农户职业分层的方法不止一种，现有研究中广泛采用国际标准职业经济地位指数（ISEI）来反映农户所从事职业的性质，并取得了较好的估计效果。因此，本书将户均职业分层和社会经济地位指数（IESI）作为替代变量进行再回归。

经 Hausman 检验，本书采用固定效应模型进行回归。表 5-6 报告了在控制不随时变的遗漏变量之后，职业分层影响农户要素市场参与决策的估计结果。由表 5-6 可知，职业分层的系数及显著性水平没有实质性变化，说明职业层次提高有助于促进农户参与要素市场活动，这一发现支持上文的基准回归结果，证实了本书结论的稳健性。

表 5-6　　职业分层对农户要素市场决策的影响稳健性检验结果

变量	土地转入 (1)	转入规模 (2)	土地转出 (3)	转出规模 (4)	工作时间 (5)	非农比例 (6)	银行贷款 (7)	金融产品 (8)
职业分层	-0.0183*** (0.0054)	-0.0255** (0.0121)	0.0150** (0.0067)	0.0063* (0.0036)	0.0223** (0.0096)	0.0195** (0.0087)	0.0135*** (0.0021)	0.0109* (0.0063)
特征变量	控制	控制	控制	控制	控制	控制	控制	控制
时间固定效应	控制	控制	控制	控制	控制	控制	控制	控制
个体固定效应	控制	控制	控制	控制	控制	控制	控制	控制
样本量	18193							

注：*、**、*** 分别代表在 10%、5% 和 1% 的统计水平下显著，括号内数值为标准误。

农户进入劳动力市场的职业选择不是随机决定的，而是各方面因素综合作用的结果。这会造成在识别职业分层对农户要素市场决策影响的过程中，存在样本自选择导致的内生性问题。为了满足倾向得分匹配法对处理变量类型的要求，本书将职业分层转换为二分变量，即若农户进入中层及以上非农就业市场则设置为1，否则设置为0。在此基础上，为每个实现中层和高层就业的农户匹配一个或一些与之特征相似但从业层次较低的农户，从而构造了一个合理的反事实框架。本书同时使用PSM模型中的最近邻匹配、半径匹配和核匹配三种方法进行估计，处理组平均处理效应（ATT）的结果如表5-7所示。回归结果显示，模型的系数和显著性水平与基准回归结果基本一致，表明本书的估计结果是比较稳健的。

表5-7　职业分层对农户要素市场决策的影响稳健性检验结果

匹配方法	土地转入 (1)	转入规模 (2)	土地转出 (3)	转出规模 (4)	工作时间 (5)	非农比例 (6)	银行贷款 (7)	金融产品 (8)
最近邻匹配 (n=3)	-0.0599*** (0.0115)	-1.3805*** (0.4190)	0.0387*** (0.0102)	0.1062** (0.0522)	0.8265*** (0.2001)	0.2137*** (0.0104)	0.0102* (0.0053)	0.0085*** (0.0026)
半径匹配 (r=0.03)	-0.0614*** (0.0109)	-1.7598*** (0.4627)	0.0359*** (0.0098)	0.1011** (0.0523)	0.8076*** (0.1923)	0.2208*** (0.0098)	0.0100** (0.0050)	0.0084*** (0.0025)
核匹配 (w=0.06)	-0.0615*** (0.0102)	-1.7971*** (0.4135)	0.0398*** (0.0093)	0.0967* (0.0521)	0.7793*** (0.1758)	0.2224*** (0.0092)	0.0096** (0.0047)	0.0088*** (0.0023)

注：*、**、***分别代表在10%、5%和1%的统计水平下显著，括号内数值为标准误。

表5-8显示了本书替换关键变量后的回归估计结果，其中Panel A为户均职业分层指数对农户家庭要素配置决策的影响，Panel B为社会经济地位指数对农户家庭要素配置决策的影响。估计结果显示，在将替换解释变量带入前文实证模型后，替换变量仍然表现出了对农户要素市场参与活动的显著正向影响，进一步验证了本书估计结果的稳健性。

表5-8　职业分层对农户要素市场决策的影响稳健性检验结果

变量	土地转入 (1)	转入规模 (2)	土地转出 (3)	转出规模 (4)	工作时间 (5)	非农比例 (6)	银行贷款 (7)	金融产品 (8)
Panel A：户均职业分层指数									
职业分层	-0.0250*** (0.0029)	-0.5895*** (0.0850)	0.0091*** (0.0027)	0.0728*** (0.0036)	0.0434*** (0.0095)	0.0558*** (0.0024)	0.0150*** (0.0045)	0.0238*** (0.0064)
观测值	18193								

续表

变量	土地转入(1)	转入规模(2)	土地转出(3)	转出规模(4)	工作时间(5)	非农比例(6)	银行贷款(7)	金融产品(8)
Panel B：社会经济地位指数							
职业分层	-0.0052** (0.0025)	-0.2374*** (0.0714)	0.0044* (0.0026)	0.0314** (0.0156)	0.0764*** (0.0096)	0.0490*** (0.0025)	0.0084** (0.0035)	0.0223*** (0.0058)
观测值	18193								

注：*、**、***分别代表在10%、5%和1%的统计水平下显著，括号内数值为标准误。

第三节 职业分层影响农户要素配置结构的实证分析

一 变量选取与描述性统计

（1）因变量：本书主要从两个方面对农户家庭要素配置结构进行考察，一是农户生产要素在不同部门间的配置，包括农户家庭分工和兼业化程度，这两个指标在整体上反映了家庭生产要素在不同部门间的配置情况，以及农业经营在农户家庭生产生活中的重要程度。二是农业生产要素替代，包括机械投工比、亩均机械投入和农业机械化程度，这三项指标从不同角度衡量了农业资本化程度，表明了农户农业经营的资本投入情况。

（2）核心自变量：职业分层，具体如前文第五章第二节所述。

（3）控制变量：本书选取了受访者性别、年龄、受教育年限、婚姻状况、健康状况反映受访者个体特征，选取经营耕地面积、家庭人口规模、家庭年消费额、居住房屋是否为自有、家庭是否有党员、家庭抚养比反映受访者家庭特征，选择村土地调整情况、外出务工人口占比、村有无非农经济、村交通状况、村内有无农信社、村内是否有统一的灌溉服务反映村庄特征。上述各变量的定义、赋值及描述性统计如表5-9所示。

表 5-9　　变量定义、赋值及描述性统计

变量类别	变量名称	变量定义及赋值	均值	标准差	最小值	最大值
要素配置结构	家庭分工	家中从事农业超过3个月的人数占比（%）	0.51	0.28	0	1
	兼业化程度	家中农业收入占比（%）	0.31	0.43	0	1
	机械投工比	家庭机械投入价值/家庭农业劳动人数	42.23	99.12	0	2000
	亩均机械投入	家庭机械投入价值/家庭农业经营面积	13.15	70.20	0	2500
	机械化程度	传统农业=1；半机械化=2；全机械化=3	1.86	0.74	0	3
核心变量	职业分层	对职业分层指数进行标准化	31.48	10.19	9.5	100
个体特征	性别	女=0；男=1	0.53	0.50	0	1
	年龄	实际调查值（岁）	46.96	13.27	15	96
	年龄平方	年龄的平方/100	23.81	12.40	2.25	92.16
	受教育年限	实际调查组（年）	7.35	3.78	0	21
	婚姻状况	未婚=0；已婚=1	0.88	0.32	0	1
	健康状况	不健康=0；健康=1	0.58	0.49	0	1
家庭特征	经营耕地面积	实际调查值（亩）	8.22	48.9	0	3000
	家庭人口规模	实际调查值（人）	4.34	2.03	0	19
	家庭年消费额	实际调查值（千元）	4.35	8.49	0	500
	居住房屋是否为自有	否=0；是=1	0.89	0.31	0	1
	家庭是否有党员	无=0；有=1	0.15	0.36	0	1
	家庭抚养比	家中16岁以上及65岁以下人数占比（%）	0.77	0.23	0	1
村庄特征	村土地调整情况	无=0；有=1	0.19	0.39	0	1
	村外出务工人口占比	村外出务工人口占总人口比重（%）	0.13	0.15	0	1
	村内有无非农经济	否=0；是=1	0.28	0.45	0	1
	村交通情况	村所在地到最近县/区距离（千米）	29.70	47.36	0	500

续表

变量类别	变量名称	变量定义及赋值	均值	标准差	最小值	最大值
村庄特征	村内有无农信社	否=0；是=1	0.43	0.49	0	1
	有无统一的灌溉服务	否=0；是=1	0.45	0.50	0	1

二 计量模型设定

（1）Fractional Logit 模型。由于农户家庭劳动分工和兼业化程度是取值介于 0—1 的离散分数，传统回归方法无法对此类变量实现无偏一致估计。为此，本书采用 Fractional Logit（FLR）检验职业分层对农户家庭要素配置结构的影响，设定方程如下：

$$E(Y_{it} \mid X_{it}) = G(\beta_0 CS_{itk} + \beta_1 X_{it} + \varepsilon_{it}) \tag{5-5}$$

$$E(Y_{it} \mid X_{it}) = \frac{\exp(\beta_0 CS_{itk} + \beta_1 X_{it} + \varepsilon_{it})}{1 + \exp(\beta_0 CS_{itk} + \beta_1 X_{it} + \varepsilon_{it})} \tag{5-6}$$

式中：Y_{it} 为 i 农户 t 年家庭从事农业生产超过 3 个月的人数占比，或家庭农业收入占总收入比重；CS_{itk} 为 i 农户 t 年的职业分层水平；X_{it} 为控制变量。其中，$1<G(\cdot)<0$，且满足 Logistic 的累积概率分布函数。显然，上述公式并非线性方程，一般使用准极大似然法（QML）进行估计，有利于模型更精准地实现对样本数据的拟合。上述模型可能因职业分层与农户农业机械化程度之间的反向因果关系、遗漏变量或测量误差等导致内生性问题。因此，本书选取"学习所从事工作相关技能所花费时间"和"居住在同一村庄同等收入阶层，除受访者自身外其他样本的职业分层均值"作为受访样本职业分层水平的工具变量，采用工具变量法对上述模型进行估计。

（2）IV-Tobit 模型。鉴于农户机械投工比、亩均机械投入近似连续型变量，但其数据从零点处删失，属于归并数据，本书采取 IV-Tobit 模型估计职业分层对上述农户要素配置行为的影响，并设定方程如下：

$$\begin{cases} Y_{it}^* = \beta_0 CS_{itk} + \beta_1 X_{it} + \varepsilon_{it} \\ Y_{it} = \max(0, Y_{it}^*) \end{cases} \tag{5-7}$$

式中：Y_{it}^* 为潜变量；Y_{it} 为第 i 个农户 t 年的农业资本投入密集程度（机械投入比、亩均机械投入）；CS_{itk} 反映农户的职业分层水平；X_{it} 为控制变量；β_0、β_1 为待估计参数；ε_{it} 为随机误差项。同理，本书采用工具变量法（IV-Tobit）进行估计，以尽量纠正模型中可能存在的内生性问题而引发的估计偏误。

（3）Ordered-Probit 模型。为考察职业分层对农户农业机械化耕作的影响，设定模型如下：

$$Prob(Y_{it}=1|X_{it}) = Prob(\beta_0 CS_{itk} + \beta_1 X_{it} + \varepsilon_{it}) \quad (5-8)$$

式中：Y_{it} 为虚拟变量，取值为 1、2、3，其中，$Y_{it}=1$ 表示农户采用农业生产模式为传统农耕，$Y_{it}=2$ 表示农户采用农业生产模式为半机械化，$Y_{it}=3$ 表示农户采用农业生产模式为全程机械化作业；CS_{itk} 表示第 i 个农户 t 年的职业分层指数；X_{it} 为控制变量；β_0、β_1 为估计系数；ε_{it} 为服从标准正态分布的随机误差项。此外，工具变量使用方法如式（5-2）所示。

三　实证检验与结果分析

职业分层对农户家庭劳动分工的影响分析见表 5-10 列（1）和列（2）。条件混合过程的第一阶段回归结果显示，工具变量对内生变量的影响在 1% 的统计水平下显著，说明不存在弱工具变量问题。第二阶段回归中的辅助检验参数 "atanhrho_12" 在 1% 水平下显著异于 0，拒绝职业分层是外生变量的原假设，即采用 CMP 估计所得结果要优于 FLR 模型的估计结果。CMP 估计结果显示，职业分层对农户劳动分工的影响负向显著（在 1% 的统计水平下），说明相对于中高层次的劳动力转移，低层次的非农就业抑制了农村劳动力流动，促使农户将更多劳动力资源配置到低效率的农业中，不利于家庭总劳动生产率的提高。

从控制变量的影响看，男性成员可以促进家庭农业劳动力配置，表明作为农业生产活动的主力军，男性劳动力数量决定了农户农业经营比较优势。年龄与家庭劳动分工之间存在"U"形关系，即年龄偏低和年龄偏高的农户开展农业生产活动的概率较高，而中年农民外出务工或实施非农创业的可能性更大。受教育年限显著负向影响农户劳动分工，受教育程度越高的农民职业选择机会越多，其参与务农的可能性越低。婚姻状况显著正向影响农户劳动分工，外出务工不利于家庭情感交流，面对较高的情感支出，已婚个体可能会选择继续留在农村务农。经营耕地面积正向影响农户劳动分工，一般情况下，家庭经营耕地面积越大，对劳动力数量的需求就越高。家庭人口规模显著负向影响农户劳动分工，由于我国实行的土地平均分配制度，农户土地经营规模偏小，为了避免农业过密所引发的劳动效率损失，农户会减少家庭农业劳动投入。农户抚养比显著正向影响劳动分工，一个相对合理的解释是，较高的抚养比意味着家庭劳动力禀赋充裕，从而为农业规模化经营提供条件。村内有无信用社和有无统一的灌溉服务显著正向影响劳动分工，说明村内的金融环境越好，可以获得的生产性服务越齐全，农户从事农业规模经营的倾向性就越高。

职业分层对农户兼业化程度的影响分析见表5-10列（3）和列（4）。基于条件混合过程的第一阶段回归结果可知，工具变量对农户兼业情况的影响在1%的统计水平下显著，说明工具变量是有效的，排除了弱工具变量问题。同时，辅助检验参数"atanhrho_12"在1%统计水平下显著异于0，拒绝了职业分层是外生变量的原假设，CMP的估计结果更为可靠。列（4）的估计结果显示，职业分层显著抑制农户兼业化程度，表明农户劳动力外出务工的职业层次越高，农业生产对其家庭收入的边际贡献越小，从而促进农户将家庭生产要素配置于生产率更高的非农领域。

控制变量的回归结果基本符合预期。男性样本普遍比女性样本更加依赖农业收入，这可能是因为男性劳动力在农业生产中具有优势，所以会将更多生产要素投入农业。样本年龄对农户兼业化程度的影响表现为"U"形，与生命周期假说吻合。家庭经营耕地面积和居住房屋是否为自有在1%的统计水平下正向显著，相关研究证实了土地对外出务工的替代效应，农户经营的耕地规模越大，其能容纳的家庭劳动力就越多，房产价值反映了农户的经济实力与融资能力，在一定程度上有助于缓解农户流动性约束，有利于促进农户农业投资增加。家庭人口规模和家庭年消费额在1%的统计水平下负向显著，家庭人口规模和年消费额反映了家庭负担情况，通常人口数量多意味着人均耕地规模小、家庭负担更重，从而促进农户劳动力外出务工，将更多家庭资源配置于非农部门。村庄的非农产业发展在1%的统计水平下负向显著，说明由于农业经营的比较收益低下，拥有较多非农就业机会的农户更加倾向于选择兼业甚至退出农业生产。村交通情况和有无统一的灌溉服务在1%的统计水平下正向显著，说明距离城镇较远、农业生产性服务发达的村庄，从事农业规模经营较多,农户家庭生计对农业生产的依赖性更强。

表 5-10　　职业分层对农户家庭分工的影响回归结果

变量	劳动分工 FLR (1)	劳动分工 CMP (2)	兼业化程度 FLR (3)	兼业化程度 CMP (4)
职业分层	-0.0215*** (0.0016)	-0.0051*** (0.0003)	-0.0816*** (0.0034)	-0.0135*** (0.0004)
性别	0.0595* (0.0269)	0.0115** (0.0051)	0.2235*** (0.0393)	0.0356*** (0.0077)
年龄	-0.0516*** (0.0066)	-0.0125*** (0.0012)	-0.0282** (0.0096)	-0.0065*** (0.0018)
年龄平方	0.0573*** (0.0068)	0.0133*** (0.0013)	0.0243* (0.0099)	0.0063*** (0.0019)
受教育年限	-0.0138 (0.0040)	-0.0020** (0.0007)	-0.0039 (0.0057)	0.0002 (00011)
婚姻状况	0.1251** (0.0468)	0.0378*** (0.0089)	0.0066 (0.0699)	0.0056 (0.0089)
健康状况	0.0036 (0.0262)	0.0021 (0.0050)	-0.0574 (0.0376)	0.0099 (0.0076)
经营耕地面积	0.0073*** (0.0009)	0.0016*** (0.0001)	0.0633*** (0.0047)	0.0070*** (0.0003)
家庭人口规模	-0.3526*** (0.0078)	-0.0852*** (0.0015)	-0.0943*** (0.0119)	-0.0189*** (0.0022)
家庭年消费额	-0.0084*** (0.0025)	-0.0020 (0.0024)	-0.0355*** (0.0056)	-0.0049*** (0.0006)
居住房屋是否为自有	0.3729 (0.2947)	0.0980 (0.1181)	0.8740*** (0.1388)	0.1245*** (0.0188)
家庭是否有党员	0.0280 (0.0354)	0.0089 (0.0067)	0.0168 (0.0519)	0.0149 (0.0103)
家庭抚养比	0.7020*** (0.0606)	0.1410*** (0.0116)	-0.4134 (0.3869)	-0.0809 (0.1176)
村土地调整情况	-0.0339 (0.0299)	-0.0006 (0.0057)	0.0271 (0.0429)	-0.0056 (0.0085)

续表

变量	劳动分工		兼业化程度	
	FLR（1）	CMP（2）	FLR（3）	CMP（4）
村外出务工人口占比	0.4157（0.2875）	0.0770（0.0467）	0.5590***（0.1234）	0.1055（0.0756）
村内有无非农经济	-0.0605*（0.0306）	-0.0071（0.0058）	-0.2896***（0.0447）	-0.0749***（0.0087）
村交通情况	0.0011*（0.0005）	0.0002（0.0001）	0.0012*（0.0005）	0.0003**（0.0001）
村内有无农信社	0.2434***（0.0407）	0.0465***（0.0078）	0.0748（0.0574）	0.0054（0.0109）
有无统一的灌溉服务	0.0955***（0.0258）	0.0197***（0.0049）	0.0765*（0.0367）	0.0254***（0.0074）
样本量	18193			

注：*、**、***分别代表在10%、5%和1%的统计水平下显著，括号内数值为标准误。

职业分层对农户农业资本投入的影响回归结果如表5-11所示。列（1）、列（3）和列（5）基准估计结果显示，职业分层对农业机械投工比和机械化程度的影响均在1%的统计水平下显著，但对农业亩均机械投入的影响不显著。然而，上述模型可能存在因内生性问题而产生估计偏误。列（2）和列（4）工具变量估计结果显示，瓦尔德内生性检验分别在1%和5%的统计水平下显著拒绝解释变量为外生的原假设，且一阶段 F 值33.84和27.51，表明不存在弱工具变量问题。同时，使用条件混合工具变量法的估计结果显示，工具变量对职业分层有显著正向影响，且辅助检验参数在5%的水平下异于0，拒绝了解释变量为外生的原假设，因此应选择纳入工具变量的回归结果进行分析。工具变量的估计结果证实，职业层次的提高能显著促进农户机械投入和农业机械化程度，增加农业生产中的机械投入以替代劳动力，从而缓解劳动力外出所带来的农业劳动力紧缺，平衡农业与非农产业之间的劳动生产率差距。

控制变量的影响方面。家庭经营耕地面积显著正向影响机械投工比，说明随着农业机械化的普及，农地规模扩大会促进农机投资增加，而更先进的生产方式会弱化农业对劳动力的需求。家庭是否有党员在1%的统计水平下负向显著,说明相比普通农户,有党员的家庭对农机投资的倾向性更弱,在农村地区,党员是一种特殊的政治身份,需要将更多的时间和精力分配到村庄事物的管理与协调上,同时,较高的社会地位和资本也能减少家庭购买生产性服务的成本,从而降低家庭农机投资的必要性。家庭抚养比在1%的统计水平下正向显著,农户抚养比越高意味着青壮年劳动力资源越充裕,外出务工的可能性越高,有助于放松家庭购置农机的资本约束。村交通情况和有无统一灌溉服务显著正向影响农户机械投工比,说明距离城镇较远、农业基础设施完善的地方,农户进行资本要素替代的意愿更高;家庭耕地规模在5%的统计水平下负向影响农户亩均机械投入,这可能是因为农户土地经营规模越大,农业机械使用的边际成本越低,从而降低农户亩均机械投入水平。家庭年消费额和住房产权虚拟变量在10%的统计水平下正向显著,这两个指标反映了农户整体经济条件,家庭经济状况越好的农户,其农机投资意愿越高。村内有无农信社在5%的统计水平下显著,农户所处的金融环境越好,越有助于增加农民信贷的可得性,促进其农业生产方面的投资;受教育年限显著正向影响家庭农业生产机械化程度。受教育程度较高的农民更容易接触和吸收农业耕作技术的相关信息,实施农业创业的概率更高,因而家庭农业经营的机械化程度也更高。家庭人口规模和家庭抚养比分别在5%和10%的统计水平下负向显著,家庭有效的劳动力数量是农户开展农业生产的必要基础,但过多的劳动力资源会抑制家庭进行资本替代的积极性。村土地调整情况在5%的统计水平下负向显著,说明村集体频繁调整土地或土地产权边界模糊,会挫伤农民投资的积极性,不利于农业机械化程度提高。

表5-11 职业分层对农户农业资本投入的影响回归结果

变量	机械投工比 Tobit (1)	机械投工比 IV-Tobit (2)	亩均机械投入 Tobit (3)	亩均机械投入 IV-Tobit (4)	机械化程度 Oprobit (5)	机械化程度 CMP (6)
职业分层	1.2924*** (0.3702)	1.4384** (0.5525)	0.0646 (0.0451)	0.8810** (0.3322)	0.0310*** (0.0117)	0.0527*** (0.0196)

续表

变量	机械投工比 Tobit (1)	机械投工比 IV-Tobit (2)	亩均机械投入 Tobit (3)	亩均机械投入 IV-Tobit (4)	机械化程度 Oprobit (5)	机械化程度 CMP (6)
性别	-3.8268 (6.4610)	-5.5181 (7.3572)	-0.0556 (2.3487)	-0.8582 (2.4032)	-0.0964*** (0.0287)	-0.1493 (0.1097)
年龄	-1.2746 (1.8376)	0.0044 (2.2078)	0.6032 (0.6115)	1.1215 (0.6689)	0.0125* (0.0072)	-0.0192 (0.0154)
年龄平方	0.3154 (1.9730)	-0.7602 (2.2302)	-1.0039 (0.6546)	-1.4228* (0.6926)	-0.0102 (0.0075)	0.0279 (0.0184)
受教育年限	1.3076 (1.0944)	0.8118 (1.1913)	0.3247 (0.3584)	0.0693 (0.3834)	0.0298*** (0.0042)	0.0381** (0.0148)
婚姻状况	13.3572 (14.4223)	15.0151 (14.6366)	1.6707 (4.8125)	3.3193 (4.9249)	0.1580** (0.0510)	0.1215 (0.0922)
健康状况	1.6767 (7.0973)	-0.1908 (7.3785)	-2.1700 (2.3426)	-3.0833 (2.4069)	0.1456*** (0.0279)	0.0655 (0.0585)
经营耕地面积	1.3749*** (0.2141)	1.4575*** (0.2300)	-0.2352*** (0.0730)	-0.1857** (0.0777)	0.0115*** (0.0010)	0.0229** (0.0083)
家庭人口规模	-0.6181 (2.3129)	-0.8888 (2.3391)	-0.0765 (0.7631)	-0.1363 (0.7705)	-0.0215** (0.0081)	-0.0490** (0.0220)
家庭年消费额	1.0887 (0.6559)	1.0158 (0.6632)	0.4566** (0.2158)	0.4163* (0.2186)	-0.0019 (0.0029)	0.0072 (0.0046)
居住房屋是否为自有	48.3993 (33.1498)	57.1810 (34.3266)	13.4685 (10.6027)	19.7736* (11.1515)	0.3499** (0.1226)	0.3507* (0.2078)
家庭是否有党员	-18.3864** (8.7473)	-20.2601** (8.9644)	-0.6736 (2.8427)	-1.7347 (2.9161)	0.0838** (0.0375)	0.0303 (0.0681)
家庭抚养比	29.7854*** (4.4191)	27.3998*** (4.6604)	18.2505** (6.3543)	17.8955** (6.4088)	-0.1197 (0.0644)	-0.2881 (0.1577)
村土地调整情况	-0.7212 (8.1482)	-1.2401 (8.3240)	-0.4377 (2.7492)	-0.3839 (2.7744)	-0.2020*** (0.0311)	-0.2046** (0.0835)
村外出务工人口占比	-0.1860 (20.2412)	1.8910 (20.4428)	-3.4164 (6.7647)	-1.3082 (6.9083)	0.1688* (0.0914)	0.1073 (0.2009)
村内有无非农经济	4.0804 (9.0110)	2.9608 (9.1191)	4.4777 (2.9296)	3.8992 (2.9699)	0.1578*** (0.0323)	0.1934** (0.0692)
村交通情况	0.5751** (0.2076)	0.5001** (0.2199)	0.0098 (0.0681)	0.0304 (0.0715)	0.0126*** (0.0007)	0.0089*** (0.0028)

续表

变量	机械投工比		亩均机械投入		机械化程度	
	Tobit (1)	IV-Tobit (2)	Tobit (3)	IV-Tobit (4)	Oprobit (5)	CMP (6)
村内有无农信社	8.4674 (10.0873)	7.2432 (10.2037)	7.9622** (3.3586)	7.4771** (3.3982)	0.0595 (0.0445)	0.0112 (0.0838)
有无统一的灌溉服务	26.8501*** (7.1678)	24.5026** (7.6196)	9.9051*** (2.3665)	8.2748*** (2.5217)	0.0505* (0.0271)	0.2148** (0.0903)
瓦尔德χ^2	107.44***	108.40***	79.04***	82.79***	662.95***	211.33***
样本量	18193					

注：*、**、***分别代表在10%、5%和1%的统计水平下显著，括号内数值为标准误。

四 稳健性分析

为了检验上述估计结果的稳健性，本书同时采用固定效应模型工具变量法、倾向得分匹配法和替换关键自变量方法对前述模型进行重新回归。表5-12汇报了固定效应模型工具变量法的估计结果，回归结果表明，职业分层对农户家庭劳动分工、兼业化程度、机械投工比、亩均机械投入和农业机械化程度均产生不同程度的显著影响，说明本章估计结果稳健。

表5-12 职业分层对农户要素配置结构的影响稳健性检验结果

变量	劳动分工 (1)	兼业化程度 (2)	机械投工比 (3)	亩均机械投入 (4)	机械化程度 (5)
职业分层	-0.0085*** (0.0015)	-0.0050*** (0.0008)	0.7942** (0.3991)	0.0421*** (0.0136)	0.0048** (0.0019)
特征变量	控制	控制	控制	控制	控制
时间固定效应	控制	控制	控制	控制	控制
个体固定效应	控制	控制	控制	控制	控制
样本量	18193				

注：*、**、***分别代表在10%、5%和1%的统计水平下显著，括号内数值为标准误。

为了剔除可能存在的因"选择性偏差"导致的内生性问题，参考已有文献的思路①，本书以基准回归模型中显著的控制变量为选择标准，来寻找与实验组相似的对照组。表5-13报告了三种不同匹配方法的估计结果。综合来看，职业分层对农户劳动分工和兼业化程度在1%的统计水平下负向影响；对农业机械投工比、亩均机械投入和机械化程度在不同显著性水平上正向影响。与前文的估计结果一致，实证了结论的稳健性。

表5-13　职业分层对农户要素配置结构的影响稳健性检验结果

匹配方法	劳动分工 (1)	兼业化程度 (2)	机械投工比 (3)	亩均机械投入 (4)	机械化程度 (5)
最近邻匹配 (n=3)	-0.0079*** (0.0023)	-0.0105*** (0.0036)	7.0182** (3.5713)	2.0500** (0.8990)	0.0606* (0.0323)
半径匹配 (r=0.03)	-0.0076*** (0.0019)	-0.0099*** (0.0027)	7.3219** (3.2820)	2.0145** (0.7954)	0.0614** (0.0311)
核匹配 (w=0.06)	-0.0081*** (0.021)	-0.0111*** (0.0037)	8.3183* (4.6268)	2.3954** (0.6561)	0.0691** (0.0288)
样本量			18193		

注：*、**、***分别代表在10%、5%和1%的统计水平下显著，括号内数值为标准误。

本书同时采用了替换关键变量的方法对模型进行稳健性检验。可以看到（见表5-14），不论是将关键变量替换为户均职业分层指数，还是农户社会经济地位指数，职业分层均对农户要素配置结构产生显著影响，进一步验证了本章结果的稳健性。

表5-14　职业分层对农户要素配置结构的影响稳健性检验结果

变量	土地转入 (1)	转入规模 (2)	土地转出 (3)	转出规模 (4)	工作时间 (5)
Panel A：户均职业分层指数					
职业分层	-0.0396*** (0.0020)	-0.1235*** (0.0039)	0.9241** (0.4607)	0.2700** (0.1136)	0.0051** (0.0022)
观测值			18193		

---

① 黄文、张羽瑶：《区域一体化战略影响了中国城市经济高质量发展吗？——基于长江经济带城市群的实证考察》，《产业经济研究》2019年第6期。

续表

变量	土地转入 （1）	转入规模 （2）	土地转出 （3）	转出规模 （4）	工作时间 （5）
Panel B：社会经济地位指数					
职业分层	-0.0346** (0.0026)	-0.0547*** (0.0033)	2.9012*** (0.3718)	0.6797*** (0.1578)	0.0157*** (0.0021)
观测值	18193				

第四节 职业分层影响农户农业生产效率的实证分析

一 变量选取与描述性统计

（1）因变量：本书采用"一步法"对随机前沿超越对数生产函数进行估计，并通过测算获得全部样本的农业生产效率损失，来反映农户农业生产效率水平。具体估计过程见第四章。

（2）核心自变量：职业分层，具体如第五章第二节所述。

（3）控制变量：本书选取了受访者性别、年龄、受教育年限、婚姻状况、健康状况反映受访者个体特征，选取经营耕地面积、家庭人口规模、家庭年消费额、家庭有无金融资产、家庭是否有党员、家庭抚养比反映受访者家庭特征，选择村土地调整情况、外人均耕地规模、村交通情况、村内有无农信社、村内是否有统一的灌溉服务反映村庄特征。上述各变量的定义、赋值及描述性统计如表5-15所示。

表5-15 变量定义、赋值及描述性统计

变量类别	变量名称	变量定义及赋值	均值	标准差	最小值	最大值
因变量	农业生产效率损失	采用"一步法"估计的农业生产效率损失	0.57	0.19	0	1
核心自变量	职业分层	对职业分层指数进行标准化	31.48	10.19	9.50	100
个体特征	性别	女=0；男=1	0.53	0.50	0	1
	年龄	实际调查值（岁）	46.96	13.27	15	96
	年龄平方	年龄的平方/100	23.81	12.40	2.25	92.16

续表

变量类别	变量名称	变量定义及赋值	均值	标准差	最小值	最大值
个体特征	受教育年限	实际调查组（年）	7.35	3.78	0	21
	婚姻状况	未婚=0；已婚=1	0.88	0.32	0	1
	健康状况	不健康=0；健康=1	0.58	0.49	0	1
家庭特征	经营耕地面积	实际调查值（亩）	8.22	48.9	0	3000
	家庭人口规模	实际调查值（人）	4.34	2.03	0	19
	家庭年消费额	实际调查值（千元）	4.35	8.49	0	500
	家庭有无金融资产	否=0；是=1	014	0.12	0	1
	家庭是否有党员	无=0；有=1	0.15	0.36	0	1
	家庭抚养比	家中16岁以上及65岁以下人数占比（%）	0.77	0.23	0	1
村庄特征	村土地调整情况	无=0；有=1	0.19	0.39	0	1
	村人均耕地面积	实际调查值（亩）	3.78	8.36	0.0004	140.54
	村交通情况	村所在地到最近县/区距离（千米）	29.70	47.36	0	500
	村内有无农信社	否=0；是=1	0.43	0.49	0	1
	村内有无统一的灌溉服务	否=0；是=1	0.45	0.50	0	1

二 计量模型设定

鉴于农户农业效率损失的取值范围介于0—1，属于离散分数。本书采用Frational Logit（FLR）检验职业分层对农户农业生产效率的影响，设定方程如下：

$$E(Y_{it} \mid X_{it}) = G(\beta_0 CS_{itk} + \beta_1 X_{it} + \varepsilon_{it}) \tag{5-9}$$

$$E(Y_{it} \mid X_{it}) = \frac{\exp(\beta_0 CS_{itk} + \beta_1 X_{it} + \varepsilon_{it})}{1 + \exp(\beta_0 CS_{itk} + \beta_1 X_{it} + \varepsilon_{it})} \tag{5-10}$$

式中：Y_{it}为t年第i个农户的农业生产效率损失；CS_{itk}为t年第i农户的职业分层水平；X_{it}为影响农户职业分层和农业生产效率损失的其他控制变量。内生性问题可能导致职业分层对农业生产效率损失的影响出现有偏估计的结果。因此，本书选取"学习所从事工作相关技能所花费时间"和"居住在同一村庄同等收入阶层,除受访者自身外其他样本的职业分层均值"作为受访样本职业分层水平的工具变量,采用基于条件混合过程的工具变量法对上述模型进行估计。

三 实证检验与结果分析

表5-16显示了职业分层对农户农业生产效率损失的影响回归结果。本书通过采用逐步控制个体、家庭和村庄特征变量的方式对模型进行拟合,估计结果显示,职业分层较为稳健地正向影响农业生产效率损失。然而,上述模型可能存在由内生性问题引发的估计有偏,因此应引入工具变量以剥离潜在内生性对估计结果的影响。由于普通的工具变量估计并不适用于被解释变量为离散分数的情形,我们采用基于条件混合过程(CMP)的工具变量法对模型进行两阶段估计。第一阶段回归结果显示,工具变量对农业生产效率损失的影响在1%的水平下正向显著,排斥了弱工具变量问题。第二阶段回归中的辅助检验系数"atanhrho_12"在1%的水平下显著异于0,拒绝"职业分层指数为外生变量"的原假设,即基于CMP的工具变量估计结果更加可靠。在处理了内生性后,关键解释变量职业分层对农户农业生产效率损失的影响系数和显著性进一步提高,说明农户职业分层提升会挫伤农户农业生产积极性,不利于农业生产效率的提高。

在控制变量的影响方面,劳动力年龄对农业效率损失的影响呈现出"U"形,符合生命周期理论。婚姻状况在1%的统计水平下负向显著影响农业效率损失,说明农户家庭关系越稳定,农户农业生产效率越高。家庭经营耕地面积、家庭人口规模和抚养比均在1%的统计水平下负向显著影响农业效率损失,这说明土地流转带来的土地集中有助于农业生产效率的提高,同时家庭劳动力资源充裕以及较高劳动力质量可以通过禀赋效应提升农业生产效率。村土地调整在5%的统计水平下正向显著影响农业效率损失,土地产权不稳定会降低农户农业投资积极性,抑制农业生产效率提高。村人均耕地面积和村交通情况分别在1%和5%的统计水平下负向显著影响农业效率损失,表明村庄距离城镇越远,农地规模经营条件越好,农业生产效率一般也更高。

表 5-16　职业分层对农户农业生产效率损失的影响回归结果

变量	FLR（1）	FLR（2）	FLR（3）	CMP（4）
职业分层	0.0020*	0.0023**	0.0021**	0.0114***
	（0.0011）	（0.0011）	（0.0010）	（0.0020）
性别	-0.0230	-0.0190	-0.0276	-0.0169
	（0.0154）	（0.0156）	（0.0176）	（0.0108）
年龄	-0.0132***	-0.0126**	-0.0167***	-0.0107***
	（0.0038）	（0.0039）	（0.0044）	（0.0028）
年龄平方	0.0157***	0.0148***	0.0193***	0.0122***
	（0.0039）	（0.0039）	（0.0045）	（0.0029）
受教育年限	0.0062	0.0098	0.0038	0.0026
	（0.0106）	（0.0107）	（0.0128）	（0.0082）
婚姻状况	-0.1583***	-0.1588***	-0.1494***	-0.0944***
	（0.0156）	（0.0158）	（0.0179）	（0.0111）
健康状况	—	-0.0000	0.0003	0.0003
		（0.0003）	（0.0004）	（0.0002）
经营耕地面积	—	-0.0179***	-0.0179***	-0.0103***
		（0.0039）	（0.0045）	（0.0029）
家庭人口规模	—	-0.0068***	-0.0084***	-0.0055***
		（0.0012）	（0.0017）	（0.0011）
家庭年消费额	—	0.2170	0.3133*	0.1884
		（0.1322）	（0.1583）	（0.1032）
家庭有无金融资产	—	-0.0103	0.0019	0.0003
		（0.0213）	（0.0239）	（0.0147）
家庭是否有党员	—	—	-0.0025*	-0.0011
			（0.0011）	（0.0007）
家庭抚养比	—	—	-0.1367***	-0.0851***
			（0.0216）	（0.0126）
村土地调整情况	—	—	0.0009**	0.0007**
			（0.0003）	（0.0003）
村人均耕地规模	—	—	-0.0449	-0.0292***
			（0.0287）	（0.080）

续表

变量	FLR(1)	FLR(2)	FLR(3)	CMP(4)
村交通情况	—	—	-0.0366* (0.0176)	-0.0287** (0.0110)
样本量	18193			

注：*、**、***分别代表在10%、5%和1%的统计水平下显著，括号内数值为标准误。

四 稳健性分析

为了确保回归结果的可靠性，本书还进行了多种稳健性检验。其检验结果见表5-3列（1）至列（5）。由表5-17可知，职业分层对农户农业生产效率损失的估计系数和显著性水平没有实质变化，这一发现支持了上文的基准估计结果，证明了本章结论的稳健性。

表5-17　职业分层对农户农业生产效率损失的影响稳健性检验结果

变量	固定效应 IV-FE （1）	倾向得分匹配			替换解释变量	
		最近邻匹配 （2）	半径匹配 （3）	核匹配 （4）	OS （5）	ISEI （6）
职业分层	0.0034** （0.0016）	0.0201** （00085）	0.0216*** （0.0082）	0.0196** （0.0076）	0.0048** （0.0019）	0.0074*** （0.0012）
样本量	18193					

注：*、**、***分别代表在10%、5%和1%的统计水平下显著，括号内数值为标准误。

第六章

职业分层影响农户家庭福利的实证分析

农户福利是全球共同关注的问题。从1994年国际人口与发展大会提出的《关于国际人口与发展行动纲领》，到20世纪初联合国确立的千年发展目标，均强调了提高家庭福利水平，降低农村贫困发生率的发展理念。党的二十大报告也强调"江山就是人民，人民就是江山。……必须坚持在发展中保障和改善民生，鼓励共同奋斗创造美好生活，不断实现人民对美好生活的向往"[①]。中华人民共和国成立初期，中央确立的"城市偏向、重工业优先"的发展战略和"农业支持工业"机制致使农业农村发展基础薄弱、农户福利水平较低。为了改变农村落后面貌，确保广大农民群众与全国人民一道步入小康社会，我国实施了乡村振兴、精准扶贫和工商资本下乡等一系列重要举措，推动了偏远地区农户摆脱贫困。然而，实践证明，仅靠外源式的政策扶持，难以保证帮扶资金的可持续性及帮扶产业边际效益的提高，要使农户家庭福利状况得到根本改善，就必须激活农户发展的内生动力。鉴于此，农村劳动力非农转移作为农户自发的经济行为，其对农户家庭福利的影响成为理论界关注的焦点。

从已有的研究成果来看，关于农村劳动力非农就业对农户家庭福利的具体影响尚存在较大争议。从宏观层面看，一种观点认为农村劳动力

---

① 习近平：《高举中国特色社会主义伟大旗帜为全面建设社会主义现代化国家而团结奋斗——在中国共产党第二十次全国代表大会上的报告》，中国政府网，http://www.gov.cn/xinwen/2022-10/25/content_5721685.htm。

流动能使劳动力资源及其相关要素在社会生产中得到有效配置，这有利于提升社会各部门运行效率，从而有助于促进农村发展[1][2]。具体表现为农村劳动力流动可以优化农业生产结构，提高农业生产效率，推动农户家庭福利水平的提升[3]。另一种观点则认为，农村劳动力流动将不可避免地导致农村的衰落，农民外出务工是为了获取逃离农村的资本，大量青壮年劳动力和精英群体外出必然形成"空心村"、"空巢老人"或"隔代家庭"，使原有的村落秩序面临崩溃，这显然不利于改善农户多维贫困[4][5]。在微观层面，非农就业所带来的工资性收入已经成为中国绝大多数农户家庭的主要收入来源[6]。农户将劳动力投入非农活动后，可以获取相比务农更多的经济回报，并通过稳定持续的土地租金实现收入结构多元化[7]。但有研究发现劳动力非农转移未必能够改善农户福利。该观点认为非农就业的减贫效应取决于劳动力流动的动机、特征以及人力资本状况[8][9]。农户非农就业不仅成本和风险较大，而且受到外出就业能力的制约[10][11]。不仅如此，一些研究表明城市劳动力市场对农村劳动力的开放是有选择性的，农村户籍劳动力在行业准入上占据劣势

---

[1] Lewis A., "Economic Development with Unlimited Supplies of Labour", *The Manchester School of Economic and Social Studies*, Vol. 22, No. 2, 1954, pp. 139-191.

[2] Taylor J. E., Martin P. L., "Chapter 9 Human Capital: Migration and Rural Population Change", *Handbook of Agricultural Economics*, Vol. 1, No. 1, 2001, pp. 457-511.

[3] 李实：《中国农村劳动力流动与收入增长和分配》，《中国社会科学》1999年第2期。

[4] 贺雪峰、董磊明：《农民外出务工的逻辑与中国的城市化道路》，《中国农村观察》2009年第2期。

[5] 连玉君等：《子女外出务工对父母健康和生活满意度影响研究》，《经济学（季刊）》2015年第4期。

[6] 蔡昉、都阳：《迁移的双重动因及其政策含义——检验相对贫困假说》，《中国人口科学》2002年第4期。

[7] 许庆等：《劳动力流动、农地确权与农地流转》，《农业技术经济》2017年第5期。

[8] Sagynbekova, Lira, "Theoretical Perspectives on International Migration and Livelihoods", Springer International Publishing, 2016, pp. 9-25.

[9] Haan D., Arjan, "Livelihoods and Poverty: The Role of Migration-a Critical Review of the Migration Literature", *Journal of Development Studies*, Vol. 36, No. 2, 1999, pp. 1-47.

[10] Kothari U., "Staying Put and Staying Poor?", *Journal of International Development*, Vol. 15, No. 1, 2003, pp. 645-657.

[11] Banerjee B. and Kanbur S. M., "On the Specification and Estimation of Macro Rural-Urban Migration Functions: With an Application to Indian Data", *Oxford Bulletin of Economics & Statistics*, Vol. 43, No. 1, 2010, pp. 7-29.

地位，这意味着即使农户进入城市劳动力市场，其所拥有的福利状况也不一定优于农业农村，从而难以对家庭福利起到改善作用[1]。

通过对既有文献的梳理可以发现，农村劳动力非农转移影响农户家庭福利的实证结论并不一致，而这种截然相反的研究结果很可能与忽视劳动力非农就业的职业结构有关。同时，已有关于农户福利的研究主要着眼于单一的经济收入，没有考虑到农户福利的多元性和复杂性，无法全面反映农户家庭福利状况。基于此，本章从职业分层的角度切入，着重考察不同职业层次非农就业对农户家庭经济福利及多维福利的影响，从而实现对已有研究的深化和补充。

第一节 职业分层影响农户家庭福利的研究假说

一 职业分层影响农户经济收入的研究假说

提高收入水平是扩展农户家庭福利的有效途径，而非农领域就业有助于拓宽农户收入渠道、实现家庭增收目标。哈罗斯—托达罗模型认为，人口流动是预期收入增量的增函数，预期收入增量则是相对工资率和正规部门就业概率的函数[2]。也就是说，只有劳动力流动的转移收入大于其在农村地区的边际产出时，农户才会选择向非农部门流动。因此，依据自身偏好的非农就业行为能够促进农户家庭收入增长[3]。但部分研究也指出，由于劳动力市场具有竞争性以及雇主依据员工的技能水平提供相应报酬，不同层次职业就业带给农户的增收效应可能存在差别[4]。低层次职业通常分布在制造、建筑、零售批发、住宿餐饮、居民服务等流动性高且稳定性较差的行业，甚至有些还处于非正规就业状态，就业质量偏低，导致了农村劳动力转移带来的收入增量也较低。而

---

[1] 吴愈晓：《劳动力市场分割、职业流动与城市劳动者经济地位获得的二元路径模式》，《中国社会科学》2011年第1期。

[2] Becker C. M. and Morrison A. R., "Urbanization in Transforming Economies", *Handbook of Regional & Urban Economics*, 1999, p. 3.

[3] 张琛等：《中国农户收入极化的趋势与分解——来自全国农村固定观察点的证据》，《农业技术经济》2021年第2期。

[4] 李强：《社会分层十讲》，社会科学文献出版社2011年版。

随着就业层次的提升，农户自身发展能力和人力资本逐渐增强，有利于满足经济结构转型背景下用工单位对于劳动力素质的要求，从而对农户收入水平产生显著正向影响。

不仅如此，职业分层还会通过改变家庭劳动力资源配置影响农户收入结构。首先，农户非农就业质量越高，就意味着家庭非农就业比较优势越明显，农户会将更多劳动力投入非农产业，并更加偏好闲暇所带来的效用，因而会通过农业劳动力流失效应负面影响家庭农业收入。其次，不少研究指出，农村劳动力在流动过程中，可以通过"干中学"的积累和外部溢出效应，增加其人力资本积累[①]。而好的职业岗位能够掌握更多的社会和经济资源，从而为从业者人力资本与社会资本的积累提供条件。这意味着从事较高职业层次工作的农村劳动力能够利用其累积的人力资本优势开展创业或资产投资，促进家庭经营性收入和资产性收入提高。最后，根据劳动力市场排队理论可知，在劳动力市场中，用人单位会尽可能为最优的劳动力提供最具吸引力的薪资待遇。这意味着职业分层越高的农户，其家庭工资性收入越高。鉴于此，本书提出以下假说。

H6-1a：农户职业分层的提高对家庭总收入具有正向影响。

H6-1b：农户职业分层的提高对家庭农业生产收入具有负向影响。

H6-1c：农户职业分层的提高对家庭经营性收入具有正向影响。

H6-1d：农户职业分层的提高对家庭资产性收入具有正向影响。

H6-1e：农户职业分层的提高对家庭工资性收入具有正向影响。

二 职业分层影响农户多维福利的研究假说

农村劳动力非农就业在减缓农户收入贫困的同时，也对农户的实际生活状态产生了深刻的影响。一方面，随着家庭青壮年劳动力的外流，农业粗放经营、土地抛荒等现象逐渐加剧，家庭成员之间相依的生活空间被分割，留守老人、儿童的健康与教育，以及家庭情感沟通等问题日益突出；另一方面，从农户家庭层面看，农村劳动力流动不仅能够减缓农户收入贫困的发生，还可以通过转移汇款等方式改善农户非经济维度

---

① 孙亚南：《农业劳动力转移、人力资本投资与农村减贫》，《学习与探索》2020年第11期。

可行能力，比如购买农资以及房屋建设等物质资本投入[①]，或是增加农户健康、医疗及社会保障等方面的支出[②]。可见，农户非农就业行为对其家庭福利的影响是复杂的、多向度的，而其中对农户家庭多维福利正负向影响的相对大小正取决于农户所从事职业的具体层次。根据劳动力市场分割理论可知，如果农户进入的是职业层次较高的首要劳动力市场（Primary Sector），将会享有优越的工作条件和完善的社会保障，提高家庭转移人口市民化的意愿和能力，并在满足家庭日常开销的同时，将更多资本投入于家庭成员健康、房屋修缮、享受闲暇等方面，从而促进农户家庭多维福利改善；如果农户进入的是职业层次较低的次要劳动力市场（Secondary Sector），其工作稳定性差、报酬较低且无社会保障，从而使劳动力转移对农户家庭福利的益处可能十分有限，不利于农户家庭多维福利的改善。鉴于此，本书提出以下假说。

H6-2a：职业分层的提高有利于正向改善农户家庭总体福利。
H6-2b：职业分层的提高有利于正向改善农户家庭经济福利。
H6-2c：职业分层的提高有利于正向改善农户家庭社会保障福利。
H6-2d：职业分层的提高有利于正向改善农户家庭居住环境福利。
H6-2e：职业分层的提高有利于正向改善农户家庭成员健康福利。
H6-2f：职业分层的提高有利于正向改善农户家庭社会关系。

第二节　职业分层影响农户家庭经济收入的实证分析

一　研究设计

（一）变量选取及描述性统计

为优化不同职业层次水平下非农就业样本的匹配效果，减少广义倾向得分匹配的误差，综合既有文献和样本数据的特征，本书尽量引入既

[①] 李强等：《农民工汇款的决策、数量与用途分析》，《中国农村观察》2008年第3期。
[②] Valero-Gil J., "Remittances and the Household's Expenditures on Health", Mpra Paper, Vol. 36, No. 1, 2009.

影响农户职业分层又影响收入水平的协变量。具体选取受访者性别、年龄、年龄平方、受教育年限、婚姻状况、是否参加技能培训反映受访者个体特征；经营耕地面积、选取家庭人口规模、非农就业比例、家庭是否有党员、家庭抚养比反映受访者家庭特征；选取村人均收入、村内有无非农经济、村交通情况、村内有无农信社、村庄地貌反映受访者所处村庄特征（见表6-1）。

表6-1　　　　变量定义、赋值及描述性统计

变量类别	变量名称	变量定义及赋值	均值	标准差	最小值	最大值
家庭收入类型	家庭总收入	实际调查值（元）	51237.16	95862.52	0	6000000
	农业生产收入	实际调查值（元）	11566.53	34625.04	0	2500000
	工资性收入	实际调查值（元）	27424.72	70084.30	0	2000000
	家庭经营性收入	实际调查值（元）	9524.59	68078.70	0	5000000
	资产性收入	实际调查值（元）	1286.90	21288.59	0	1100000
核心变量	职业分层	对职业分层指数进行标准化	31.48	10.19	9.5	100
个体特征	性别	女=0；男=1	0.53	0.49	0	1
	年龄	实际调查值（岁）	46.52	12.91	15	90
	年龄平方	年龄的平方/100	23.31	11.89	2.25	81
	受教育年限	实际调查组（年）	7.41	3.76	0	21
	婚姻状况	未婚=0；已婚=1	0.88	0.32	0	1
	是否参加技能培训	否=0；是=1	0.07	0.25	0	1
家庭特征	经营耕地面积	实际调查值（亩）	8.30	49.82	0	3000
	家庭人口规模	实际调查值（人）	4.36	2.01	1	19
	非农就业比例	家中从事非农工作人数占比（%）	0.49	0.34	0	1
	家庭是否有党员	否=0；是=1	0.15	0.36	0	1
	家庭抚养比	家中16岁以上及65岁以下人数占比（%）	0.79	0.21	0	1
村庄特征	村人均收入	实际调查值（元）	1111.66	5310.26	0	360000
	村内有无非农经济	否=0；是=1	0.28	0.45	0	1

续表

变量类别	变量名称	变量定义及赋值	均值	标准差	最小值	最大值
村庄特征	村交通情况	村所在地到最近县/区距离（千米）	29.91	47.83	0	500
	村内有无农信社	否=0；是=1	0.21	0.41	0	1
	村庄地貌	平原=1；丘陵=2；山地=3	1.73	0.83	1	3

（二）实证研究设计

（1）农户收入决定方程。为度量职业分层对农户家庭收入的影响，依据 Morduch 和 Sicular（2000）的农户收入决定模型，本书定义农户收入方程如下：

$$YK_{it} = \delta T_i + f(CS_{it}) + \varepsilon \quad (6-1)$$

式中：YK_{it} 为农户家庭 i 在 t 年不同收入类型的收入状况，K 取值为 1、2、3、4、5 时，分别代表农户家庭总收入、农业生产收入、家庭经营性收入、资产性收入、工资性收入情况；CS_{it} 为农户在非农就业市场的职业分层；T_i 为影响农户家庭收入水平的控制变量向量；ε 为随即扰动项。

鉴于农户职业分层可能受到个体能力、性格特征和市场环境等不可观测因素影响，其中某些因素又与农户家庭收入状况相关，导致上述模型中的关键变量 T_i 与扰动项 ε 相关，从而产生由"自选择"问题导致的估计偏误。在处理"自选择"问题的诸多方法中，倾向得分匹配法（PSM）由于对函数形式假定、参数约束、误差项分布和解释变量外生性等无严格要求[1]，因而相比 Heckman 两阶段模型或工具变量法更具优势[2]。然而，本书研究的关键自变量职业分层是一个连续型变量，传统的倾向得分匹配法（PSM）只能检验二值型虚拟变量的平均处理效应，不能识别非农就业职业层次水平的差异引起的农户家庭福利变化。鉴于此，本书采用 Hirano 和 Imbens 提出的广义倾向得分匹配模型（GPSM）

---

[1] Navarro-Lozano H. S., "Using Matching, Instrumental Variables, and Control Functions to Estimate Economic Choice Models", *Review of Economics & Statistics*, 2004.

[2] 陈飞、翟伟娟：《农户行为视角下农地流转诱因及其福利效应研究》，《经济研究》2015 年第 10 期。

来进行"反事实"分析,估计不同职业分层水平下农户家庭收入的动态变化。

(2)广义倾向得分匹配法。广义倾向得分匹配法是对倾向得分匹配法的拓展,能够分析不同处理强度下潜在结果的差异。其基本原理是对一组随机样本($i=1, 2\cdots, N$),假定个体i对于处理变量t的不同取值($t \in D$)存在一组对应的潜在产出水平$Y_i(t)$,称为个体的"剂量反应"函数(Unit-level Dose-response Function);"平均剂量反应"函数(Average Dose-response Function)表示为$\mu(t)=E[Y_i(t)]$;自变量取值不同所对应的函数值差异,可以解释为处理变量强度变化所带来的因果效应。广义倾向得分匹配需要满足条件独立性假设:

$$Y_i(t) \perp T \mid X, \quad \forall t \in D \tag{6-2}$$

式(6-2)在控制协变量X后,能够有效剔除处理变量的选择偏误及由此产生的内生性问题。协变量X的选择要求,需要对处理变量t和结果变量Y均产生影响。根据协变量X估算出处理强度的广义倾向得分R,需要给出处理变量的条件概率密度r(Hirano和Imbens,2004):

$$r(t, x)=f_{T \mid X}(t \mid x), \quad R=r(T, X) \tag{6-3}$$

GPSM的匹配效果还取决于平衡性假设(Balancing Property)是否成立,即控制处理变量条件概率密度r一致时,事件$\{T=t\}$与协变量X独立。满足平衡条件,即可保障在倾向得分R一致时,处理强度与潜在的估计结果独立,克服可观测变量的选择性偏误。

参照Hirano和Imbens(2004)的方法,本书对GPSM的估计分为以下三步。

第一步,根据协变量估计处理变量的条件概率密度分布,在处理变量符合正态分布前提下估算其条件分布$g(T_i)$:

$$g(T_i) \mid X_i \sim N(h(\gamma X_i), \sigma^2) \tag{6-4}$$

式中:$h(\gamma X_i)$为协变量X的线性函数;γ、σ^2为待估参数,可通过最大似然法估计得到。根据式(6-4)估计出第i个观测样本的概率密度,即广义倾向得分(GPS):

$$\hat{R}=\frac{1}{\sqrt{2\pi\hat{\sigma}^2}}\exp\left\{-\frac{1}{2\hat{\sigma}^2}[g(T_i)-h(\hat{\gamma}X_i)]\right\} \tag{6-5}$$

第二步,使用处理强T和式(6-5)估计出的广义倾向得分$\hat{R}$构造模型，计算结果变量 Y_i 的条件期望（农户收入水平）。这里采用二次方程进行估计，方程如下：

$$E(Y_i \mid T_i, \hat{R}_i) = \alpha_0 + \alpha_1 T_i + \alpha_2 T_i^2 + \alpha_3 \hat{R}_i + \alpha_4 \hat{R}_i^2 + \alpha_5 \hat{T_i R_i} \tag{6-6}$$

其中，加入平方项和交互项的作用是控制内生性和样本选择偏误。使用普通最小二乘法（OLS）进行估计，所得待估计参数不具有任何实际意义。

第三步，在式（6-6）的基础上，将处理强度值 T 替换为处理变量 t，将得分值 R 替换为得分值估计函数 $r(t, X)$，可以得到"平均剂量反应"函数 $\mu(t)$ 和处理变量（Treatment Effect, TE）的估计结果：

$$\mu(t) = \frac{1}{N} \sum_{i=1}^{N} [\hat{\alpha}_0 + \hat{\alpha}_1 t + \hat{\alpha}_2 t^2 + \hat{\alpha}_3 \hat{r}(t, X_i) + \hat{\alpha}_4 \hat{r}(t, X_i)^2 + \hat{\alpha}_5 t \cdot \hat{r}(t, X_i)]$$

$$\tag{6-7}$$

$$TE(t) = \mu(t) - \mu(0) \tag{6-8}$$

式中：N 为样本观测值。根据式（6-7），将处理变量的取值范围 $\overline{T} = [t_0, t_1]$ 划分为 m 个子区间 $\overline{T}_i (m = 1, 2, \cdots, m)$，从而在每个子区间都能够分别估计职业分层对农户家庭收入水平的因果效应。如果将不同取值范围下的因果效应用线连接起来，则可得到整个 $\overline{T}[t_0, t_1]$ 区间内职业分层与农户家庭收入水平的函数关系图。

二 模型测算效果检验

（1）职业分层的条件分布模型。在使用广义倾向得分匹配法（GPSM）时，处理变量 t 必须满足正态分布这一条件。通过对职业阶层分布的偏度和峰度进行联合检验，发现服从正态分布的原假设被拒绝。因此，本书对处理变量（职业分层）做了 Box-Cox 变换处理，使 KS 检验结果显示处理变量符合正态分布假设。随后，利用前文给出的控制变量作为自变量，处理变量作为因变量估计职业分层的条件密度函数，从表 6-2 中各变量系数的显著性可以看出，本书所选协变量能够较好地解释处理变量。根据 Hirano 和 Imbens[1] 的研究，变量回归系数不具有

---

[1] 《不稳定就业与农民工市民化悖论：基于劳动过程的视角》，社会学研究网站，2022 年 3 月 12 日，http://sociologyol.ruc.edu.cn/shxyj/fzshx/jjshx/2a134e40c8c445419a2578fd62155331.htm。

实际意义,故此处不做详细解释。

表 6-2　　　　　　　　　协变量的描述性统计

变量	系数	标准误	Z 统计量	P 值
性别	0.0864	0.0053	16.27	0.000
年龄	0.0122	0.0013	-9.00	0.000
受教育年限	0.0178	0.0008	21.96	0.000
婚姻状况	-0.0203	0.0092	-2.19	0.028
是否参加技能培训	0.1801	0.0116	15.51	0.000
经营耕地面积	-0.0003	0.0001	-6.22	0.000
家庭人口规模	0.0003	0.0014	-0.19	0.848
非农就业比例	0.3863	0.0079	48.97	0.000
家庭是否有党员	0.0454	0.0072	6.35	0.000
家庭抚养比	-0.0400	0.0136	-2.93	0.003
村人均收入	0.0054	0.0006	9.69	0.000
村内有无非农经济	0.1215	0.0058	20.70	0.000
村交通情况	-0.0001	0.0000	-2.56	0.011
村内有无农信社	0.0563	0.0079	7.11	0.000
村庄地貌	-0.0251	0.0031	-8.08	0.111

(2) 匹配平衡性检验。在估计职业分层的条件密度函数的基础上,根据所得到的广义倾向得分 (GPS) 对样本进行匹配。为了保证广义倾向得分 (GPS) 的估计有效,我们需要检验预处理协变量是否满足平衡条件检验。平衡条件的检验除了要求选择合适的协变量外,还要求对样本进行合适的匹配分组和分段。由于处理变量职业分层在 [9.5, 100] 区间内非常偏向 9.5 值一端,本书尝试在处理强度取值较小的一侧细分,在取值较大的一侧粗分,选取 19.84、39.08 和 59.85 作为临界值,将农户样本按照职业阶层分布区分为 4 组。表 6-3 中列 (2) 是未经广义倾向得分 (GPS) 调整时非农就业户与农户在主要协变量上的统计差别,可以看到,所有协变量的统计差异均在 1% 的水平下显著。列 (3) 至列 (6) 分别报告了每个处理强度分组中,在经广义倾向得分 (GPS) 选配出参照对象后,任意一组某个协变量的均值与其他 3 组合

并后该协变量的 t 统计量。统计结果显示，除列（4）中非农就业比例变量和列（6）受教育年限变量外，其余4组中的所有协变量在匹配后均无显著区别，这说明本书选择的匹配变量及匹配方法合适，匹配的估计效果有效。

表6-3　　　广义倾向得分匹配（GPSM）的平衡条件检验

变量	未经调整	处理变量的区间分割			
		[9.5, 19.84]	[20.42, 39.08]	[40.11, 59.84]	[60.74, 100]
性别	0.5373***	0.0496	−0.0775	0.0128	−0.0566
年龄	6.5195***	−1.8532	1.3086	0.9707	1.5218
受教育年限	7.3969***	0.3717	0.1028	1.6258	3.0315**
婚姻状况	0.8860***	0.0129	0.0098	0.0035	0.0254
是否参加技能培训	0.0648***	0.0061	0.2514	0.0475	0.0602
经营耕地面积	8.1840***	3.6397	2.9937	0.8973	1.8854
家庭人口规模	4.3427***	0.1302	−0.0254	0.2348	0.0667
非农就业比例	0.4864***	0.0345	0.0414*	0.4422	−0.0029
家庭是否有党员	0.1539***	0.0126	0.0397	0.1539	−0.1771
家庭抚养比	0.7875***	0.0049	0.0018	−0.0091	−0.0396
村人均收入	1064.75***	273.05	−332.05	59.589	501.44
村内有无非农经济	0.2725***	0.0338	−0.0362	0.0291	0.0531
村交通情况	29.7727***	2.0213	3.2236	1.7417	1.1345
村内有无农信社	0.2085***	0.0162	0.0093	0.0278	0.0550
村庄地貌	1.7334***	0.0168	0.0235	0.0401	−0.0913
样本量	18193				

注：*、**、***分别代表在10%、5%和1%的统计水平下显著。

三　实证检验与结果分析

（1）职业分层与农户家庭总收入。检验职业分层对农户家庭总收入水平的影响。利用广义倾向得分（GPS）和不同处理强度下的职业分层数据，可以估计出农户家庭总收入的条件期望方程，即式（6-6）。然后遍历［0，100］区间内所有处理强度值，并利用 Bootstrap 法（1000 次）计算这些因果效应的标准误，最后得出平均"剂量反应"函数，即图 6-1（a）。剂量反应函数主要描绘的是职业分层与农户家庭总收入水平之间的因果效应，也就是通常意义上职业分层对农户家庭总体收入的影响。同时，为了能够更清晰地反映职业分层对农户家庭总体收入影响的净效应，即相比于不同职业分层水平的非农就业农户，未参与非农就业市场家庭的总体收入情况有何差别，本书还汇报了处理效应函数，即图 6-1（b）。剂量反应函数和处理效应函数中的上下曲线分别为这两个函数关系的上下 95% 置信区间。

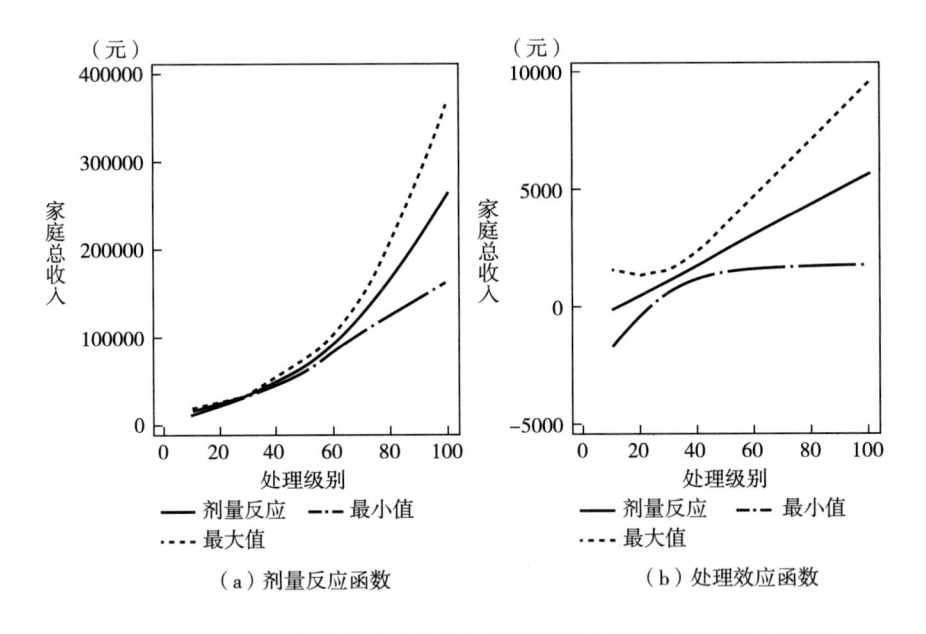

图 6-1　职业分层与农户家庭总收入的剂量反应函数和处理效应函数

从图 6-1（a）中可以看到，职业分层与农户家庭总收入水平之间呈现"曲线"因果关系，即随着劳动者职业层次的提高，其家庭总收入水平逐步上升，且上升的速度不断加快。由图 6-1（b）可知，职业分层对农户家庭总收入影响的边际效应具有明显的递增趋势，总体上看，非农就业对农户家庭收入的边际效应基本都为正,但低层次职业对农户收入的边际效应趋近零,因此,只有在职业层次达到一定水平时,非农就业选择对农户家庭收入的边际影响才会显著提高。为了进一步揭示职业分层在不同位置上对农户家庭收入水平的影响效应,表6-4汇报了职业分层在区间[10,100]上,步长$t'-t=10$处的农户家庭收入期望值和处理效应。结果显示,各区间内职业分层对农户家庭收入的因果效应系数均在1%的统计水平下显著,因果效应的取值范围在15974—266475,并且可以看出,随着职业层次的提高,农户收入水平的增长幅度持续扩大。从处理效应估计结果看,可以发现在0—10分位内的估计系数为负且不显著,这印证了理论分析中较低层次的劳动力转移可能对农户家庭总体收入产生不良影响的推断。在职业分层10—100分位的区间上,非农就业对农户家庭收入的促进效应才逐渐显现,且这种正向影响越来越大。

表6-4　非农就业在不同职业水平上对农户家庭总收入的影响效应

职业分层（区间）	因果效应系数		处理效应系数	
	估计系数	标准误	估计系数	标准误
10	15974.86***	533.62	-69.9062	239.40
20	25926.60***	1007.74	532.9470*	269.68
30	34315.38***	1585.71	1120.2000***	386.58
40	49924.98***	2460.04	1795.3300***	441.00
50	67813.68***	3433.01	2472.8400***	688.72
60	92638.29***	4351.69	3129.5500***	749.76
70	125719.60***	8731.93	3775.7200***	959.01
80	166033.20***	18224.43	4418.3700***	1236.79
90	213013.20***	31320.90	5059.9800***	1517.02
100	266475.28***	47495.03	5701.3480***	1798.06

注：*、**、***分别代表在10%、5%和1%的统计水平下显著。

(2)职业分层与农户家庭农业生产收入。检验职业分层对农户家庭农业生产收入的影响。依照剂量反应函数图[见图6-2(a)]可知，职业分层与农户家庭农业收入之间呈现出明显的倒"U"形曲线关系，即随着劳动者职业层次的提高，农户家庭农业收入存在"先上升，后下降"的趋势。曲线的拐点大概位于职业分层30%强度的位置。进一步地，通过计算不同职业分层水平下兼业户与不从事非农工作农户的农业收入差异，可以得到职业分层对家庭农业收入的处理效应函数图［见图6-2（b）］，可以发现，在农户职业层次水平较低时，农户非农就业选择对其家庭农业收入的边际效应作用方向为正且影响强度比较稳定，但当职业分层水平上升到某一临界值时，该边际效应开始快速下降并转变为负向作用。结合职业分层在不同区间对家庭农业收入的影响系数（见表6-5），在［10，50］的各个区间内，职业分层对家庭农业收入的因果效应显著为正，且估计系数呈现先上升后下降的趋势。从处理效应系数的结果看，劳动者非农就业层次提高对农户家庭农业收入的边际影响持续降低，并在到达某一临界值之后，其边际效应呈现负向显著，负向影响强度不断加大。这表明劳动者非农就业层次提高对农户家庭农业收入存在抑制作用，家庭非农就业质量的提高会削弱农户开展农业生产经营的积极性，从而降低家庭农业生产收入水平。

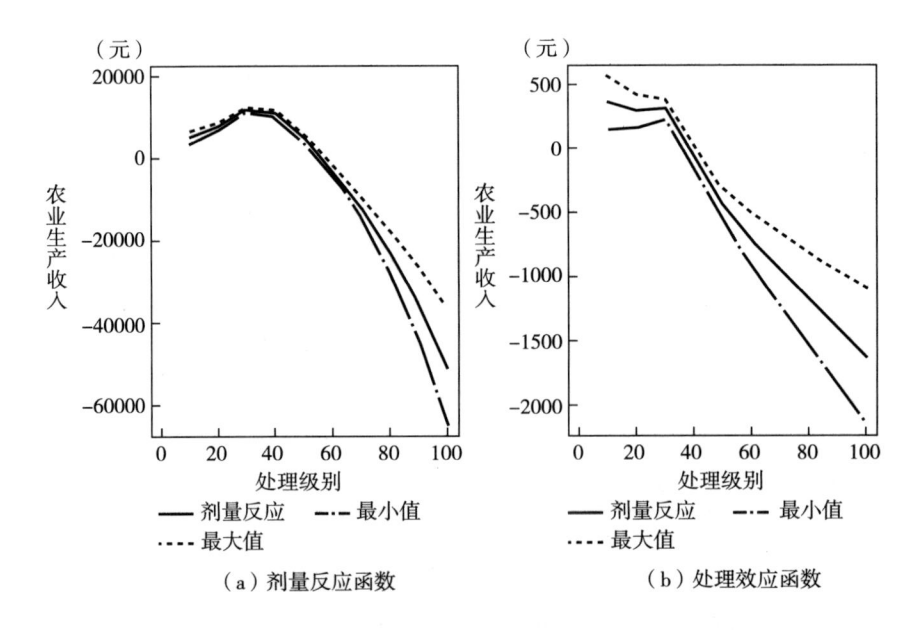

图6-2 职业分层与农户家庭农业收入的剂量反应函数和处理效应函数

表 6-5　非农就业在不同职业水平上对农户家庭农业生产收入的影响效应

职业分层（区间）	因果效应系数 估计系数	因果效应系数 标准误	处理效应系数 估计系数	处理效应系数 标准误
10	5105.41***	780.1260	355.7090***	94.841
20	7656.97***	469.8780	299.7960***	50.984
30	11876.54***	220.7640	310.7490***	45.479
40	11158.70***	329.0429	-55.1152***	38.908
50	4987.83***	411.7130	-431.1910***	61.108
60	-2967.66***	504.8030	-718.0780***	94.634
70	-12201.32***	1188.3700	-959.7950***	130.158
80	-23154.05***	2510.4700	-1186.3570***	166.445
90	-36125.45***	4282.3600	-1408.5350***	203.046
100	-51239.00***	6449.7700	-1629.5070***	239.774

注：*、**、***分别代表在10%、5%和1%的统计水平下显著。

（3）职业分层与农户家庭工资性收入。检验职业分层对农户家庭工资性收入的影响。图 6-3 中通过 GPSM 方法得到职业分层与农户家庭工资性收入水平之间的关系，图 6-3（a）所示为剂量反应函数图，可以发现，职业分层对家庭工资性收入的影响呈现曲线正向变化，但在曲线的前半部分，职业分层与农户家庭工资性收入的关系相对平缓，这表明，在此阶段就业层次提高对家庭工资性收入扩展的促进作用较弱。从图 6-3（b）所示的处理效应函数图可以发现，职业分层对家庭工资性收入的边际效应单调正向变化，即随着劳动者就业层次的提高，家庭收入的处理效应值会越来越大。结合职业分层在不同区间对家庭工资性收入的影响（见表6-6），期望值（因果关系）的估计系数在各个区间内均在1%的统计水平下显著为正，且工资性收入的增长幅度不断提高。从处理效应估计结果来看，在［0，20］区间内，职业分层对农户家庭工资性收入不存在显著影响，这可能是因为当劳动力从事非农就业的职业层次较低时,其工资性收入较低且不稳定,并且城市生活的日常开销更大,导致其工资收入所剩无几。在 [30, 100] 区间内,职业分层的系数从 910 逐渐增加达到 4208,且估计系数均显著为正,表明农户非农就业质量的提高能够促进家庭工资性收入水平提高,该结果与前文理论分析一致。

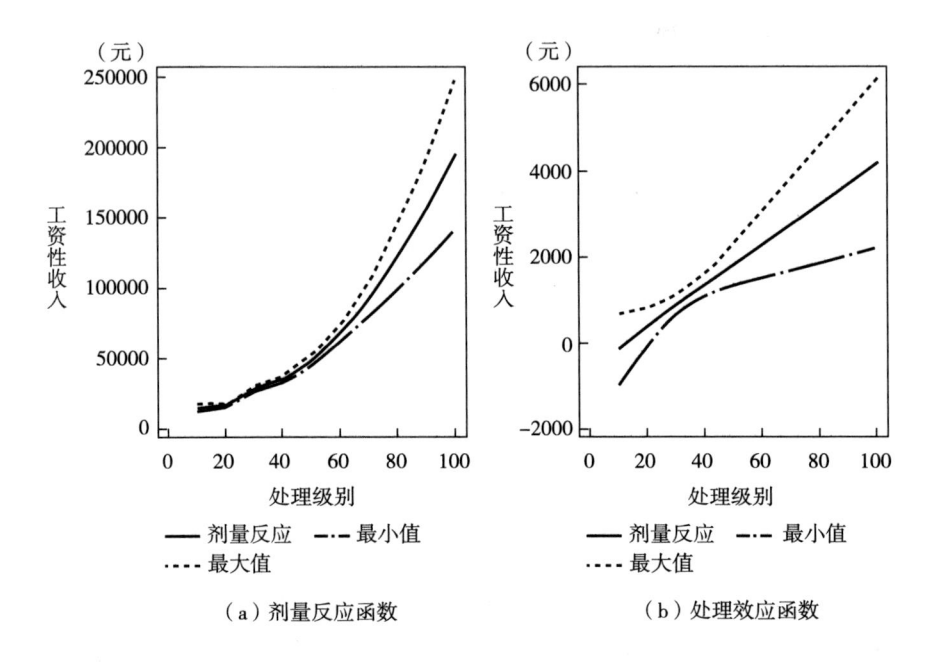

(a) 剂量反应函数

(b) 处理效应函数

图6-3 职业分层与农户家庭工资收入的剂量反应函数和处理效应函数

表6-6 非农就业在不同职业水平上对农户家庭工资性收入的影响效应

职业分层（区间）	因果效应系数		处理效应系数	
	估计系数	标准误	估计系数	标准误
10	15043.8600***	1475.1650	−134.3262	498.5968
20	16697.6900***	855.4423	381.2656	266.8059
30	28626.4300***	549.5492	910.2910***	104.6539

续表

职业分层（区间）	因果效应系数		处理效应系数	
	估计系数	标准误	估计系数	标准误
40	35329.4600***	1139.5870	1363.6020***	141.7346
50	48022.9500***	2462.4640	1814.8590***	275.4213
60	67594.3400***	2965.5550	2284.0390***	441.9685
70	92433.8600***	5500.1350	2762.2890***	619.9267
80	122179.8000***	11574.7200	3243.5940***	802.0061
90	156771.9000***	20055.9800	3725.7810***	985.4817
100	196196.1100***	30560.4670	4208.2030***	1169.4490

注：*、**、***分别代表在10%、5%和1%的统计水平下显著。

（4）职业分层与农户家庭资产性收入。检验职业分层对农户家庭资产性收入的影响。图6-4中展示的是通过GPSM估计方法得到的职业分层与农户家庭资产性收入之间的剂量反应函数［见图6-4（a）］和处理效应函数［见图6-4（b）］。从剂量反应函数图中可以看到，农户职业层次与家庭资产性收入水平之间呈曲线关系，即随着农户职业层次的提高，家庭资产性收入规模不断扩大。图6-4（b）所示的处理效应函数图也佐证了职业分层与农户家庭资产性收入的单调正向关系，非农就业选择对农户家庭资产性收入的净影响，随着职业层次的提高而越来越大。结合职业分层在不同区间下的统计表6-7可以发现，职业分层与农户家庭资产性收入之间的正向因果效应非常显著，除［10，20］区间外，其他区间内的因果效应系数均在1%或5%的统计水平下显著。进一步分析处理效应可以发现，职业分层在［0，20］区间内的处理效应并不显著，也就是说，只有当农户非农就业层次达到一定水平时，非农就业对农户家庭资产性收入的促进作用才会显现。究其根源，在于低层次职业群体的收入水平较低且工作稳定性差，难以为农户获取家庭资产性收入提供必要基础。

(a)剂量反应函数　　　　　(b)处理效应函数

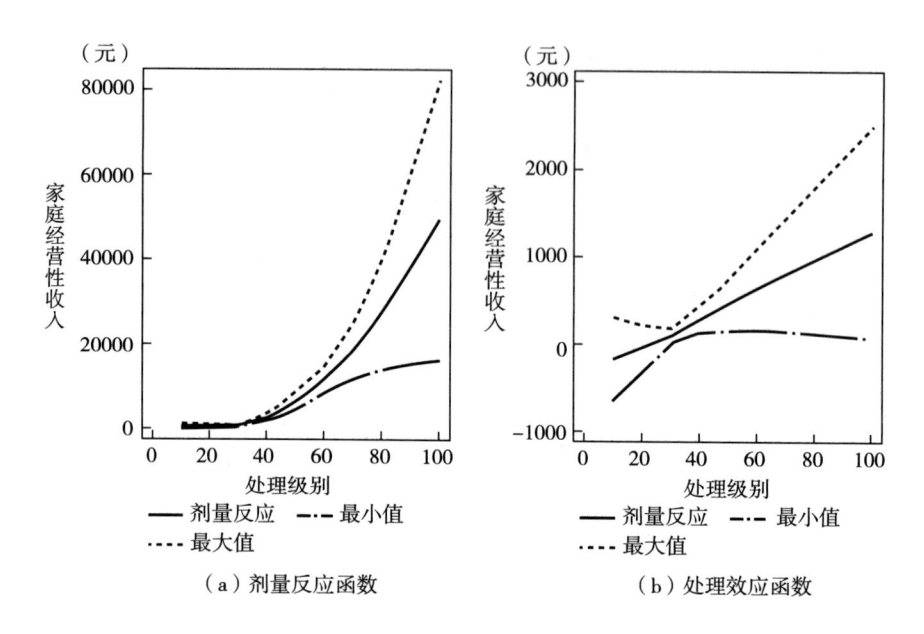

图 6-4　职业分层与农户家庭资产性收入的剂量反应函数和处理效应函数

表 6-7　非农就业在不同职业水平上对农户家庭资产性收入的影响效应

职业分层（区间）	因果效应系数 估计系数	因果效应系数 标准误	处理效应系数 估计系数	处理效应系数 标准误
10	595.6815**	253.1322	-178.1379	241.9885
20	384.5314	240.3819	-40.1457	129.7435
30	770.5851***	125.8791	88.0851**	44.5159
40	2655.6120***	436.9444	271.3254***	73.8164
50	6238.6340***	978.7524	456.0561***	151.0967
60	11555.2900***	1480.3170	627.7666***	239.5727
70	18581.7000***	3389.1470	792.8828**	332.0414
80	27251.7000***	6803.5560	955.7890**	425.9782
90	37544.1400***	11350.7800	1118.0500**	520.4240
100	49455.8700***	16910.3500	1280.1400**	615.0537

注：*、**、***分别代表在10%、5%和1%的统计水平下显著。

(5）职业分层与农户家庭经营性收入。检验职业分层对农户家庭经营性收入的影响。从图6-5（a）中可以看出，职业分层与农户家庭经营性收入水平之间呈现典型的倒"U"形关系，即在拐点之前，随着农户职业层次的提高，家庭经营性收入规模逐渐扩大，在拐点之后，随着职业层次的提高，农户家庭经营性收入规模有所缩小。从职业分层与农户家庭经营性收入的处理效应函数图来看，二者之间存在负向变化，即随着职业层次的提高，非农就业对农户家庭经营性收入的处理效应会越来越小，并且由正转负。结合表6-8可知，职业分层对农户家庭经营性收入具有正向显著影响，但值得注意的是，在处理强度超过0.7之后，职业分层对家庭经营性收入影响的统计显著性难以得到保障，这主要是由于高层次非农就业农户的样本较少，统计不具有显著性。进一步地，根据平均剂量反应函数计算得到处理效应函数，可以发现在［10，30］区间内，职业分层对农户家庭经营性收入具有正向显著影响；在［40，60］区间内，职业分层对农户家庭经营性收入的影响不显著；在［70，100］区间内，职业分层对农户家庭经营性收入具有负向显著影响。

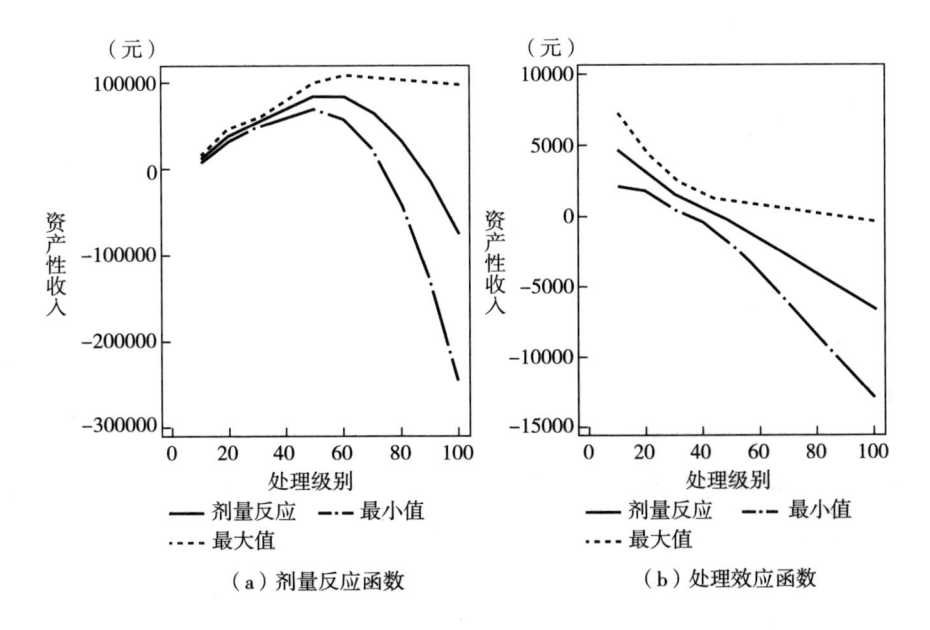

（a）剂量反应函数

（b）处理效应函数

图 6-5　职业分层与农户家庭经营性收入的剂量反应函数和处理效应函数

表 6-8　　非农就业在不同职业水平上对农户家庭经营性收入的影响效应

职业分层（区间）	因果效应系数		处理效应系数	
	估计系数	标准误	估计系数	标准误
10	11263.960***	2250.113	4628.465***	1329.169
20	39015.550***	3443.681	3086.796***	716.165
30	54190.030***	2604.420	1429.320**	552.678
40	70119.240***	5149.136	424.461	492.406
50	85055.030***	8339.781	-562.718	799.0159
60	83890.680***	12775.810	-1704.359	1255.187
70	65095.930***	21047.160	-2924.234*	1737.567
80	31450.220	37071.500	-4170.359*	2229.174
90	-15533.930	59807.840	-5424.074**	2724.589
100	-75319.570	88280.280	-6679.867**	3221.706

注：*、**、***分别代表在10%、5%和1%的统计水平下显著。

四　稳健性检验

鉴于广义倾向得分匹配估计未考虑不可观测因素的影响，可能导致隐藏性偏差及估计结果的不稳健，本书进一步采用工具变量法对前述估计结果进行稳健性检验。在工具变量的选取上，本书参照何安华和孔祥智使用的"留一法"（Leave-One-Out Strategy），即计算除该农户外的同村农户户均职业分层水平。选择这种方法的原因是，相关研究表明，中国农村社会关系是典型的差序格局，社会网络和同群效应对个人或家庭就业选择具有重要作用[1]，因此农户的职业层次很可能受到村庄内其他农户职业结构的影响。但由于"除农户自身外同一村庄其他样本的平均职业层次"是一个村级变量，个体非农就业行为很难对其产生影

---

[1] 魏霄云、史清华：《同群效应对非农就业选择的影响——基于晋浙黔三省的分析》，《新疆农垦经济》2015年第10期。

响。从表6-9的估计结果来看，采用工具变量法得到的估计结果与前文广义倾向得分匹配法的估计结果基本一致，即职业分层显著正向影响农户家庭总收入、工资性收入、资产性收入和经营性收入，但农户家庭农业生产收入水平有所降低。上述结果表明，本章 GPSM 估计所得核心结论较为稳健。

表6-9　职业分层影响农户家庭收入的稳健性检验

变量	农户家庭总收入（1）	农业生产收入（2）	工资性收入（3）	资产性收入（4）	经营性收入（5）
职业分层	13772.800*** (3538.994)	-1574.539*** (541.867)	10535.410*** (2619.889)	4445.624*** (1326.257)	15703.300* (8106.114)
特征变量	控制	控制	控制	控制	控制
观测值	18193				

注：*、**、*** 分别代表在10%、5%和1%的统计水平下显著，括号内数值为标准误。

第三节　职业分层影响农户家庭多维福利的实证分析

一　研究设计

（一）变量选取及描述性统计

（1）因变量：农户多维福利。如前文第四章第五节所述，本研究参照阿玛蒂亚·森的可行能力理论对农户家庭多维福利进行测度，分别选取经济条件、居住环境、社会保障、健康状况和社会关系 5 个指标衡量农户家庭多维福利状况。其中，经济条件包括家庭人均收入、家庭人均消费家庭恩格尔系数 3 个二级指标；居住环境包括家庭房产价值对数、家居整洁度、家庭设施齐全度 3 个二级指标；社会保障包括养老保险、医疗保险 2 个二级指标；健康状况包括自评健康、心理健康和自评幸福 3 个二级指标；社会关系包括家庭关系、社会关系和社会信任 3 个二级指标。考虑到各指标的量纲与方向不同，本研究首先对各指标进行标准化处理，并采用熵值法计算各个细分指标的权重，该方法是一种客观赋值方法，能够避免赋值的主观性[①]。最后通过加权求和的方式得到农户各分维度和综合福利评价得分，从而为后续实证分析提供必要的数据支撑。

（2）核心自变量：职业分层。如前文第四章第三节所述，本书研究参考了张翼、侯慧丽[②]的职业分层划分方法，在测度各职业声望评分的基础上，进一步测算每种职业的平均受教育年限，并将"职业声望"与"平均受教育年限"相乘，以此得到职业分层指数，用来判断农户从事的某种具体职业在社会结构中所处的位置。为了验证利用上述指标测量农户职业分层的稳健性，本书还采用了 Blua 和 Duncan 与李春玲提出的社会经济地位回归方程，测算从事不同职业农户样本的社会经济地位指数。

（3）控制变量：借鉴已有研究，本书引入受访者性别、年龄、年龄平方、受教育年限、婚姻状况、是否参加技能培训反映农户个体特征；选取经营耕地面积、家庭人口规模、非农就业比例、家庭是否有党员、家庭有无金融资产反映受访者家庭特征；选取村人均收入、村内有无非农经济、村交通情况、村年财政收入、村庄地貌反映受访者所处村庄特征。上述各变量的定义、赋值及描述性统计如表 6-10 所示。

表 6-10 变量定义、赋值及描述性统计

变量类别	变量名称	变量定义及赋值	均值	标准差	最小值	最大值
农户家庭多维福利	家庭综合福利	根据熵值法测算	0.5099	0.1999	0.0474	0.9948
	家庭经济福利	根据熵值法测算	0.4141	0.2810	0	1
	家庭社会保障福利	根据熵值法测算	0.6363	0.4274	0	1
	家庭居住环境福利	根据熵值法测算	0.7123	0.1411	0.0496	1
	家庭健康福利	根据熵值法测算	0.6660	0.1577	0	1
	家庭社会关系福利	根据熵值法测算	0.4149	0.2891	0.0048	1

---

① 罗永明、陈秋红：《家庭生命周期、收入质量与农村家庭消费结构——基于子女异质视角下的家庭生命周期模型》，《中国农村经济》2020 年第 8 期。

② 张翼、侯慧丽：《中国各阶层人口的数量及阶层结构——利用 2000 年第五次全国人口普查所做的估计》，《中国人口科学》2004 年第 6 期。

续表

变量类别	变量名称	变量定义及赋值	均值	标准差	最小值	最大值
核心变量	职业分层	对职业分层指数进行标准化	31.4800	10.1900	9.5000	100
个体特征	性别	女=0；男=1	0.5300	0.4900	0	1
	年龄	实际调查值（岁）	46.5200	12.9100	15	90
	年龄平方	年龄的平方/100	23.3100	11.8900	2.2500	81
	受教育年限	实际调查组（年）	7.4100	3.7600	0	21
	婚姻状况	未婚=0；已婚=1	0.8800	0.3200	0	1
	是否参加技能培训	否=0；是=1	0.0700	0.2500	0	1
家庭特征	经营耕地面积	实际调查值（亩）	8.3000	49.8200	0	3000
	家庭人口规模	实际调查值（人）	4.3600	2.0100	1	19
	非农就业比例	家中从事非农工作人数占比（%）	0.4900	0.3400	0	1
	家庭有无党员	否=0；是=1	0.1500	0.3600	0	1
	家庭有无金融资产	无=0；有=1	0.0200	0.1200	0	1
村庄特征	村人均收入	实际调查值（元）	1111.6600	5310.2600	0	360000
	村内有无非农经济	否=0；是=1	0.2800	0.4500	0	1
	村交通情况	村所在地到最近县/区距离（千米）	29.9100	47.8300	0	500
	村年财政收入	村年财政收入（万元）	0.2100	0.4100	0	1032.75
	村庄地貌	平原=1；丘陵=2；山地=3	1.7300	0.8300	1	3

（二）实证研究设计

农户多维福利方程。借鉴袁方和史清华[①]建立的农户福利模型，为测度职业分层对农户家庭多维福利的影响效应，本书定义农户多维福利方程如下：

$$YK_{it} = \delta T_{it} + f(Z_{it}) + \varepsilon \qquad (6-9)$$

[①] 袁方、史清华：《不平等之再检验：可行能力和收入不平等与农民工福利》，《管理世界》2013年第10期。

式中：因变量 YK_{it} 为农户家庭 i 在 t 年的多维福利状况，K 取值为 1、2、3、4、5、6 时，分别反映农户家庭综合福利、经济条件、居住环境、社会保障、健康状况和社会关系状况；T_i 为农户在劳动力市场中所从事具体工作的职业分层；Z_i 为影响农户家庭多维福利的控制变量向量；ε 为随即扰动项。

考虑到职业分层与农户经济条件、居住环境和社会保障等多维福利之间潜在的双向因果关系，以及样本选择性偏误问题，本书选择广义倾向得分匹配法（GPSM）对样本进行估计。该方法是对传统倾向得分匹配的拓展，其不仅能够有效解决内生性问题，而且不需要对连续型处理变量进行离散化处理，从而能够更为充分地利用样本信息，有利于捕捉不同处理强度下核心自变量对因变量影响的差异性。实现广义倾向得分匹配估计的步骤如下。

首先，在满足正态分布假定的条件下，采用极大似然法对处理变量职业分层的条件分布进行估计，并根据估计结果计算样本农户的广义倾向得分 $\hat{R}$。

其次，将结果变量 Y_i 的条件期望设为处理变量 T_i 和广义倾向得分估计值 $\hat{R}$ 的函数，这里采用二次方程估计如下：

$$E(Y_i \mid T_i, \hat{R}_i) = \alpha_0 + \alpha_1 T_i + \alpha_2 T_i^2 + \alpha_3 \hat{R}_i + \alpha_4 \hat{R}_i^2 + \alpha_5 \hat{T}_i R_i \qquad (6-10)$$

最后，根据式（6-10）的估计结果，可以得到"平均剂量反应"函数 $\mu(t)$ 和处理变量（Treatment Effect，TE）的估计结果：

$$\mu(t) = \frac{1}{N} \sum_{i=1}^{N} [\hat{\alpha}_0 + \hat{\alpha}_1 t + \hat{\alpha}_2 t^2 + \hat{\alpha}_3 \hat{r}(t, X_i) + \hat{\alpha}_4 \hat{r}(t, X_i)^2 + \hat{\alpha}_5 t \cdot \hat{r}(t, X_i)]$$

$$(6-11)$$

$$TE(t) = \mu(t) - \mu(0) \qquad (6-12)$$

二 模型测算效果检验

（1）职业分层的条件分布模型。同倾向得分匹配法（PSM）一样，广义倾向得分匹配法（GPSM）也需要满足条件独立性假设，这就要求估计职业分层的条件密度函数，即处理变量广义倾向得分（GPS）。利用前文给出的匹配变量，本书使用非线性方程估计职业分层的广义倾向得分。估计结果如表 6-11 所示，可以发现，绝大多数匹配变量都对农户职业分层有显著影响，说明通过控制广义倾向得分（GPS）可以剔除样本自选择带来的估计偏误。参照 Hirano 和 Imbens（2004）的研究，变量回归系数不具有实际意义，故此处不做详细解释。

表 6-11　　　　　　　　　　协变量的描述性统计

变量	系数	标准误	Z 统计量	P 值
性别	0.0230	0.0073	3.12	0.002
年龄	0.0005	0.0020	0.24	0.807
受教育年限	0.0224	0.0012	17.63	0.000
婚姻状况	-0.0128	0.0026	-4.92	0.000
是否参加技能培训	0.0916	0.0119	7.66	0.000
经营耕地面积	0.0004	0.0002	1.85	0.065
家庭人口规模	-0.0097	0.0018	-5.38	0.000
非农就业比例	0.0085	0.0122	0.70	0.485
家庭是否有党员	0.0701	0.0095	7.36	0.000
家庭有无金融产品	0.0154	0.0025	6.16	0.000
村人均收入	0.0067	0.0011	6.09	0.000
村内有无非农经济	0.1215	0.0058	20.70	0.000
村交通情况	0.0076	0.0021	3.16	0.002
村年财政收入	0.0087	0.0017	5.12	0.000
村庄地貌	0.0143	0.0047	3.03	0.002

（2）匹配平衡性检验。为了保证广义倾向得分（GPS）估计的有效性，需要进一步检验经过广义倾向得分调整后的匹配变量能否通过平衡性检验，为此，本书研究根据处理变量的分布密度，将处理变量分为[9.5, 19.84]、[20.42, 39.08]、[40.11, 59.84]、[60.74, 100] 四个区间，由表 6-12 可以看出，在农户样本未经 GPS 调整之前，各个匹配变量的均值存在非常显著的差异，并且统计显著性都在 1% 的水平上。但在样本经过 GPS 调整之后，均值差异变得不再显著，这说明本书使用的广义倾向得分匹配方法较好地满足了平衡性假定，本书选择的匹配变量和估计结果有效。

表 6-12　广义倾向得分匹配（GPSM）的平衡条件检验

变量	未经调整	处理变量的区间分割			
		[9.5, 19.84]	[20.42, 39.08]	[40.11, 59.84]	[60.74, 100]
性别	0.5373***	0.0330	−0.0437	0.0423	0.0307
年龄	6.5195***	−0.4949	0.3103	0.0811	0.0158
受教育年限	7.3968***	0.0694	0.1563	0.1505	0.4865
婚姻状况	0.8860***	−0.0031	0.0005	0.0013	0.0089
是否参加技能培训	0.0648***	−0.0139	0.0121	0.0002	0.0016
经营耕地面积	8.1840***	0.3638	−0.1542	−0.1261	0.0686
家庭人口规模	4.3426***	0.0009	0.0256	−0.0658	−0.0309
非农就业比例	0.4864***	−0.0004	0.0041	0.0071	0.0101
家庭是否有党员	0.1539***	−0.0095	0.0160	−0.0140	0.0019
家庭有无金融产品	0.0130***	0.0004	0.0002	0.0008	−0.0022
村人均收入	1065.0000***	102.4200	−139.2200	121.1000	289.7500
村内有无非农经济	0.2725***	−0.0068	−0.0003	0.0128	0.0169
村交通情况	29.7727***	−1.6787	0.7310	0.0238	−0.0528
村年财政收入	20198.3100***	5769.4000	725.8600	1124.1000	2430.4000
村庄地貌	1.7335***	0.0402	0.0301	0.0152	0.0219

注：*、**、*** 分别代表在10%、5%和1%的统计水平下显著。

三　实证检验与结果分析

（1）职业分层与农户家庭综合福利。检验职业分层对农户家庭综合福利的影响。图 6-6 是根据式（6-10）和式（6-11）估计的职业分层影响农户家庭综合福利的剂量反应函数和处理效应函数。从图 6-6（a）的剂量反应函数可以看出，职业分层与农户家庭综合福利之间呈现曲线型因果关系，即在劳动力非农转移的职业层次较低时，其家庭综合福利水平基本保持不变，当劳动者的职业层次达到较高水平时，农户家庭的综合福利状况才能得到较大幅度的改善。从图 6-6（b）所示的处理效应函数中也能得到相似的结论，总体来看，农户家庭综合福利的处理效应函数呈现单调递增的趋势，但在职业层次较低时，职业分层对农户家庭多维福利的边际效应为负，只有在处理变量强度超过某一临界值以后，非农就业对农户家庭综合福利的促进作用才会逐渐显现。表6-13列出了各子区间内职业分层对农户综合福利状况的影响系数和显著性水平，可以发现，各区间的因果效应系数均在1%的统计水平下显著，其中，在［10，50］区间内因果效应系数值具有波动提高的特点；在［60，100］区间内该系数值具有持续增加的特点。从处理效应估计值看，在［10，20］区间内，非农就业对农户家庭综合福利的净影响负向显著；在［30，100］区间内，非农就业对农户家庭综合福利的净影响的估计系数正向显著，且系数值持续增加。上述结果表明，农业劳动力低层次非农转移对农户家庭综合福利存在抑制作用，只有当就业质量达到一定水平时，非农就业才能全面改善农户家庭多维福利状况，这与前文理论分析的结论相符。

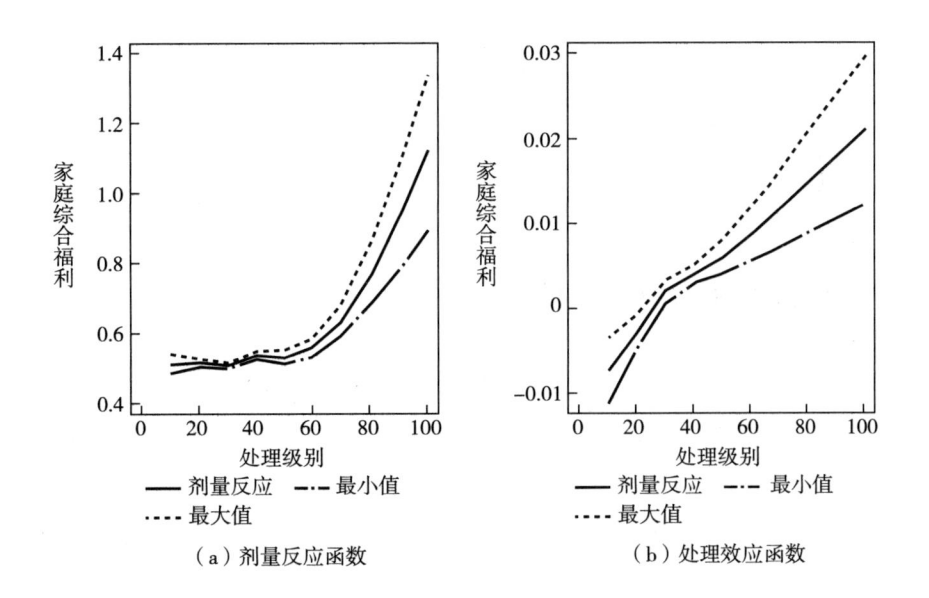

（a）剂量反应函数　　　　　（b）处理效应函数

图6-6　职业分层与农户家庭综合福利的剂量反应函数和处理效应函数

表 6-13　非农就业在不同职业水平上对农户家庭综合福利的影响效应

职业分层（区间）	因果效应系数		处理效应系数	
	估计系数	标准误	估计系数	标准误
10	0.5128***	0.1294	−0.0072***	0.0019
20	0.5157***	0.0058	−0.0029***	0.0010
30	0.5069***	0.0036	0.0020***	0.0006
40	0.5388***	0.0055	0.0040***	0.0006
50	0.5321***	0.0104	0.0059***	0.0010
60	0.5589***	0.0136	0.0086***	0.0016
70	0.6399***	0.0216	0.0116***	0.0023
80	0.7636***	0.0430	0.0147***	0.0030
90	0.9225***	0.0743	0.0178***	0.0037
100	1.1137***	0.1135	0.0209***	0.0044

注：*、**、***分别代表在10%、5%和1%的统计水平下显著。

（2）职业分层与农户家庭经济福利。检验职业分层对农户家庭经济福利的影响。现有研究表明，在调查过程中，被调查者出于特定目的通常会低报或瞒报自身的实际收入情况，造成居民收入指标难以客观反映农户经济状况，而家庭人均消费和家庭恩格尔系数等指标具有较高的可信度[1]。因此，本章根据家庭人均收入、家庭人均消费和家庭恩格尔系数三个指标测算出的拟合值，进一步分析职业分层对农户家庭经济福利的影响。从图 6-7 中可以看出，职业分层与农户家庭经济福利之间并非呈简单的线性关系，具体而言，当职业分层指标低于 60 时，劳动力非农就业对家庭经济福利的影响比较平稳，随着职业分层指数超过 60，农户家庭经济福利状况会随着职业层次的提高而明显得到改善。从

---

[1] 汪险生等：《土地征收对农户就业及福利的影响——基于 CHIP 数据的实证分析》，《公共管理学报》2019 年第 1 期。

处理效应函数图看，在［10，30］区间内，职业分层对农户经济福利的边际影响基本为负，随着职业层次的提高，职业分层对农户家庭经济福利的正向影响逐渐加强。结合表 6-14 可知，职业分层与农户家庭经济福利的因果关系在各个区间内的系数均显著为正，但在［10，60］区间内，职业分层对农户家庭福利的影响系数并没有明显增加；从处理效应系数角度来看，在［10，20］区间内，职业分层对农户家庭福利存在负向的净影响，只有超过某一临界值时，职业分层对农户家庭经济福利的正向边际效应才会显现并持续提高。产生上述结果的原因可能是，非农就业意味着农户需要承担城市生活较高的日常开支，并且由于家庭优质劳动力被投入非农部门，会促使家庭放弃农业生产，从而导致农户原本可以自给自足的农产品需要到市场上购买，因此造成低层次就业对农户家庭经济福利的改善效果不佳。

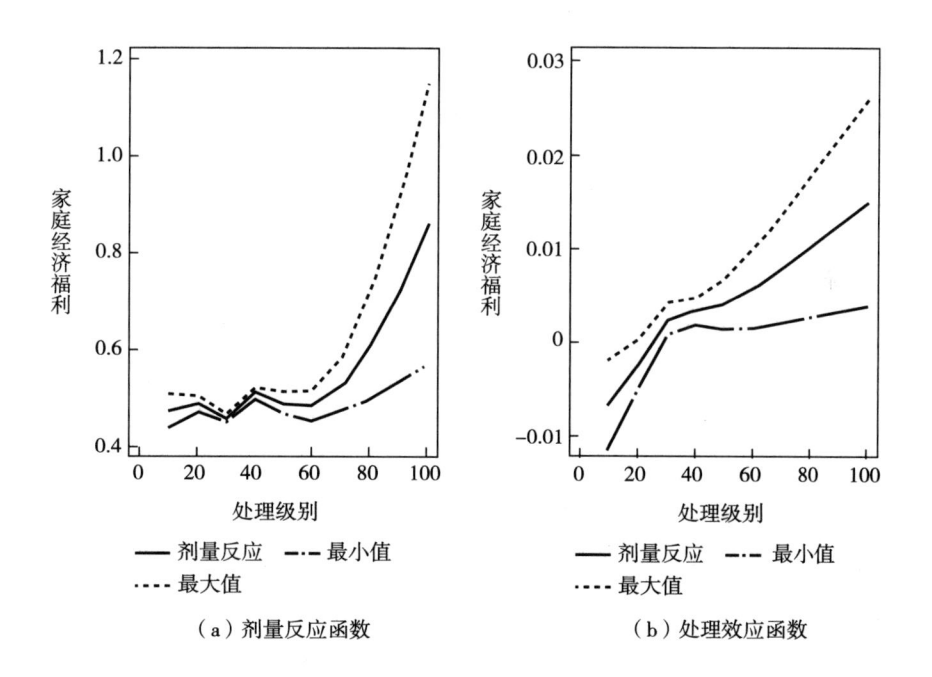

（a）剂量反应函数

（b）处理效应函数

图 6-7 职业分层与农户家庭经济福利的剂量反应函数和处理效应函数

表 6-14　非农就业在不同职业水平上对农户家庭经济福利的影响效应

职业分层（区间）	因果效应系数 估计系数	因果效应系数 标准误	处理效应系数 估计系数	处理效应系数 标准误
10	0.4740***	0.0176	−0.0062***	0.0023
20	0.4886***	0.0078	−0.0021	0.0013
30	0.4585***	0.0048	0.0027***	0.0008
40	0.5104***	0.0069	0.0035***	0.0007
50	0.4889***	0.0119	0.0042***	0.0013
60	0.4836***	0.0156	0.0059***	0.0021
70	0.5289***	0.0289	0.0080***	0.0029
80	0.6119***	0.0577	0.0103***	0.0038
90	0.7233***	0.0978	0.0126***	0.0047
100	0.8599***	0.1476	0.0150***	0.0055

注：*、**、***分别代表在10%、5%和1%的统计水平下显著。

（3）职业分层与农户家庭社会保障福利。检验职业分层对农户家庭社会保障福利的影响。限于农户家庭社会保障变量是一个多分类变量，不符合广义倾向得分匹配法对模型结果变量连续性的要求，本书将职业分层重新设置为虚拟变量，并采用倾向得分匹配法（PSM）估计职业分层对农户家庭社会保障福利的影响。为了确保倾向得分匹配法估计的效度，须进行共同支撑域假设检验和独立性检验。图6-8展示了以最近邻匹配为基础的检验结果。可以发现，处理组和控制组的倾向得分均有较大范围重叠，多数样本在共同取值范围内，表明匹配质量较高，满足共同支撑假设。如图6-8（b）所示，处理组和控制组之间的各协变量的整体标准偏差均在10%范围内，表明经过匹配后处理组与控制组在协变量上的差异得以消除。

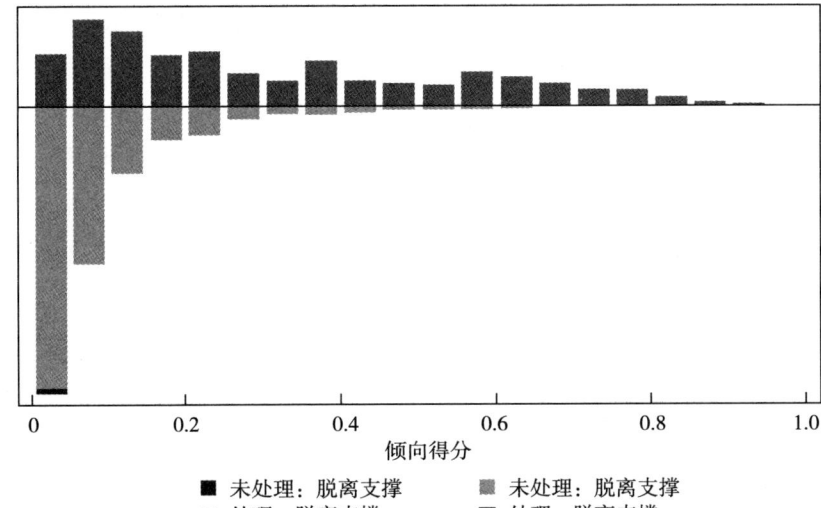

（a）共同支撑域

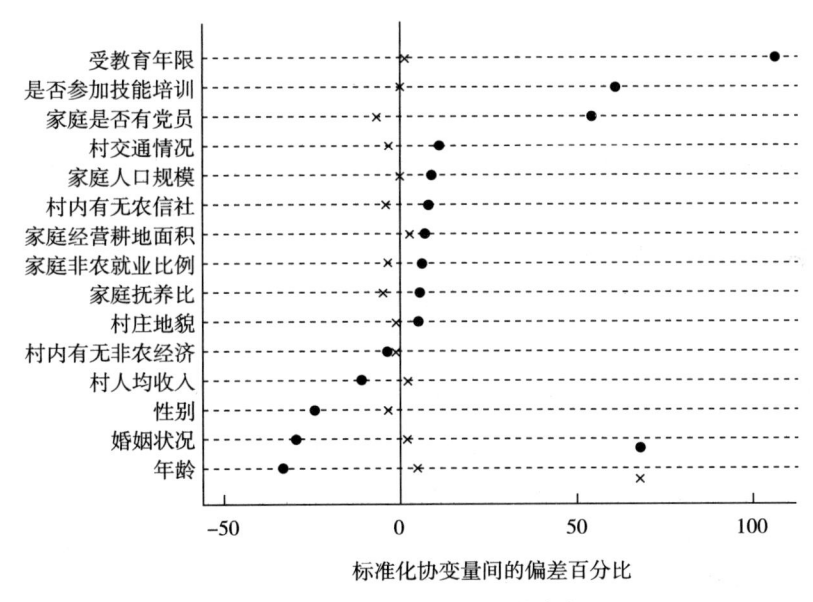

（b）独立性检验

图 6-8 共同支撑域和独立性检验

经倾向得分匹配的反事实估计后,职业分层显著正向影响农户家庭社会保障福利,影响的平均净效应为 0.1038,表明在解决样本的选择性偏差和有偏估计后,农户进入中高阶层劳动力市场会使家庭社会保障福利提高 10.38 个百分点。此外,表 6-15 列出了 3 种不同匹配方法的估计结果,综合来看,职业分层对农户家庭社会保障福利的影响均在 1% 的统计水平下正向显著。这表明本书倾向得分匹配方法的处理效应结果较为稳健。

表 6-15 职业分层影响农户家庭社会保障福利的倾向得分估计结果

匹配方法	最近邻匹配(n=3) (1)	半径匹配(r=0.03) (2)	核匹配(w=0.06) (3)	平均值 (4)
家庭社会保障福利	0.1037*** (0.0204)	0.1047*** (0.0194)	0.1030*** (0.0189)	0.1038 —

注:*、**、*** 分别代表在 10%、5% 和 1% 的统计水平下显著。

(4)职业分层与农户家庭居住环境福利。检验职业分层对农户家庭居住环境福利的影响。图 6-9 是通过倾向得分匹配法估计得到的职业分层与农户家庭居住环境福利之间的剂量反应函数[图 6-9(a)]和处理效应函数[图 6-9(b)]。从剂量反应函数图中可以发现,职业分层与农户家庭居住环境福利之间存在近似"U"形曲线关系,当农民工职业层次较低时,农户家庭居住环境福利随着职业分层的提高呈下降趋势;当职业分层超过某一门槛值之后,农户家庭居住环境福利水平才开始随着职业分层的上升而提高。从处理效应函数图显示,当职业分层处于较低水平时,非农就业选择对农户家庭居住环境福利存在负向边际效用,只有就业质量达到一定水平后,农户家庭居住环境福利才能从劳动力流动中获益。结合表 6-16 列出的不同区间对农户家庭居住环境福利的影响系数及显著性可知,职业分层与农户家庭居住福利在各区间内的因果效应均在 1% 的统计水平下正向显著,但在 [10,20] 区间内,该效应存在递减的趋势。从处理效应估计系数看,在 [10,30] 区间内,职业分层对农户家庭居住环境福利不存在显著影响,只有当职业分层得分达到 30 以上时,职业分层对农户家庭居住环境福利改善的促进效应才会逐渐显现。这与一些学者提出的审慎看待劳动力流动对促进乡村发展的观点相一致，一方面，大量青壮年农村劳动力进入城市寻找非农就业机会，可能会导致农村衰落或"空心村"的形成，进而负向影响农户家庭居住环境福利；另一方面，较低的薪酬水平和不稳定的就业环境迫使大部分农民工只能居住在集体宿舍或者临时搭建的工棚之中，居住条件简陋，不利于农户家庭居住环境的改善。

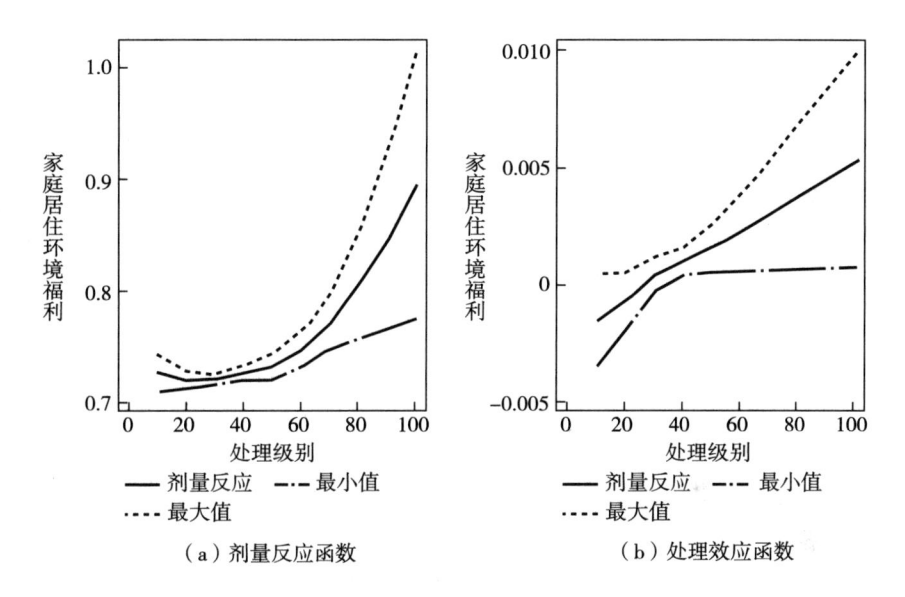

（a）剂量反应函数　　　　（b）处理效应函数

图 6-9　职业分层与农户家庭居住福利的剂量反应函数和处理效应函数

表 6-16　非农就业在不同职业水平上对农户家庭居住环境福利的影响效应

职业分层（区间）	因果效应系数		处理效应系数	
	估计系数	标准误	估计系数	标准误
10	0.7264***	0.0088	-0.0015	0.0010
20	0.7200***	0.0045	-0.0005	0.0005
30	0.7210***	0.0021	0.0005	0.0003

续表

职业分层（区间）	因果效应系数 估计系数	因果效应系数 标准误	处理效应系数 估计系数	处理效应系数 标准误
40	0.7266***	0.0033	0.0011***	0.0003
50	0.7325***	0.0058	0.0016***	0.0005
60	0.7468***	0.0075	0.0023***	0.0008
70	0.7712***	0.0125	0.0030**	0.0012
80	0.8045***	0.0241	0.0038**	0.0016
90	0.8458***	0.0406	0.0045**	0.0019
100	0.8948***	0.0612	0.0053**	0.0023

注：*、**、***分别代表在10%、5%和1%的统计水平下显著。

（5）职业分层与农户家庭健康福利。检验职业分层对农户家庭健康福利的影响。通过倾向得分匹配法估计得到的职业分层与农户家庭健康福利之间的剂量反应函数和处理效应函数如图6-10所示。依照剂量反应函数图可知，职业分层对农户家庭健康福祉具有正向影响，但这种正向促进作用的影响幅度较小。同时，处理效应函数图表明，职业分层对农户家庭健康福利的边际影响存在拐点，在拐点之前，随着职业分层的提高，非农就业对农户家庭健康福利的促进作用逐渐增强；在拐点之后，非农就业对农户家庭健康福利的促进作用减少。表6-17列出了各子区间职业分层对农户家庭健康福利的影响系数和显著性。可以发现，各区间内职业分层均在1%的统计显著性水平下正向显著影响农户家庭健康福利。从处理效应系数来看，处理强度在［10，20］区间内，非农就业选择对农户家庭成员健康状况的影响不显著；处理强度在［30，50］区间内，非农就业选择对农户家庭成员的健康影响正向显著，但净影响系数持续降低；处理强度在［60，100］区间内，非农就业选择对农户家庭成员健康的正向影响逐渐增强；但在［80，100］区间内，该正向影响不显著。

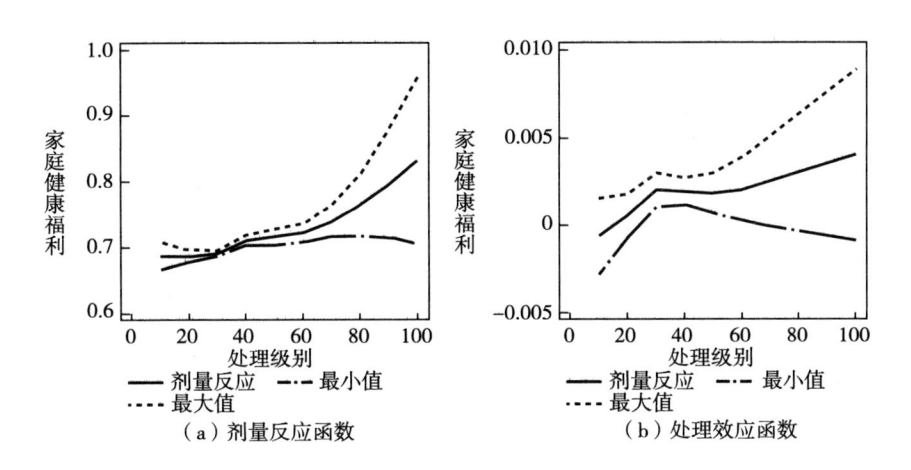

图 6-10 职业分层与农户家庭健康福利的剂量反应函数和处理效应函数

表 6-17　　非农就业在不同职业水平上对农户家庭健康
福利的影响效应

职业分层（区间）	因果效应系数		处理效应系数	
	估计系数	标准误	估计系数	标准误
10	0.6864***	0.0106	−0.0007	0.0011
20	0.6859***	0.0050	0.0004	0.0006
30	0.6896***	0.0018	0.0019***	0.0004
40	0.7101***	0.0038	0.0018***	0.0004
50	0.7145***	0.0060	0.0017***	0.0005
60	0.7216***	0.0073	0.0020**	0.0009
70	0.7387***	0.0119	0.0024*	0.0013
80	0.7637***	0.0243	0.0029*	0.0017
90	0.7949***	0.0422	0.0034	0.0021
100	0.8317***	0.0646	0.0039	0.0025

注：*、**、***分别代表在10%、5%和1%的统计水平下显著。

（6）职业分层与农户家庭社会关系福利。检验职业分层对农户家庭社会关系福利的影响。图6-11（a）是通过GPSM方法得到的职业分层和农户家庭社会关系的剂量反应函数图；图6-11（b）是通过计算不同职业分层水平下非农就业户与纯农户的社会关系福利水平差异处理效应函数图。由图6-11（a）可知，职业分层与农户家庭社会关系福利之间呈曲线关系，即随着劳动者职业层次的提高，农户家庭社会资本存量逐渐增加。职业分层与农户家庭社会关系福利的处理效应如图6-11（b）所示，随着劳动者职业层次的提高，职业分层对农户家庭社会关系的处理效应不断上升。结合表6-18可以看出，在各区间内，职业分层与农户家庭社会关系之间的因果效应均在1%的显著性水平下正向显著，且随着处理强度的提高，农户家庭社会关系资本积累更充分。从处理效应系数来看，随着农户非农就业质量的提高，非农就业选择对农户家庭社会资本积累的作用由负转正，并且正向促进作用不断提高。现有研究表明，劳动力流动后面临着原有社会关系的弱化和重新获得社会资本的挑战，低层次转移的劳动者由于自身文化水平不足等原因，其很难快速融入新的环境，从而不利于家庭社会关系福利的改善。这一估计结果与钱文荣、李宝值的研究结论相符，他们认为较高的就业质量能够强化农民工留城意愿，而随着留城时间的延长，农民工的人力资本会随之增加①。

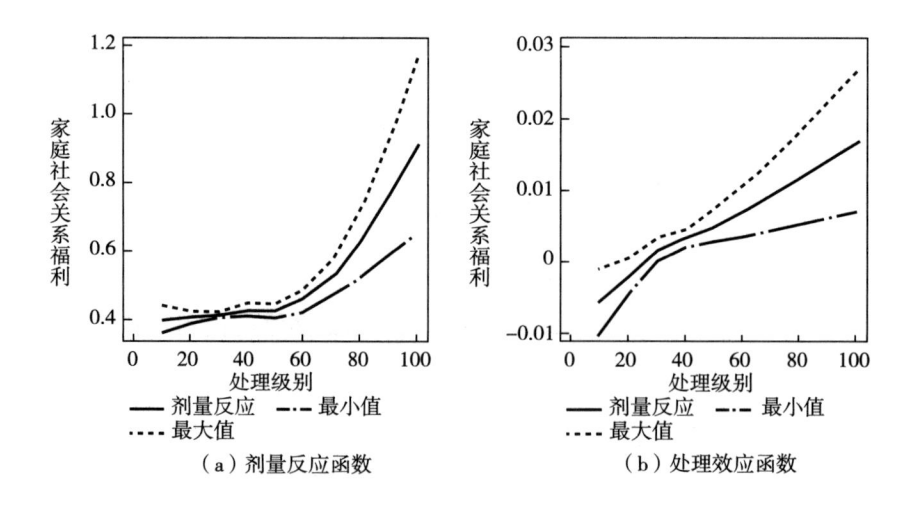

图6-11 职业分层与农户家庭社会关系福利的剂量反应函数和处理效应函数

① 钱文荣、李宝值：《初衷达成度、公平感知度对农民工留城意愿的影响及其代际差异——基于长江三角洲16城市的调研数据》，《管理世界》2013年第9期。

表 6-18 非农就业在不同职业水平上对农户家庭社会关系福利的影响效应

职业分层（区间）	因果效应系数 估计系数	因果效应系数 标准误	处理效应系数 估计系数	处理效应系数 标准误
10	0.4025***	0.0213	-0.0052**	0.0022
20	0.4062***	0.0089	-0.0019	0.0012
30	0.4122***	0.0044	0.0016*	0.0009
40	0.4312***	0.0080	0.0034***	0.0007
50	0.4295***	0.0122	0.0050***	0.0011
60	0.4578***	0.0166	0.0071***	0.0018
70	0.5273***	0.0276	0.0095***	0.0026
80	0.6293***	0.0516	0.0119***	0.0033
90	0.7584***	0.0862	0.0143***	0.0041
100	0.9128***	0.1297	0.0168***	0.0049

注：*、**、***分别代表在10%、5%和1%的统计水平下显著。

四 稳健性检验

鉴于倾向得分匹配法无法控制不可观测因素引发的内生性问题，本书进一步采用工具变量法检验前文估计结果的稳健性。将"除农户外同村其他样本的平均职业层次"作为"职业分层"的工具变量，对职业分层影响农户家庭多维福利的模型进行估计，估计结果如表6-19所示。由估计结果可知，职业层次提高对农户家庭多维度福利具有显著促进作用，除对家庭社会保障福利的影响在10%的统计水平下正向显著外，职业层次提高对其他维度福利的正向影响均在1%的统计水平下正向显著。这与通过广义倾向得分匹配法得到的估计结果不存在明显差异，表明前文估计结果整体上较为稳健。

表 6-19　　职业分层影响农户家庭福利的稳健性检验

变量	综合福利（1）	经济福利（2）	社会保障福利（3）	居住环境福利（4）	健康福利（5）	社会关系福利（6）
职业分层	0.0304***（0.0094）	0.0990***（0.0267）	0.0205*（0.0119）	0.0107***（0.0035）	0.0118***（0.0039）	0.0178***（0.0053）
特征变量	控制	控制	控制	控制	控制	控制
观测值	18193					

注：*、**、***分别代表在10%、5%和1%的统计水平下显著。

第七章

要素配置决策中介作用下职业分层影响农户家庭福利的实证研究

本书第五章和第六章分别从理论分析与定量实证分析角度揭示了职业分层对农户生产要素配置和家庭福利的影响。基于此，本章拟从"职业分层—要素配置—家庭福利"的理论逻辑入手，分别检验农户生产要素市场参与行为中介作用下职业分层对农户家庭福利的影响，以及农户生产要素配置结构中介作用下职业分层对农户家庭福利的影响，以揭示职业分层与农户家庭要素配置决策及其福利状况的关联机理。现有研究认为，农户分化在本质上其实是社会经济整合机制变迁的结果，社会经济整合的主导机制即土地、劳动力、资本的要素配置方式[1]。高帆认为农户分化实际上是要素配置方式的差异化，而农户分化在优化要素配置的同时也造成了农村内部的福利不平等[2]。同时，也有研究证实农户将不同生产要素在多个产业和部门进行配置是实现家庭收益最大化的重要手段，要素配置行为可以通过纠正要素错配改善农户家庭福利[3]。依据职业分层理论可知，职业已经成为现代社会综合社会地位特征的基本标志。在现代社会，绝大多数人的经济来源依靠工资收入及职权带来的影响力，这使职业结构成为影响社会分层的最主要形式。因此，有理

---

[1] 刘洪仁：《世纪初农民分化的实证追踪研究——以山东省为例》，《农业经济问题》2009年第5期。

[2] 高帆：《中国乡村振兴战略视域下的农民分化及其引申含义》，《复旦学报》（社会科学版）2018年第5期。

[3] 程名望等：《人力资本积累与农户收入增长》，《经济研究》2016年第1期。

由推测作为社会分化主导机制的职业分层可能会通过影响农户家庭要素配置决策，进而对农户家庭多维福利产生影响。鉴于此，本章对"职业分层—要素配置—家庭福利"的中介作用进行了实证检验，进而验证职业分层影响农户家庭福利的作用渠道。

第一节 要素配置决策中介作用下职业分层影响农户家庭福利的研究假说

一 农户生产要素市场参与中介作用的研究假说

首先，由第三章的理论分析可知，职业作为个体维系生计、获得权利和社会地位的主要方式，符合社会分层的财富、权利和声望三大客观指标，正如帕金所强调的，其他经济与符号资源的分配和职业秩序同时存在[1]。这意味着职业层次能够综合反映个体在工资待遇、社会保障和居住条件等方面的家庭多维福利水平，且职业层次越高的农户其家庭的各项福利水平也越高。其次，职业分层是农户家庭的市场能力和非农就业比较优势的集中体现，诸多研究表明，市场能力或非农就业能力越强的个体，就越倾向于选择最合适的要素配置方式，其参与要素市场，并提高要素配置效率的意愿越强[2]。最后，农户参与要素市场行为是改善家庭生产要素错配、提高家庭资源利用效率的重要途径，通过参与劳动力、土地、资本等要素市场，农户家庭生产要素可以在更大的范围内进行匹配，并能够从市场中获得稀缺的生产资源，从而促使家庭多维福利得到改善。职业分层通过增加农户要素市场参与机会和能力，激励农户参与生产要素市场，进而推动家庭福利水平的提高。鉴于此，本书提出以下假说。

H7-1：农户劳动力要素市场参与决策在职业分层影响农户家庭福利的关系中具有中介作用。

H7-2：农户土地要素市场参与决策在职业分层影响农户家庭福利

---

[1] Frank Parkin, "Class, Inequality and Political Order: Social Stratification in Capitalist and Communist Societies", *British Journal of Sociology*, Vol. 24, No. 3, 1972, p.386.

[2] 秦国庆：《农户分化、制度变迁与基层农田灌溉系统治理绩效》，博士学位论文，西北农林科技大学，2021年。

的关系中具有中介作用。

H7-3：农户资本要素市场参与决策在职业分层影响农户家庭福利的关系中具有中介作用。

二 农户生产要素配置结构中介作用研究假说

根据前文分析，职业分层会影响农户家庭要素配置结构，并对农户家庭福利具有积极影响，但对于职业分层是否通过优化农户家庭要素配置结构而促进农户家庭福利改善还有待进一步检验。根据已有研究和前文分析，本书认为职业分层主要通过正、负两种路径影响农户福利。一是通过资源配置优化效应改善农户家庭福利。一方面，随着农户职业层次的提高，农户家庭非农收入水平和稳定性得到提高，农业生产对家庭的兜底作用消失，这会促使农户将更多家庭生产要素投入生产效率更高且生产条件更好的城市部门，从而改善农户家庭福利状况；另一方面，职业分层提高能够减少务工劳动力兼业现象，不仅有助于促进人力资本积累，还可以避免转换工作场所带来的精力损失。另外，家庭资源的非农化配置可以减少农户家庭成员劳作的辛苦程度，增加他们获得闲暇的机会，同样也提高了家庭福利水平。二是通过农业生产效率流失效应抑制农户家庭福利改善。由上文实证分析可知，农户职业层次越高，其家庭农业经营效率则越低。这是由于随着农户外出务工时间的增多，其用于农业劳动的时间逐步减少，即便农户可以通过购买农业生产性服务对一些生产环节进行外包，但这很容易引发委托代理问题。同时，一些田间管理工作很难对外承包，管理不善容易造成农业减产，降低农业生产效率。因此，家庭劳动力投入不足不利于农业生产效率，进而对农户家庭福利产生不确定影响。鉴于此，本书提出以下假说。

H7-4：农户要素配置结构在职业分层影响农户家庭福利的关系中具有中介作用。

H7-5：农业生产效率在职业分层影响农户家庭福利的关系中具有中介作用。

第二节 农户生产要素市场参与行为的中介作用实证检验

一 计量模型设定

(一) 变量选取

(1) 因变量:农户多维福利。依据前文所述,本书从经济条件、社会保障、居住环境、健康状况和社会关系五个维度选取 14 个指标测度农户家庭多维福利状况,并采用熵值法确定每个指标及子系统权重,以免主观赋值问题发生,最终得到农户家庭综合福利、经济福利、社会保障福利、居住环境福利、健康福利、社会关系福利六个评价值。

(2) 中介变量:农户要素市场决策。具体而言,分别采用农户家庭是否土地流转、家庭非农就业人口比重以及家庭是否拥有股票、基金、债券等金融产品来考察农户土地、劳动力和资本要素市场的参与行为。

(3) 核心自变量:本章职业分层指标的获取方法与前文一致,即首先借鉴林南和叶晓兰的分组评价方法,得到每种职业的"职业声望"得分,并在此基础上进一步测算职业分层指数。

(4) 控制变量。在借鉴已有成果的基础上,本书选取个人特征、家庭特征、村庄特征三类变量作为控制变量,个人特征包括性别、年龄、年龄平方、受教育年限、婚姻状况。家庭特征包括经营耕地面积、人口规模、家庭是否有党员、家庭抚养比、家庭农业耕作方式。村庄特征包括村内有无非农经济、村交通状况、村内有无信用社、村内有无统一灌溉服务、村庄地貌(见表 7-1)。

表 7-1 变量定义、赋值及描述性统计

变量类别	变量名称	变量定义及赋值	均值	标准差	最小值	最大值
农户家庭多维福利	农户家庭综合福利	根据熵值法测算	0.5099	0.1999	0.0474	0.9948
	农户家庭经济福利	根据熵值法测算	0.4141	0.2810	0	1
	农户家庭社会保障福利	根据熵值法测算	0.6363	0.4274	0	1

续表

变量类别	变量名称	变量定义及赋值	均值	标准差	最小值	最大值
农户家庭多维福利	农户家庭居住环境福利	根据熵值法测算	0.7123	0.1411	0.0496	1
	农户家庭健康福利	根据熵值法测算	0.6660	0.1577	0	1
	农户家庭社会关系福利	根据熵值法测算	0.4149	0.2891	0.0048	1
核心自变量	职业分层	对职业分层指数进行标准化	31.4800	10.1900	9.500	100
个体特征	性别	女=0；男=1	0.5300	0.4900	0	1
	年龄	实际调查值（岁）	46.5100	12.8500	15	90
	年龄平方	年龄的平方/100	23.2900	11.8400	2.2500	81
	受教育年限	实际调查组（年）	7.3900	3.7400	0	21
	婚姻状况	未婚=0；已婚=1	0.8800	0.3200	0	1
家庭特征	经营耕地面积	实际调查值（亩）	8.1800	42.7800	0	3000
	家庭人口规模	实际调查值（人）	4.3400	2.0000	1	19
	家庭是否有党员	否=0；是=1	0.1500	0.3600	0	1
	家庭抚养比	家中16岁以上及65岁以下人数占比（%）	0.7900	0.2100	0	1
	家庭农业耕作方式	机械化=1；半机械化=2；传统农耕=3	2.1300	0.7408	1	3
村庄特征	村内有无非农经济	否=0；是=1	0.2725	0.4453	0	1
	村交通情况	村所在地到最近县/区距离（千米）	29.7700	46.6700	0	500
	村内有无农信社	否=0；是=1	0.2084	0.4062	0	1
	有无统一的灌溉服务	否=0；是=1	0.4213	0.4937	0	1
	村庄地貌	平原=1；丘陵=2；山地=3	1.7300	0.8300	1	3

（二）模型构建

依据前述内容，职业分层通过农户要素市场参与决策（包括劳动力市场参与行为、土地市场参与行为和资本市场参与行为）影响农户

家庭福利状况,因此,借鉴温忠麟、叶宝娟(2014)的方法和步骤,可以构建以下中介效应模型:

$$FW_{ki}^* = aCS_i + \theta_1 X_i + \varepsilon_{1i} \tag{7-1}$$

$$EB_{mi}^* = bCS_i + \theta_2 X_i + \varepsilon_{2i} \tag{7-2}$$

$$FW_{ki}^* = a'CS_i + cEB_{mi} + \theta_3 X_i + \varepsilon_{3i} \tag{7-3}$$

式(7-1)至式(7-3)中:FW_{ki}^*为农户家庭多维福利潜变量;FW_{1i}、FW_{2i}、FW_{3i}、FW_{4i}、FW_{5i}、FW_{6i}分别为农户综合福利、经济福利、保障福利、居住环境福利、健康福利、社会关系福利;EB_{mi}^*为农户要素配置决策潜变量(中介变量,包括劳动力市场参与、土地市场参与和资本市场参与);X_i为农户职业分层和生产要素市场参与方程的控制变量向量,θ_1、θ_2、θ_3为控制变量的系数值;ε_{1i}、ε_{2i}、ε_{3i}为随机误差项;a为职业分层影响第i个农户家庭福利的总效应;b为职业分层对中介变量要素配置的影响;a'、c分别表示职业分层、农户要素配置对第i个农户家庭福利影响的直接效应。第i个农户家庭生产要素配置的间接效应等于系数b与系数c的乘积,记为bc。比较bc与a'的符号,若同号则说明存在中介效应,报告中介效应占比为bc/a;若异号,则说明存在遮掩效应,报告中介效应与直接效应比例的绝对值,记为$|ab/a'|$。

验证中介效应显著性的方法包括以下两种[①]。一是层次回归方法。①将因变量农户家庭多维福利对核心自变量职业分层进行回归[式(7-1)],检验核心自变量是否显著。②将中介变量农户要素市场决策对核心自变量职业分层进行回归[式(7-2)],检验核心自变量是否显著。③将因变量同时对核心自变量职业分层、中介变量农户要素配置决策进行回归估计[式(7-3)]。如果中介变量显著,则存在两种情形:核心自变量职业分层不再显著,则中介变量农户要素市场决策具有完全中介效应;核心自变量职业分层仍旧显著,则中介变量农户要素市场决策发挥部分中介效应。二是基于索贝尔检验(Sobel Test)统计量直接检验中介效应的显著性。由于系数b和系数c均显著不为零时,并不能确保中介效应bc显著不为零,因此,本书采用索贝尔统计量对中

---

① 温忠麟、叶宝娟:《中介效应分析:方法和模型发展》,《心理科学进展》2014年第5期。

介效应进行稳健性检验。

二 中介作用检验与结果分析

（1）土地市场决策在职业分层影响农户家庭多维福利关系中的中介效应检验结果如表7-2所示。结果显示，职业分层对农户家庭多维福利和农地要素市场决策的影响均在1%的统计水平下正向显著，农户土地要素市场决策对其家庭综合福利、经济福利、社会保障福利、居住环境福利、健康福利和社会关系福利的影响均在1%的统计水平下正向显著。整体上，农户土地要素市场参与决策在职业分层影响农户家庭综合福利、经济福利、社会保障福利、居住环境福利等多维福利中发挥中介作用，中介效应大小分别为0.0003、0.0004、0.0002、0.0004、0.0002、0.0002，中介效应占总效应的比重分别为6.67%、5.84%、5.23%、11.82%、4.32%、3.63%。此外，索贝尔检验（Sobel Test）的 Z 统计量分别为8.094、8.681、2.148、12.05、4.729、2.658，均在1%的统计水平下显著，表明中介效应成立。因此，农业转移人口的职业分层可以通过农地转出的部分中介作用显著促进农户家庭多维福利的改善。职业层次越高的农户非农收入来源越稳定，其家庭参与农地转出交易的概率越高且规模越大，这有助于激励农户摆脱农业生产经营的牵绊，将更多生产资源投入非农部门，并促使农户举家搬迁到城镇生活，降低家庭成员之间的城乡分居概率，推动农民工更积极地融入城市社区生活环境，从而使农户家庭多维福利状况得到改善。

表7-2 土地市场决策对职业分层影响农户家庭福利的中介作用的检验结果

土地市场决策的中介效应	职业分层影响农户家庭福利的总效应	职业分层对农户土地流转决策的影响系数	农户土地流转决策对家庭福利的影响系数	中介效应	索贝尔检验	中介效应占比（%）
职业分层—土地流转决策—农户家庭综合福利	0.0048*** (0.0001)	0.0083*** (0.0002)	0.0508*** (0.0058)	0.0003*** (0.0000)	Z值：8.094 P值：0.00	6.67
职业分层—土地流转决策—农户家庭经济福利	0.0072*** (0.0001)	0.0083*** (0.0002)	0.0508*** (0.0057)	0.0004*** (0.0000)	Z值：8.681 P值：0.00	5.84

续表

土地市场决策的中介效应	职业分层影响农户家庭福利的总效应	职业分层对农户土地流转决策的影响系数	农户土地流转决策对家庭福利的影响系数	中介效应	索贝尔检验	中介效应占比（%）
职业分层—土地流转决策—农户家庭社会保障	0.0034*** (0.0002)	0.0083*** (0.0002)	0.0213** (0.0099)	0.0002*** (0.0000)	Z值：2.148 P值：0.03	5.23
职业分层—土地流转决策—农户家庭居住环境福利	0.0033*** (0.0001)	0.0083*** (0.0002)	0.0475*** (0.0038)	0.0004*** (0.0000)	Z值：12.05 P值：0.00	11.82
职业分层—土地流转决策—农户家庭健康福利	0.0037*** (0.0001)	0.0083*** (0.0002)	0.0196*** (0.0041)	0.0002*** (0.0000)	Z值：4.729 P值：0.00	4.32
职业分层—土地流转决策—农户家庭社会关系福利	0.0042*** (0.0002)	0.0083*** (0.0002)	0.0183** (0.0290)	0.0002*** (0.0000)	Z值：2.658 P值：0.01	3.63

注：*、**、***分别代表在10%、5%和1%的统计水平下显著，括号内数值为标准误。

（2）劳动力市场决策在职业分层影响农户家庭多维福利关系中的中介效应检验结果如表7-3所示。结果显示，职业分层对农户家庭多维福利和劳动力市场决策的影响均在1%的统计水平下正向显著，农户劳动力转移决策对农户家庭综合福利、经济福利、居住环境福利、健康福利和社会关系福利的影响均在1%的统计水平下正向显著，但对农户家庭社会保障福利的影响不显著。整体上，劳动力转移决策在职业分层与农户家庭综合福利、经济福利、居住环境福利、健康福利和社会关系福利的关系中发挥中介效应，中介效应大小为0.0007、0.0015、0.0008、0.0008、0.0003，中介效应占总效应的比重分别为15.88%、20.81%、23.37%、21.09%和6.52%。中介效应的索贝尔检验（Sobel Test）结果显示，检验统计量Z值分别为15.13、23.88、19.06、18.05、3.93，表明劳动力转移决策在职业分层影响农户家庭综合福利、经济福利、居住环境福利、健康福利和社会关系福利的影响链条中存在中介效应。具体而言，农户职业层次越高，意味着家庭转移劳动力所拥有的城市就业能力和社会关系资本优势越大，能够激发其他家庭成员从事非农就业活动的积极性，从而通过优化劳动力配置结构改善农户家庭多维福利状况。

表 7-3　劳动力市场决策对职业分层影响农户家庭多维福利的中介作用的检验结果

劳动力市场决策的中介效应	职业分层影响农户家庭福利的总效应	职业分层对农户劳动力转移决策的影响系数	农户劳动力转移决策对家庭福利的影响系数	中介效应	索贝尔检验	中介效应占比（%）
职业分层—劳动力转移—农户家庭综合福利	0.0048*** (0.0001)	0.0097*** (0.0002)	0.0788*** (0.0048)	0.0007*** (0.0000)	Z值：15.53 P值：0.00	15.88
职业分层—劳动力转移—农户家庭经济福利	0.0072*** (0.0001)	0.0097*** (0.0002)	0.1533*** (0.0058)	0.0015*** (0.0001)	Z值：23.88 P值：0.00	20.81
职业分层—劳动力转移—农户家庭社会保障福利	0.0034*** (0.0002)	0.0097*** (0.0002)	0.0327 (0.0221)	0.0002 (0.0003)	Z值：1.19 P值：0.23	—
职业分层—劳动力转移—农户家庭居住环境福利	0.0033*** (0.0001)	0.0097*** (0.0002)	0.0785*** (0.0039)	0.0008*** (0.0000)	Z值：19.06 P值：0.00	23.37
职业分层—劳动力转移—农户家庭健康福利	0.0037*** (0.0001)	0.0097*** (0.0002)	0.0800*** (0.0042)	0.0008*** (0.0001)	Z值：18.05 P值：0.00	21.09
职业分层—劳动力转移—农户家庭社会关系福利	0.0042*** (0.0002)	0.0097*** (0.0002)	0.0279 (0.0071)	0.0003*** (0.0000)	Z值：3.93 P值：0.00	6.52

注：*、**、***分别代表在10%、5%和1%的统计水平下显著，括号内数值为标准误。

（3）金融市场决策在职业分层影响农户家庭多维福利关系中的中介效应检验结果如表7-4所示。结果显示，职业分层对农户家庭金融决策的影响均在1%的统计水平下正向显著，农户金融市场决策对家庭综合福利、经济福利、居住环境福利和健康福利的影响均在1%的统计水平下显著，但对农户家庭社会保障福利和社会关系福利的影响不显著。整体上，金融市场参与决策在职业分层影响农户家庭综合福利、经济福利、居住环境福利和健康福利的关系中发挥中介效应，中介效应大小分别为 19.70%、17.72%、5.91% 和 3.54%。此外，中介效应索贝尔检验（Sobel Test）的 Z 统计量分别为 13.62、15.00、3.49 和 2.19，表明金融市场参与决策在这 4 组影响链条中存在中介效应。因此，职业分层能够通过农户金融市场参与决策的部分中介效应显著促进农户家庭综合福利、经济福利、居住环境福利和健康福利的改善。具体而言，随着农户职业层次的提高，农户的金融素养以及从金融机构获取的授信额度也逐渐提升，而较高的金融素养水平能够促进家庭对股票、基金等金融资产的配置行为，从而拓宽家庭收入渠道。与此同时，获取正规金融机构融资能显著缓解农户流动性约束，这有助于平滑家庭消费周期，从而为改善农户家庭多维福利提供支撑。

表 7-4　金融市场决策对职业分层影响农户家庭福利的中介作用检验结果

金融市场决策的中介效应	职业分层影响农户家庭福利的总效应	职业分层对农户金融市场决策的影响系数	农户金融市场决策对家庭福利的影响系数	中介效应	索贝尔检验	中介效应占比（%）
职业分层—金融市场参与—农户家庭综合福利	0.0048*** (0.0001)	0.0073*** (0.0001)	0.1298*** (0.0094)	0.0010*** (0.0001)	Z 值：13.62 P 值：0.00	19.70
职业分层—金融市场参与—农户家庭经济福利	0.0072*** (0.0001)	0.0073*** (0.0001)	0.1733*** (0.0113)	0.0013*** (0.0001)	Z 值：15.00 P 值：0.00	17.72
职业分层—金融市场参与—农户家庭社会保障福利	0.0034*** (0.0002)	0.0073*** (0.0001)	0.0172 (0.0118)	0.0006 (0.0007)	Z 值：0.98 P 值：0.33	—
职业分层—金融市场参与—农户家庭居住环境福利	0.0033*** (0.0001)	0.0073*** (0.0001)	0.0264*** (0.0076)	0.0002*** (0.0001)	Z 值：3.49 P 值：0.00	5.91
职业分层—金融市场参与—农户家庭健康福利	0.0037*** (0.0001)	0.0073*** (0.0001)	0.0178** (0.0081)	0.0001** (0.0001)	Z 值：2.19 P 值：0.03	3.54

续表

金融市场决策的中介效应	职业分层影响农户家庭福利的总效应	职业分层对农户金融市场决策的影响系数	农户金融市场决策对家庭福利的影响系数	中介效应	索贝尔检验	中介效应占比（%）
职业分层—金融市场参与—农户家庭社会关系福利	0.0042 *** (0.0002)	0.0073 *** (0.0001)	0.0093 (0.0064)	0.0002 (0.0004)	Z值：0.47 P值：0.64	—

注：*、**、*** 分别代表在10%、5%和1%的统计水平下显著，括号内数值为标准误。

三 稳健性检验

为了进一步检验上述结果的稳健性，本书利用 Bootstrap 方法检验农户要素市场参与行为是否在职业分层对农户家庭多维福利的影响中起中介作用。Bootstrap 法是现有中介效应检验中的一种常用方法，现有研究认为 Bootstrap 法比索贝尔检验法得到的置信区间更准确、更可靠[①]。该方法的原理是从样本中重复取值，每次取样可以得到一个 Bootstrap 样本以及系数乘积的估计值，取所有估计值得 2.5 个百分点和 97.5 个百分点就构成了 95% 置信水平的置信区间，若该区间不包含 0，则中介效应估计系数显著[②]。本书采用 Bootstrap 法进行 1000 次抽样，从表 7-5 农地要素市场参与的回归结果看，农户家庭综合福利、经济福利、社会保障福利、居住环境福利、健康福利和社会关系福利的置信区间分别为 [0.0002，0.0004]、[0.0003，0.0005]、[0.0001，0.0003]、[0.0003，0.0004]、[0.0001，0.0002]、[0.0001，0.0003]，说明劳动力市场参与行为在职业分层对农户家庭多维福利的影响中起到了中介作用，前文估计结果稳健。从劳动力要素市场参与的回归结果看，农户家庭综合福利、经济福利、社会保障福利、居住环境福利、健康福利和社会关系福利的置信区间分别为 [0.0007，0.0008]、[0.0014，0.0016]、[-0.0002，0.0009]、[0.0007，0.0008]、[0.0007，

---

① Hayes A. F., et al. "The Relative Trustworthiness of Inferential Tests of the Indirect Effect in Statistical Mediation Analysis: Does Method Really Matter?", *Psychological Science: A Journal of the American Psychological Society*, Vol. 24, No. 10, 2013.

② 方杰、张敏强：《中介效应的点估计和区间估计：乘积分布法、非参数 Bootstrap 和 MC 法》，《心理学报》2012 年第 10 期。

0.0009]、[0.0001，0.0004]，说明劳动力转移在职业分层对农户家庭综合福利、经济福利、居住环境福利、健康福利和社会关系福利的影响中起到了中介作用，但在对农户家庭社会保障福利中未起到中介作用。从金融市场参与的回归结果看，农户福利的置信区间分别为[0.0007，0.0012]、[0.0010，0.0015]、[-0.0001，0.0006]、[0.0003，0.0004]、[-0.00004，0.0003]、[-0.0001，0.0011]，说明金融市场参与行为在职业分层对农户家庭综合福利、经济福利、居住环境福利的影响中起到了中介作用，在职业分层对农户家庭社会保障福利、健康福利、社会环境福利的影响中未起到中介作用，综上所述，证实了前文中介效应的估计结果较为稳健。

表 7-5　　要素配置决策中介作用的稳健性检验结果

要素市场决策中介效应的Bootstrap检验	农户家庭综合福利	农户家庭经济福利	农户家庭社会保障福利	农户家庭居住环境福利	农户家庭健康福利	农户家庭社会关系福利
职业分层—土地流转决策—农户家庭综合福利	0.0003***[0.0002，0.0004]	0.0004***[0.0003，0.0005]	0.0002**[0.0001，0.0003]	0.0004***[0.0003，0.0004]	0.0002***[0.0001，0.0002]	0.0002***[0.0001，0.0003]
职业分层—劳动力转移—农户家庭经济福利	0.0007***[0.0007，0.0008]	0.0015***[0.0014，0.0016]	0.0004[-0.0002，0.0009]	0.0008***[0.0007，0.0008]	0.0008***[0.0007，0.0009]	0.0003***[0.0001，0.0004]
职业分层—金融市场参与—农户家庭社会保障	0.0010***[0.0007，0.0012]	0.0013***[0.0010，0.0015]	0.0003[-0.0001，0.0006]	0.0002**[0.0003，0.0004]	0.0001[-0.00004，0.0003]	0.0005[-0.0001，0.0011]

注：*、**、***分别代表在10%、5%和1%的统计水平下显著，括号内数值为标准误。

第三节　农户生产要素配置结构的中介作用实证检验

一　计量模型设定

依据前述内容分析，参考温忠麟和叶宝娟[①]提出的中介效应检验程

---

① 温忠麟、叶宝娟：《中介效应分析：方法和模型发展》，《心理科学进展》2014年第5期。

序，本书分别构建职业分层影响农户家庭多维福利状况、职业分层影响农户要素配置结构，以及职业分层与农户要素配置结构对农户家庭多维福利状况影响的三个层次回归模型，分别如下：

$$FW_{ki}^* = \alpha CS_i + \delta X_{ki} + \varepsilon_{1i} \tag{7-4}$$

$$ES_{mi}^* = \alpha CS_i + \delta X_{ki} + \varepsilon_{2i} \tag{7-5}$$

$$FW_{ki}^* = \alpha CS_i + \delta ES_{mi} + \delta X_{ki} + \varepsilon_{3i} \tag{7-6}$$

上述公式中：FW_{ki}^* 为农户家庭多维福利潜变量；FW_{1i}、FW_{2i}、FW_{3i}、FW_{4i}、FW_{5i}、FW_{6i} 分别为农户综合福利、经济福利、保障福利、居住环境福利、健康福利、家庭社会关系福利；ES_{mi}^* 为农户要素配置结构潜变量；ES_{1i}、ES_{2i} 分别为农户家庭生产要素配置结构和农业生产要素配置效率；X_{ki} 为控制变量向量；X_{1i}、X_{2i}、X_{3i} 分别表示农户家庭福利式(7-1)至式(7-3)的控制变量向量。上述3个方程引入的控制变量包括受访者性别、年龄、年龄平方、受教育年限、婚姻状况、是否参加技能培训，家庭经营耕地面积、家庭人口规模、家庭是否有党员、家庭抚养比、家庭有无金融资产，村内有无非农经济、村交通情况、村内有无农信社、村人均收入、村庄地貌。为了检验估计结果的稳健性，本书分别采用索贝尔检验（Sobel Test）和自抽样检验（Bootstrap test）对要素配置结构和农业要素配置效率的中介作用进行检验（见表7-6）。

表7-6　　　　　　　变量定义、赋值及描述性统计

变量类别	变量名称	变量定义及赋值	均值	标准差	最小值	最大值
农户家庭多维福利	农户家庭综合福利	根据熵值法测算	0.5099	0.1999	0.0474	0.9948
	农户家庭经济福利	根据熵值法测算	0.4141	0.2810	0	1
	农户家庭社会保障福利	根据熵值法测算	0.6363	0.4274	0	1
	农户家庭居住环境福利	根据熵值法测算	0.7123	0.1411	0.0496	1
	农户家庭健康福利	根据熵值法测算	0.6660	0.1577	0	1
	农户家庭社会关系福利	根据熵值法测算	0.4149	0.2891	0.0048	1

续表

变量类别	变量名称	变量定义及赋值	均值	标准差	最小值	最大值
核心自变量	职业分层	对职业分层指数进行标准化	31.4800	10.1900	9.500	100
个体特征	性别	女=0；男=1	0.5300	0.4900	0	1
	年龄	实际调查值（岁）	46.5100	12.8500	15	90
	年龄平方	年龄的平方/100	23.2900	11.8400	2.2500	81
	受教育年限	实际调查组（年）	7.3900	3.7400	0	21
	婚姻状况	未婚=0；已婚=1	0.8800	0.3200	0	1
	是否参加技能培训	否=0；是=1	0.0648	0.2462	0	1
家庭特征	经营耕地面积	实际调查值（亩）	8.1800	42.7800	0	3000
	家庭人口规模	实际调查值（人）	4.3400	2.0000	1	19
	家庭是否有党员	否=0；是=1	0.1500	0.3600	0	1
	家庭抚养比	家中16岁以上及65岁以下人数占比（%）	0.7900	0.2100	0	1
	家庭有无金融资产	否=0；是=1	0.0130	0.1133	0	1
村庄特征	村内有无非农经济	否=0；是=1	0.2725	0.4453	0	1
	村交通情况	村所在地到最近县/区距离（千米）	29.7700	46.6700	0	500
	村内有无农信社	否=0；是=1	0.2084	0.4062	0	1
	村人均收入	实际调查值（元）	1065.0000	5211.3200	0	360000
	村庄地貌	平原=1；丘陵=2；山地=3	1.7300	0.8300	1	3

二 中介作用检验与结果分析

（1）要素配置结构在职业分层影响农户家庭多维福利关系中的中介效应检验结果如表7-7所示。结果显示，职业分层对农户要素配置结构的影响均在1%的统计水平下负向显著，要素配置结构对农户家庭多维福利的影响均在1%的统计水平下负向显著。整体上，农户家庭要素配置结构在职业分层影响农户家庭综合福利、经济福利、社会保障福利、居住环境福利、健康福利和社会关系福利的关系中发挥正向中介作用，中介效应大小分别为0.0007、0.0004、0.0009、0.0008、0.0009、

0.0005，中介效应占总效应的比重分别为 13.19%、5.03%、23.69%、22.05%、20.57%、9.94%。同时，索贝尔检验（Sobel Test）的 Z 值也表明要素配置结构的中介效应显著。具体而言，非农就业层次越高的个体把握市场机会、合理调配生产资源的能力越强，越倾向于将家庭生产要素投入生产力相对更高的非农领域，实现家庭要素配置结构的优化，进而推动非农就业对农户家庭多维福利状况的改善。

表 7-7　要素配置结构对职业分层影响农户家庭福利的中介作用检验结果

要素配置结构的中介效应	职业分层影响农户家庭福利的总效应	职业分层对农户要素配置结构的影响系数	农户要素配置结构对家庭福利的影响系数	中介效应	索贝尔检验（Sobel test）	中介效应占比（%）
职业分层—要素配置结构—农户家庭综合福利	0.0054*** (0.0001)	-0.0059*** (0.0001)	-0.1213*** (0.0080)	0.0007*** (0.0001)	Z 值：14.28 P 值：0.00	13.19
职业分层—要素配置结构—农户家庭经济福利	0.0075*** (0.0001)	-0.0059*** (0.0001)	-0.0645*** (0.0093)	0.0004*** (0.0001)	Z 值：6.79 P 值：0.00	5.03
职业分层—要素配置结构—农户家庭社会保障	0.0038*** (0.0003)	-0.0059*** (0.0001)	-0.1539*** (0.0168)	0.0009*** (0.0001)	Z 值：8.99 P 值：0.00	23.69
职业分层—要素配置结构—农户家庭居住福利	0.0038*** (0.0002)	-0.0059*** (0.0001)	-0.1439*** (0.0066)	0.0008*** (0.0000)	Z 值：19.66 P 值：0.00	22.05
职业分层—要素配置结构—农户家庭健康福利	0.0042*** (0.0001)	-0.0059*** (0.0001)	-0.1494*** (0.0071)	0.0009*** (0.0001)	Z 值：18.97 P 值：0.03	20.57
职业分层—要素配置结构—农户家庭社会关系	0.0051*** (0.0002)	-0.0059*** (0.0001)	-0.0771*** (0.0230)	0.0005*** (0.0001)	Z 值：6.58 P 值：0.00	9.94

注：*、**、***分别代表在10%、5%和1%的统计水平下显著，括号内数值为标准误。

（2）农业效率损失在职业分层影响农户家庭多维福利关系中的中介效应检验结果如表 7-8 所示。结果显示，职业分层对农户农业效率损失的影响在5%的统计水平下负向显著，农户农业效率损失对农户家庭综合福利、经济福利、健康福利和社会关系福利的影响均在1%的统计水平下负向显著，但对家庭居住环境福利的影响在10%的统计水平下负向显著，对家庭社会保障福利的影响不显著。整体上，农业效率损失在职业分层与农户家庭综合福利、经济福利、健康福利之间发挥负向中介效应，中介效应大小分别为-0.00003、-0.0001、-0.0001，中介效应占总效应的比重分别为-6.1%、-5.3%、-3.7%。同时，索贝尔检验（Sobel Test）的 Z 统计值分别为-2.08、-2.39 和-2.33，表明中介效应估计结果有效。此外，农业效率损失在职业分层与农户家庭社会保障、家庭健康和社会关系福利之间不存在中介效应。基于前文理论分析可知，随着农户职业层次的提高，农户家庭非农收入水平和稳定性得到提高，农业生产对家庭生存安全的需求降低，促使农户减少进行田间管理等农业劳动时间，加剧农业粗放经营程度，此时农户的农业兼业行为将抑制家庭要素配置的优化，不利于农户家庭福利的进一步改善。

表7-8　农业效率损失对职业分层影响农户家庭福利的中介作用检验结果

农业效率损失的中介效应	职业分层影响农户家庭福利的总效应	职业分层对农户农业效率损失的影响系数	农户农业效率损失对家庭福利的影响系数	中介效应	索贝尔检验（Sobel test）	中介效应占比（%）
职业分层—农业效率损失—农户家庭综合福利	0.0005* (0.0003)	0.0011** (0.0001)	-0.0291*** (0.0076)	-0.00003** (0.00001)	Z 值：-2.08 P 值：0.04	-6.1
职业分层—农业效率损失—农户家庭经济福利	0.0017*** (0.0004)	0.0011** (0.0001)	-0.0805*** (0.0091)	-0.0001** (0.0000)	Z 值：-2.39 P 值：0.02	-5.3
职业分层—农业效率损失—农户家庭社会保障保障	0.0002 (0.0007)	0.0011** (0.0001)	0.0183 (0.0165)	0.0000 (0.0000)	Z 值：1.013 P 值：0.31	—
职业分层—农业效率损失—农户家庭居住环境福利	0.0009*** (0.0002)	0.0011** (0.0001)	-0.0104* (0.0055)	-0.00001 (0.00000)	Z 值：-1.50 P 值：0.13	—

续表

农业效率损失的中介效应	职业分层影响农户家庭福利的总效应	职业分层对农户农业效率损失的影响系数	农户农业效率损失对家庭福利的影响系数	中介效应	索贝尔检验（Sobel test）	中介效应占比（%）
职业分层—农业效率损失—农户家庭健康福利	0.0013*** (0.0002)	0.0011** (0.0001)	-0.0413*** (0.0269)	-0.0001** (0.0000)	Z 值：-2.33 P 值：0.02	-3.7
职业分层—农业效率损失—农户家庭社会关系福利	0.0001 (0.0004)	0.0011** (0.0001)	-0.0331*** (0.0115)	-0.0000 (0.0000)	Z 值：-1.85 P 值：0.06	—

注：*、**、***分别代表在10%、5%和1%的统计水平下显著，括号内数值为标准误。

三 稳健性检验

为了验证上述估计结果的可靠性，本书利用Bootstrap法检验农户要素配置结构是否在职业分层对农户家庭多维福利的影响中起中介作用。采用Bootstrap法1000次抽样之后得到的要素配置结构在职业分层，对农户家庭综合福利、经济福利、社会保障福利、居住环境福利、健康福利和社会关系福利影响的95%置信区间分别为[0.0006，0.0008]、[0.0003，0.0005]、[0.0007，0.0011]、[0.0007，0.0010]、[0.0007，0.0010]、[0.0003，0.0006]，说明农户要素配置结构在职业分层对多维福利的影响中起到了中介作用，表明前文估计结果稳健。从农业效率损失看，采用Bootstrap法估计的农户家庭多维福利的95%置信区间依次为[-0.00006，-0.0001]、[-0.0002，-0.00002]、[-0.00002，0.0001]、[-0.00003，0.00006]、[-0.00009，-0.00007]、[-0.00007，-0.00003]，说明农业效率损失在职业分层对农户家庭综合福利、经济福利和健康福利的影响中起到了中介作用，但在对农户家庭社会保障福利、家庭居住环境福利和社会关系福利的影响中未起到中介作用，进一步证实了前文估计结果有效（见表7-9）。

表 7-9 要素配置结构和农业效率损失中介作用的稳健性检验结果

要素配置结构的 Bootstrap 检验	农户家庭综合福利	农户家庭经济福利	农户家庭社会保障福利	农户家庭居住环境福利	农户家庭健康福利	农户家庭社会关系福利
职业分层—要素配置结构—农户家庭综合福利	0.0007*** [0.0006, 0.0008]	0.0004*** [0.0003, 0.0005]	0.0009*** [0.0007, 0.0011]	0.0008*** [0.0007, 0.0010]	0.0009*** [0.0007, 0.0010]	0.0005*** [0.0003, 0.0006]
职业分层—农业效率损失—农户家庭经济福利	-0.00003** [-0.00006, -0.0001]	-0.0001** [-0.0002, -0.00002]	0.00002 [-0.00002, 0.0001]	-0.00001 [-0.00003, 0.00006]	-0.00004** [-0.00009, -0.00007]	-0.00003 [-0.00007, -0.00003]

注：*、**、***分别代表在10%、5%和1%的统计水平下显著，括号内数值为标准误。

第八章
研究结论与政策建议

第一节 研究结论

本书从我国农业劳动力大量向城镇转移,农户兼业化程度不断加深,但农民工非农就业的层次偏低,多从事本地居民不愿从事的非正式工作,融入城市意愿相对不足的现实背景出发。聚焦劳动力非农转移职业分层对农户家庭生产要素配置和多维福利的影响。依据职业分层理论、劳动力市场分割理论、福利经济学理论、农户行为理论和新迁移经济学等理论,梳理并构造了农户职业分层的表征指标,建立了农户家庭多维福利评价指标体系,深入阐释了职业分层、要素配置与农户家庭多维福利之间的关联机理,构建了要素流动视角下"职业分层—要素配置—家庭福利"的理论逻辑框架。建立在对国内外相关文献进行系统梳理的基础上,本书采用中山大学社会科学调查中心实施的中国劳动力动态调查(CLDS)2014年、2016年、2018年的非平衡面板数据,评估了农民非农就业的职业层次水平,提炼了农户要素市场参与行为及家庭要素配置的结构特征,并基于模糊评价方法对不同职业层次下的农户家庭总体福利值进行了测算。在实证方法上,采用工具变量法实证检验了职业分层对农户要素市场参与决策、要素配置结构和农业生产效率的影响;运用广义倾向得分匹配法计量分析了职业分层对农户不同类型收入及家庭多维福利的影响净效应,并运用工具变量法进一步论证了职业分层对农户家庭收入及福利水平影响效果的稳健性;运用中介效应模型实证检验了农户要素市场参与及要素配置结构在职业分层影响农户家庭多维福利关系中的中介效应。本书研究旨在为"双循环"新发展格局下推进乡村全面振兴，持续提高农民收入及多维福利水平，进而为加快全面建成小康社会、实现人民共同富裕探寻新的实践路径。本书主要研究结论如下。

（1）农民职业层次的整体水平偏低，职业晋升渠道受阻，在不同区域间农民非农职业层次存在明显差异，呈现东部最高、中部次之、西部最低的职业层次梯度。从农户要素市场行为看，2014—2018年，农民农地转入交易参与率略有提升，农地转入交易规模基本不变，但农民农地转出交易参与率和意愿有所降低；农民非农就业行为日益频繁，农户家庭非农就业比例不断上升，且存在明显的区域性差异；农户正规金融机构融资借贷行为有所增加，但农户金融资产配置和市场参与率整体偏低。从要素配置结构看，有外出务工行为的家庭会将更多劳动力配置于非农部门，其生产要素配置结构得到一定优化，但农业生产效率损失有所增加。随着农户职业层次提高，农户家庭收入水平不断提升，家庭收入结构也得到改善。农户职业层次的提高还能有效促进家庭经济、居住环境、社会保障、健康和社会关系等多维福利改善，其中，农户社会关系福利的改善主要体现在家庭关系和社会关系方面。模糊综合评价测算结果表明，高层职业的农户家庭综合福利水平最高，总体福利值为0.57，其后依次是中层职业农户和低层职业农户，其总体福利值分别为0.53和0.48。

（2）职业分层对农户家庭土地市场决策、劳动力市场决策和金融市场决策均产生不同程度的显著影响。职业层次的提升会弱化农户转入土地的动机和意愿，对农户土地转入规模产生负向影响；非农就业对农户土地转出的影响存在明显的职业差异，中层及以上的劳动力非农转移对农户土地转出决策具有显著的促进作用，而中层以下的劳动力转移对农户土地转出影响不显著；职业层次的提升对农户家庭劳均工作时间具有显著的促进作用，且高层次职业对农户家庭劳动力转移的带动效果更强；职业层次的提升能显著推动农户参与资本市场，有助于农户获得银行贷款和购买金融产品。对于农户要素配置结构，职业层次的提升能显著抑制农户家庭劳动分工和兼业化程度，促进家庭生产资源更多地配置到生产效率更高的非农部门。同时，职业层次的提升也能显著促进农户机械投入和农业机械化程度，从而优化家庭农业资源禀赋结构；但随着职业层次的提高，农户农业生产效率损失逐渐暴露，不利于农业生产效率的提高。

（3）职业分层对农户不同来源收入和家庭多维福利状况产生差异化影响。职业分层与农户家庭总收入水平之间呈现曲线因果关系，即随着劳动者职业层次的提高，其家庭总体收入水平逐步上升，且上升的速度不断加快；职业分层与农户家庭农业收入之间呈现倒"U"形曲线关系，即在职业层次水平较低时，农户非农就业选择对其家庭农业收入的边际效应作用方向为正，但当职业分层水平上升到某一临界值之时，该边际效应开始快速下降并转变为负向作用；职业分层与农户家庭工资性收入之间呈现曲线因果关系，在职业层次水平较低时，职业分层对农户家庭工资性收入边际效应不显著，只有当农户非农职业层次达到一定水平时，非农就业选择对农户家庭工资性收入的促进作用才会显现。职业分层与农户家庭资产性收入之间呈现曲线因果关系，即随着农户职业层次的提高，家庭资产性收入规模不断扩大。职业分层与农户家庭经营性收入之间呈现典型的倒"U"形关系，即随着职业层次的提高，农户家庭经营性收入存在"先上升，后下降"的趋势。从职业分层的农户福利效应看，农户家庭综合福利的处理效应函数呈现单调递增的趋势，但在职业层次较低时，职业分层对农户家庭多维福利的边际效应为负，只有在处理变量强度超过某一临界值时，非农就业才会显著促进农户家庭综合福利改善；职业分层与农户家庭经济福利之间存在显著的正向因果关系，但在［10，60］区间内，非农就业并没有带来农户家庭经济福利的明显改善，只有职业分层水平达到60%以上时，非农就业才会显著促进农户家庭经济福利；农户进入中高层次劳动力市场能显著提高农户家庭社会保障福利水平；职业分层与农户家居环境福利之间呈现"U"形曲线关系，即在农民工职业层次较低时，农户非农就业选择会恶化家庭居住条件，但随着职业层次的提高，农户家庭居住环境得到改善；职业分层对农户家庭健康福祉具有显著的正向影响，但这种正向促进作用的影响幅度相对较小；职业分层与农户家庭社会关系福利之间呈现曲线关系，即随着劳动者职业层次的提高，农户家庭社会资本存量逐渐增多。

（4）要素配置在职业分层与农户家庭多维福利之间起显著的中介作用。具体而言，家庭土地流转决策在职业分层影响农户家庭多维福利的因果链条中发挥正向中介作用；家庭劳动力市场决策在职业分层影响农户家庭综合福利、经济福利、居住环境福利、健康福利和社会关系福利的因果链条中发挥正向中介作用；家庭资本市场决策在职业分层影响农户家庭综合福利、经济福利、居住环境福利和健康福利的因果链条中发挥正向中介作用。职业层次的提高有利于促进家庭要素配置结构优化，并可以通过推动要素配置结构优化促进农户家庭多维福利的改善；职业层次的提高会加剧农户家庭农业生产效率损失，农业生产效率损失在职业分层影响农户家庭综合福利、经济福利和健康福利的因果链条中发挥负向中介作用。

第二节　政策建议

一　完善农民工就业服务体系，提高农民工非农就业职业层次

根据前文的分析，职业层次的提高不仅能促进农户要素市场参与和要素结构优化，还有利于农户家庭多维福利改善。然而，当前我国农民工职业层次整体偏低，抑制了农村劳动力非农转移的要素配置优化及福利促进效应。为此，必须聚焦完善农民工就业权益保障体系，做好农村劳动力转移质量与就业层次提高的相关工作。一是要不断加强对农民教育和职业培训的支持力度，拓展农民工职业发展空间。长期以来，没有一技之长，是农民工处于非正规就业、拖欠工资严重、工资待遇极差的次级劳动力市场的首要原因，因此强化农民职业技能培训，增强职业培训的科学性和实效性，是推动农民工跨越高质量就业门槛的关键。一方面，要设计出符合农民工工作特征的培训内容和培训形式，依据就业环境和劳动力市场需求开设相应培训课程，健全并实施农民工职业培训资格或技术等级认证制度，从严把关并监督职业技能培训成果，提高农民工技能培训经历与证书的含金量，从而增强农民工参与培训的积极性；另一方面，要建立完善的农民职业技能培训支持配套制度，压实人社部、教育部、农业农村部等相关职能部门的农民工职业培训责任，做好培训经费投入、培训工作组织、培训指导监督等方面工作，同时扩大非农就业职业培训机构范围，积极引导社会力量参与农民职业教育，在开展调查研究的基础上，构建政府部门、大专院校、公益组织等多元主体

参与的农民职业教育和技能培训的协作机制，充分发挥各方主体优势，有效保障上述合作机制的落实和健康运行。二是要打破劳动力市场的"户籍歧视"，推进城乡就业机会和就业服务均等化。通过放松户籍管制、完善相关政策、加强企业监督等为农业户籍人口营造公平的就业环境，逐步消除就业市场中的"户籍歧视"，并建立起覆盖城乡的就业服务体系，赋予农民工同城市居民平等的城市发展机会。积极推动农民工就业信息平台建设，引入大数据处理、智能化分析等新兴技术，降低农民工就业搜寻成本、削弱劳动力市场分割的不良影响，从而为农民工实现更高质量和更充分就业提供保障。三是要加强就业观的宣传引导，帮助农民工形成科学的就业观念，使其认识到盲目且频繁的流动不利于提高人力资本和工作经验累积，鼓励引导农民工通过长期的岗位服务和经验总结练就过硬本领，逐渐成长为行业或部门的中坚力量。另外，建立激励考核机制，充分调动农民工参加技能培训的积极性和能动性，以培育农民非农就业能力、实现就业层次的提升。

二 增强农民工城镇落户意愿，推动农户生产要素充分有序流动

农户城镇化意愿不足是我国农村要素市场发育缓慢的关键原因之一，通过提升农户非农就业层次来抑制农民工市民化滞后的不利影响，促进农户要素市场参与和优化配置是打破这一困境的可行路径。首先，应加强农民工就业权益保障力度，着力构建稳固的劳资关系。协同相关部门，强化对企业的教育和监督，合理控制农民工劳动时间，让农民工有条件享受闲暇时光，更好地融入城市生活。关注农民工的所思所想，聚焦解决农民工群体所面临的突出问题，如推动企业与农民工签订正规劳务雇佣合同，按行业适当延长合同签订期限，取消不合理的就业歧视条款。在劳资双方权益一致的基础上，通过平等协商建立工资正常增长机制，从而增强农民工的就业稳定性，形成积极的收入预期，降低农户对家庭土地的社会保障依赖。其次，营造公平合理的城市发展氛围，强化农民工融入城市意愿。应建立与农民工相适应的社会保障制度，着力提升进城务工劳动力公共服务水平，保障好其子女教育、配偶工作、医疗保健等基本公共需求，切实推进基本社会保障服务均等化。构建和谐友善的社区环境，培育和引导，并理解、尊重、包容农民工的社会氛围，增强农民工的获得感和对城市的文化认同，进而提高农民工融入城

市的主观能动性。此外，应保障农民工在城市的稳定居住和就业预期，鼓励农户在多样化的农村要素市场交易中，合理配置家庭各项生产资源，不断优化家庭要素配置结构、提高要素配置效率。具体可通过探索农村产权制度改革的创新模式，保障农民工作为集体经济组织成员的权益，有序推动农村土地产权交易市场化，以充分激发农地产权交易潜力；深化农村金融产品与服务改革，不断完善农地抵押融资制度的支撑保障措施，加强农民金融素养教育，充分发挥农村金融素养支持政策与金融机构改革的合力；协调推进农村劳动力要素、土地要素、资本要素的合理有序流动，健全农村要素市场均衡发展与良性互动的设计机制，全面激活农村要素市场和主体，助力农户家庭生产资源配置持续优化。

三 践行全民共同富裕发展理念，促进农户家庭多维福利改善

在劳动力市场分割加剧的背景下，低层次劳动力非农转移将无助于农户家庭多维福利改善，这不仅损害了农村居民家庭福利，而且也与我国实现共同富裕的发展理念相悖。为此，应正确处理效率与公平之间的关系，通过调整职业收入结构、增加普通劳动者收入来扩大中等收入群体比重，实现收入分配的合理化，在调整收入结构的道路上，要提高占绝大多数的普通劳动者的职业收入水平，使更多就业层次偏低的农民工可以凭借自身在职业技能上的努力达到中等收入水平，并对各种不合理的高收入职业乃至中等收入职业加以限制，以腾出空间增加低层劳动者收入。建立农民工职业收入的正常增长机制，调高最低收入标准要求，保障劳动者收入增长要快于管理者收入增长，从而形成初次分配注重效率、再分配兼顾公平，三次分配重视社会责任的基础性制度安排。在提高农民工收入水平的同时，也要要重视改善进城务工劳动者家庭的多维福利，政府应建立农民工就业福利保障机制，着力推动公共服务均等化，确保教育、医疗、住房等直接关系农民工生活福祉的公共服务资源能够覆盖到农民工群体，缩小底层农民工与城镇居民的差距，减轻因横向比较而产生的剥夺感，增强农民工对职业现状的满意度。最后，应广泛引导和动员社会团体、基金会、社会服务机构等多元社会组织以更大的支持力度缓解农民工多维福利贫困，政府进一步转变职能，有效整合各类社会资源，畅通社会力量参与帮扶农民工生活贫困的渠道，营造和谐互助的社会氛围，从而促进农户家庭增收以及多维福利的改善。

参考文献

阿玛蒂亚·森：《以自有看待发展》，中国人民大学出版社 2013 年版。

安晓宁：《农村生产要素市场培育与发展的策略构思》，《南京农业大学学报》1994 年第 10 期。

白永秀、刘盼：《新中国成立以来农村劳动力流动的历史演进——基于家庭联产承包责任制推动视角》，《福建论坛》（人文社会科学版）2019 年第 3 期。

彼得·蒙德尔：《经济学解说》，经济科学出版社 2007 年版。

边燕杰、肖阳：《中英居民主观幸福感比较研究》，《改革》2014 年第 2 期。

蔡昉、都阳：《迁移的双重动因及其政策含义——检验相对贫困假说》，《中国人口科学》2002 年第 4 期。

蔡昉：《中国经济改革效应分析——劳动力重新配置的视角》，《经济研究》2017 年第 7 期。

蔡昉：《中国劳动力市场发育与就业变化》，《经济研究》2007 年第 7 期。

曹瓅等：《农户产权抵押借贷行为对家庭福利的影响——来自陕西、宁夏 1479 户农户的微观数据》，《中南财经政法大学学报》2014 年第 5 期。

陈纯槿、胡咏梅：《劳动力市场分割、代际职业流动与收入不平等》，《教育与经济》2016 年第 3 期。

陈东林：《三线建设：备战时期的西部开发》，中共中央党校出版社 2003 年版。

陈飞、翟伟娟：《农户行为视角下农地流转诱因及其福利效应研究》，《经济研究》2015 年第 10 期。

陈风波、丁士军：《农村劳动力非农化与种植模式变迁——以江汉平原稻农水稻种植为例》，《南方经济》2018 年第 9 期。

陈文超：《消费视野下农民阶层结构的分析——基于一个村庄的研究》，中国社会学学术年会论文，2006 年。

陈锡文、韩俊：《如何推进农民土地使用权合理流转》，《中国改革：农村版》2002 年第 3 期。

陈秧分等：《东部沿海地区农户非农就业对农地租赁行为的影响研究》，《自然资源学报》2010 年第 3 期。

陈志霞、陈剑峰：《转型加速期城市居民的职业地位评价与社会分层》，《数理统计与管理》2007 年第 2 期。

程名望等：《人力资本积累与农户收入增长》，《经济研究》2016 年第 1 期。

都阳等：《户籍制度与劳动力市场保护》，《经济研究》2001 年第 3 期。

杜鑫：《劳动力转移、土地租赁与农业资本投入的联合决策分析》，《中国农村经济》2013 年第 10 期。

樊士德、张尧：《中国欠发达地区农户福利的多维度考察：基于劳动力流动的分析》，《劳动经济学》2020 年第 1 期。

范红丽等：《城乡统筹医保与健康实质公平——跨越农村"健康贫困"陷阱》，《中国农村经济》2021 年第 4 期。

范长煜：《遮掩效应与中介效应：户籍分割与地方城市政府信任的中间作用机制》，《甘肃行政学院学报》2016 年第 3 期。

方杰、张敏强：《中介效应的点估计和区间估计：乘积分布法、非参数 Bootstrap 和 MC 法》，《心理学报》2012 年第 10 期。

房莉杰：《平等与繁荣能否共存——从福利国家变迁看社会政策的工具性作用》，《社会性研究》2019 年第 5 期。

高帆：《中国乡村振兴战略视域下的农民分化及其引申含义》，《复旦学报》（社会科学版）2018 年第 5 期。

郜亮亮等：《中国农地流转市场的发展及其对农户投资的影响》，《经济学（季刊）》2011年第4期。

龚海婷、侯明喜：《制度认知与城乡居民养老保险制度信任——基于西部贫困与准贫困县定证研究》，《调研世界》2016年第10期。

顾海英等：《现阶段"新二元结构"问题缓解的制度与政策——基于上海外来农民工的调研》，《管理世界》2011年第11期。

关江华、张安录：《农地确权背景下土地流转对农户福利的影响》，《华中农业大学学报》（社会科学版）2020年第5期。

郭鲁芳：《休闲学》，清华大学出版社2012年版。

哈罗德·R.克博：《社会分层与不平等——历史、比较、全球视角下的阶级冲突》，上海人民出版社2012年版。

韩佳丽等：《新形势下贫困地区农村劳动力流动的减贫效应研究——基于连片特困地区的经验分析》，《人口学刊》2018年第5期。

韩俊：《以习近平总书记"三农"思想为根本遵循实施好乡村振兴战略》，《管理世界》2018年第8期。

韩雪、张广胜：《工资机制、劳资关系与进城务工人口职业分层》，《人口与经济》2015年第5期。

何军、李庆：《代际差异视角下的农民工土地流转行为研究》，《农业技术经济》2014年第1期。

贺雪峰、董磊明：《农民外出务工的逻辑与中国的城市化道路》，《中国农村观察》2009年第2期。

洪炜杰等：《劳动力转移规模对农户农地流转行为的影响——基于门槛值的检验分析》，《农业技术经济》2016年第11期。

洪岩璧：《再分配与幸福感阶层差异的变迁（2005—2013）》，《社会》2017年第2期。

侯利明、秦广强：《中国EGP阶层分类的操作化过程——以中国综合社会调查（CGSS）数据为例》，《社会学评论》2019年第7期。

侯明利：《劳动力流转与农地流转的耦合协调研究》，《暨南学报》（哲学社会科学版）2013年第10期。

侯明利：《农业资本深化与要素配置效率的关系研究》，《经济纵横》2011年第2期。

胡雯、张锦华：《密度、距离与农民工工资：溢价还是折价?》，《经济研究》2021年第3期。

胡新艳、洪炜杰：《劳动力转移与农地流转：孰因孰果?》，《农业技术经济》2019年第1期。

宦梅丽、侯云先：《农机服务、农村劳动力结构变化与中国粮食生产技术效率》，《华中农业大学学报》（社会科学版）2020年第10期。

黄典林：《从"盲流"到"新工人阶级"——近三十年《人民日报》新闻话语对农民工群体的意识形态重构》，《中国传媒大学学报》2013年第9期。

黄枫、孙世龙：《让市场配置农地资源：劳动力转移与农地使用权市场发育》，《管理世界》2015年第7期。

黄文、张羽瑶：《区域一体化战略影响了中国城市经济高质量发展吗？——基于长江经济带城市群的实证考察》，《产业经济研究》2019年第6期。

黄颖、吕德宏：《农业保险、要素配置与农民收入》，《华南农业大学学报》（社会科学版）2021年第2期。

黄有光：《福利经济学》，中国友谊出版社1991年版。

纪月清等：《土地细碎化与农村劳动力转移研究》，《中国人口·资源与环境》2016年第8期。

加里·斯坦利·贝克尔：《家庭论》，商务印书馆2005年版。

贾书楠：《政府主导的农地流转对农户福利影响及改进策略研究——以关中—天水经济区为例》，硕士学位论文，西北农林科技大学，2017年。

江喜林、陈池波：《直补模式下新农业补贴有效率吗？——基于农户要素配置的分析》，《经济经纬》2013年第1期。

康晓虹、赵立娟：《草原生态奖补背景下异质性资源禀赋对牧户福利变动影响研究》，《中国人口·资源与环境》2020年第5期。

雷硕：《林下经济发展中的农户生态行为动因及激励研究》，博士学位论文，北京林业大学，2020年。

冷智花等：《家庭收入结构、收入差距与土地流转——基于中国家庭追踪调查（CFPS）数据的微观分析》，《经济评论》2015年第5期。

黎蔺娴、边恕：《经济增长、收入分配与贫困：包容性增长的识别与分解》，《经济研究》2021年第2期。

黎霆等：《当前农地流转的基本特征及影响因素分析》，《中国农村经济》2009年第10期。

李成友等：《需求和供给型信贷配给交互作用下农户福利水平研究——基于广义倾向得分匹配法的分析》，《农业技术经济》2019年第1期。

李春玲：《当代中国社会的声望分层——职业声望与社会经济地位指数测量》，《社会学研究》2005年第12期。

李弘毅：《职业分层的方法论及其功能》，《学术交流》2004年第12期。

李慧中、陈琴玲：《经济转型、职业分层与中国农民工社会态度》，《学海》2010年第4期。

李景刚等：《农户风险意识对土地流转决策行为的影响》，《农业技术经济》2014年第11期。

李林霏：《黄土高原劳动力非农转移对农地产出率的影响——基于要素配置的中介效应和地形条件约束调节效应》，博士学位论文，西北农林科技大学，2021年。

李霖：《蔬菜产业组织模式选择及其对农户收入和效率的影响研究》，博士学位论文，浙江大学，2018年。

李明：《市场演进、职业分层与居民政治态度——一项基于劳动力市场分割的实证研究》，《管理世界》2010年第2期。

李强等：《农民工汇款的决策、数量与用途分析》，《中国农村观察》2008年第3期。

李强：《社会分层十讲》，社会科学文献出版社2011年版。

李强：《中国城市中的二元劳动力市场与底层精英问题》，《清华大学社会学评论》2000年第1期。

李实：《中国城镇教育收益率的长期变动趋势》，《中国社会科学》2003年第6期。

李实：《中国农村劳动力流动与收入增长和分配》，《中国社会科学》1999年第2期。

李松:《劳动力市场分割的理论研究与经验验证》,博士学位论文,内蒙古财经大学,2018年。

连玉君等:《子女外出务工对父母健康和生活满意度影响研究》,《经济学(季刊)》2015年第4期。

林文声等:《农地确权、要素配置与农业生产效率——基于中国劳动力动态调查的实证分析》,《中国农村经济》2018年第8期。

林晓珊:《中国家庭消费分层的结构形态——基于CFPS 2016的潜在类别模型分析》,《山东社会科学》2020年第3期。

刘春荣:《乡城流动中的劳动力市场分割问题探究》,《现代经济探讨》2014年第12期。

刘丹、雷洪:《就业质量、相对剥夺感与农民工的地位层级认同》,《学习与实践》2020年第9期。

刘洪仁:《世纪初农民分化的实证追踪研究——以山东省为例》,《农业经济问题》2009年第5期。

刘升:《消费分层:理解农村变迁的一个视角——基于浙北5村的调研》,《农村经济》2015年第1期。

刘魏等:《工商资本下乡、要素配置与农业生产效率》,《农业技术经济》2018年第9期。

刘魏:《土地征收、非农就业与城郊农民收入研究》,博士学位论文,西南大学,2017年。

刘中海:《农村居民养老办保险财政补贴的福利效应》,《社会保障评论》2020年第1期。

刘中一:《我国现阶段家庭福利政策的选择——基于提高家庭发展能力的思考》,《党政干部学刊》2011年第8期。

龙翠红:《教育、配置效应与农户收入增长》,《中国农村经济》2008年第9期。

卢华:《土地细碎化、非农劳动供给和农地经营权流转》,博士学位论文,南京农业大学,2017年。

鲁元平、王军鹏:《数字鸿沟还是信息福利——互联网使用对居民主观福利的影响》,《经济学动态》2020年第2期。

陆学艺:《当代中国社会结构》,社会科学文献出版社2010年版。

陆学艺：《当代中国社会流动》，社会科学文献出版社 2004 年版。

罗必良：《农地流转的市场逻辑——"产权强度—禀赋效应—交易装置"的分析线索与案例研究》，《南方经济》2014 年第 5 期。

罗永明、陈秋红：《家庭生命周期、收入质量与农村家庭消费结构——基于子女异质视角下的家庭生命周期模型》，《中国农村经济》2020 年第 8 期。

冒佩华、徐骥：《农地制度、土地经营权流转与农民收入增长》，《管理世界》2015 年第 5 期。

米运生等：《农地转出、信贷可得性与农户融资模式的正规化》，《农业经济问题》2017 年第 5 期。

聂建亮等：《逃离农业：在村农民的职业分割与分层——基于对中国 5 省样本农民调查数据的实证分析》，《西安财经大学学报》2021 年第 1 期。

牛晓冬：《西部地区新型农村金融机构支农效果研究》，《西北农林科技大学学报》2017 年第 8 期。

潘静、陈广汉：《家庭决策、社会互动与劳动力流动》，《经济评论》2014 年第 3 期。

彭大松：《农村劳动力流动对家庭福利的影响》，《南京人口管理干部学院学报》2012 年第 8 期。

彭国胜：《青年农民工的就业质量与阶层认同——基于长沙市的实证调查》，《青年研究》2008 年第 1 期。

钱文荣、李宝值：《初衷达成度、公平感知度对农民工留城意愿的影响及其代际差异——基于长江三角洲 16 城市的调研数据》，《管理世界》2013 年第 9 期。

钱忠好：《非农就业是否必然导致农地流转——基于家庭内部分工的理论分析及其对中国农户兼业化的解释》，《中国农村经济》2008 年第 10 期。

秦国庆：《农户分化、制度变迁与基层农田灌溉系统治理绩效》，博士学位论文，西北农林科技大学，2021 年。

仇童伟、罗必良：《农业要素市场建设视野的规模经营路径》，《改革》2018 年第 3 期。

邵青：《资源配置视角下经济社会协调发展：政策绩效、仿真模拟及政策优化》，硕士学位论文，浙江大学，2014年。

石智雷、杨云彦：《家庭禀赋、家庭决策与农村迁移劳动力回流》，《社会学研究》2012年第3期。

史常亮：《土地流转对农户资源配置及收入的影响研究》，《中国人口·资源与环境》，博士学位论文，中国农业大学，2018年。

史清华：《农户经济增长与发展研究》，中国农业出版社1999年版。

斯科特：《农民的道义经济学——东南亚的反叛与生存》，南京译林出版社2001年版。

苏岚岚、孔荣：《农地抵押贷款促进农户创业决策了吗？——农地抵押贷款政策预期与执行效果的偏差检验》，《中国软科学》2018年第12期。

苏岚岚、孔荣：《农民金融素养与农村要素市场发育的互动关联机理研究》，《南方经济》2019年第2期。

孙小宇等：《外出从业经历、农地流转行为与农村劳动力转移——基于CHIP 2013数据的实证分析》，《农业技术经济》2021年第3期。

孙亚南：《农业劳动力转移、人力资本投资与农村减贫》，《学习与探索》2020年第11期。

孙云奋：《劳动力转移与农地流转的关联度：鲁省个案》，《改革》2012年第9期。

唐仁健等：《中国农业政策改革的系统考察》，《农业经济问题》1992年第10期。

田丰：《职业分层视野下的城镇人口与农民工收入差距研究》，《河北学刊》2015年第5期。

田丰：《中国社会转型与职业分层》，社会科学文献出版社2020年版。

汪三贵、曾小溪：《从区域扶贫开发到精准扶贫——改革开放40年中国扶贫政策的演进及脱贫攻坚的难点和对策》，《农业经济问题》2018年第8期。

汪险生等：《土地征收对农户就业及福利的影响——基于CHIP数

据的实证分析》,《公共管理学报》2019 年第 1 期。

王静:《大城市流动人口的"职业转换"对工资影响的研究》,《西北人口》2020 年第 2 期。

王爱萍等:《金融发展对收入贫困的影响及作用机制再检验——基于中介效应模型的实证研究》,《农业技术经济》2020 年第 3 期。

王常伟、顾海英:《就业能力、风险偏好对农地配置意愿的影响》,《华南农业大学学报》(社会科学版)2020 年第 2 期。

王超恩、符平:《农民工的职业流动及其影响因素——基于职业分层与代际差异视角的考察》,《人口与经济》2013 年第 5 期。

王培刚、衣华亮:《中国城市居民主观生活质量满意度评价分析》,《社会科学研究》2007 年第 6 期。

王琪延、韦佳佳:《北京市居民休闲时间不平等研究》,《北京社会科学》2017 年第 9 期。

王水珍、王舒厅:《人力资本失灵与马太效应:教育对职业分层的两极分化》,《华中科技大学学报》(社会科学版)2017 年第 2 期。

王思斌:《我国适度普惠型社会制度的构建》,《北京大学学报》2012 年第 8 期。

王小斌等:《基于农民阶层分化视角的农地流转意愿研究——以广东省江门市为例》,《陕西农业大学学报》(社会科学版)2015 年第 9 期。

王雪琪等:《农户升级资本、家庭要素流动与农地流转参与》,《长江流域资源与环境》2021 年第 4 期。

魏滨辉等:《中国农村非农就业对农户融资的影响与机制——基于 CFPS 面板数据的研究》,《农村经济》2020 年第 5 期。

魏霄云、史清华:《同群效应对非农就业选择的影响——基于晋浙黔三省的分析》,《新疆农垦经济》2015 年第 10 期。

温铁军:《农民社会保障与土地制度改革》,《学习月刊》2006 年第 10 期。

温忠麟、叶宝娟:《中介效应分析:方法和模型发展》,《心理科学进展》2014 年第 5 期。

吴贾、张俊森:《随迁子女入学限制、儿童留守与城市劳动力供给》，《经济研究》2020 年第 11 期。

吴莺莺等：《农业税费改革对土地流转的影响——基于状态装换模型的理论和实证分析》，《中国农村经济》2014 年第 7 期。

吴愈晓：《劳动力市场分割、职业流动与城市劳动者经济地位获得的二元路径模式》，《中国社会科学》2011 年第 1 期。

西奥多·W. 舒尔茨：《改造传统农业》，商务印书馆 1987 年版。

肖颖：《劳动力市场分割理论的文献综述》，《商业现代化》2009 年第 11 期。

谢嗣胜：《劳动力市场歧视研究：西方理论与中国问题》，硕士学位论文，浙江大学，2005 年。

谢志强、姜典航：《城乡关系演变：历史轨迹及其基本特点》，《中共中央党校学报》2011 年第 4 期。

徐延辉、王高哲：《就业质量对社会融合的影响研究——基于深圳市的实证研究》，《学习与实践》2014 年第 2 期。

许恒周等：《农民分化对农户农地流转意愿的影响分析——基于结构方程模型的估计》，《中国土地科学》2012 年第 8 期。

许庆等：《劳动力流动、农地确权与农地流转》，《农业技术经济》2017 年第 5 期。

颜廷武等：《农民对作物秸秆资源化利用的福利响应分析——以湖北省为例》，《农业技术经济》2016 年第 4 期。

杨丹：《市场竞争结构、农业社会化服务供给与农户福利改善》，《经济学动态》2019 年第 4 期。

杨云彦、石智雷：《中国农村地区的家庭禀赋与外出务工劳动力回流》，《人口研究》2012 年第 4 期。

杨子砚、文峰：《从务工到创业——农地流转与农村劳动力转移形式升级》，《管理世界》2020 年第 7 期。

姚洋：《非农就业结构与土地租赁市场的发育》，《中国农村观察》1999 年第 2 期。

易卓：《教育分层、职业分化与新生代农民阶层生产机制》，《当代青年研究》2022 年第 3 期。

尹志超等：《"为有源头活水来"：精准扶贫对农户信贷的影响》，

《管理世界》2020 年第 2 期。

尤小文：《农户：一个概念的探讨）》，《中国农村观察》1999 年第 5 期。

游和远、吴次芳：《农地流转、禀赋依赖与农村劳动力转移》，《管理世界》2010 年第 3 期。

袁航等：《关于农业效率对农户农地流转行为影响争议的一个解答——基于农户模型（AHM）与 CFPS 数据的分析》，《农业技术经济》2018 年第 10 期。

早川和男：《居住福利论：居住环境在社会福利和人类幸福中的意义》，中国建筑工业出版社 2005 年版。

曾群、魏雁滨：《失业与社会排斥：一个分析框架》，《社会学研究》2004 年第 3 期。

张琛等：《中国农户收入极化的趋势与分解——来自全国农村固定观察点的证据》，《农业技术经济》2021 年第 2 期。

张凤兵、王会宗：《劳动力返乡、要素配置和农业生产率》，《华南农业大学学报》2021 年第 3 期。

张广胜、田洲宇：《改革开放四十年中国农村劳动力流动：变迁、贡献与展望》，《农业经济问题》2018 年第 7 期。

张吉鹏等：《城市落户门槛与劳动力回流》，《经济研究》2020 年第 7 期。

张军等：《交通设施改善、农业劳动力转移与结构转型》，《中国农村经济》2021 年第 6 期。

张俊山：《职业分层、中产阶级与收入分配》，《政治经济学研究》2013 年第 1 期。

张乐、曹静：《中国农业全要素生产率增长：配置效率变化的引入——基于随机前沿生产函数法的实证分析》，《中国农村经济》2013 年第 3 期。

张翼、侯慧丽：《中国各阶层人口的数量及阶层结构——利用 2000 年第五次全国人口普查所做的估计》，《中国人口科学》2004 年第 6 期。

张展新：《劳动力市场的产业分割与劳动人口流动》，《中国人口科学》2004 年第 2 期。

张铮、吴福仲:《从社会分层到文化消费分层:基于职业视角的考察》,《全球传媒学刊》2019年第2期。

赵连阁等:《劳动力市场分割、要素配置效率与农产品流动产业增长——一个有调节的中介效应检验》,《农业技术经济》2021年第3期。

郑功成、黄黎若莲:《中国农民工问题与社会保护》,人民出版社2007年版。

郑旭媛、徐志刚:《资源禀赋约束、要素替代与诱致性技术变迁——以中国粮食生产的机械化为例》,《经济学(季刊)》2017年第1期。

钟甫宁:《从要素配置角度看中国农业经营制度的历史变迁》,《中国农村经济》2016年第6期。

钟甫宁等:《农业保险与农用化学品施用关系研究——对新疆玛纳斯河流域农户的经验分析》,《经济学》2007年第6期。

周京奎等:《农地流转、职业分层与减贫效应》,《经济研究》2020年第6期。

周小刚、陈熹:《关系强度、融资渠道与农户借贷福利效应——基于信任视角的实证研究》,《中国农村经济》2017年第1期。

周扬、谢宇:《二元分割体制下城镇劳动力市场中的工作流动及其收入效应》,《社会》2019年第4期。

朱静、侯慧丽:《流动人口的职业结构与分层机制》,《兰州学刊》2010年第6期。

朱丽莉:《农村劳动力流动、要素结构变动与农业生产效率研究》,博士学位论文,南京农业大学,2018年。

Aage B. Sorensen and Arne L. Kalleberg, "An Outline of a Theory of the Matching of Persons to Jobs", in David B. Grusky, *Social Stratification: Class, Race, and Gender in Sociological Perspective*, Colorado: Westview Press, 2001, pp. 438-446.

Alderson A. S., et al., "Social Status and Cultural Consumption in the United States", *Poetics*, Vol. 35, No. 2, 2007, pp. 191-212.

Alfred Marshall, *Principles of Economics*, London: Macmillan and Co. 8th ed. 1920.

参考文献

Amartya Sen, "Agency and Freedom: The Dewey Lectures", *Journal of Philosophy*, Vol. 82, No. 4, 1985.

Amartya Sen, *Poverty and Famines: An Essay on Entitlement and Deprivation*, Oxford and New York: Oxford University Press, 1981.

Amartya Sen, Rationality and Social Choice, *American Economic Review*, 1995, p. 85.

Aristotle, *The Nicomachean Ethics*, translated by D. Ross, Oxford: Oxford University Press, Revueéconomique, 1980, 5, p. 7.

Banerjee B. and Kanbur S. M., "On the Specification and Estimation of Macro Rural-Urban Migration Functions: With an Application to Indian Data", *Oxford Bulletin of Economics & Statistics*, Vol. 43, No. 1, 2010, pp. 7-29.

Becker C. M. and Morrison A. R., "Urbanization in Transforming Economies", *Handbook of Regional & Urban Economics*, 1999, 3.

Bentham, *An Introduction to the Principles of Morals and Legislation*, 1798.

Besley T., "Property Rights and Investment Incentive: Theory and Evidence from Ghana", *Journal of Political Economy*, Vol. 103, No. 5, 1995, pp. 903-937.

Blalock H. M., et al., "The American Occupational Structure", *American Sociological Review*, Vol. 33, No. 2, 1967, p. 296.

Brockmann H., et al., "The China Puzzle: Falling Happiness in a Rising Economy", *Journal of Happiness Studies*, 2009, pp. 387-405.

Carletto C., et al., "Fact or Artefact: The Impact of Measurement Errors on the Farm Size-productivity Relationship", Policy Research Working Paper Series, Vol. 103, No. 1, 2011, pp. 254-261.

Cerioli A. and Zani S., *A Fuzzy Approach to the Measurement of Poverty*, Springer Berlin Heidelberg, 1990.

Cheli B., Lemmi A., "A Totally Fuzzy and Relative approach to Multidimensional Analysis of Poverty", *Economic Notes*, Vol. 24, No. 1, 1995, pp. 115-134.

Collins R., "Functional and Conflict Theories of Educational Stratification", *American Sociological Review*, Vol. 36, No. 6, 1971.

Connelly C., *Classless America: Intergenerational Mobility and Determinants of Class Identification in the United States*, 2016.

Dahrendorf, Ralf, *Society and Democracy in Germany*, New York: W. W. Norton, 1997.

Deininger K. and Jin S., "The Potential of Land Markets in the Process of Economic Development: Evidence from China", *Journal of Development Economics*, 2005, pp. 241-270.

Duncan O. D., "A Socioeconomic Index for all Occupations", *Occupations & Social Status*, 1961.

Dworkin and Ronald, "What Is Equality? Part 2: Equality of Resources", *Philosophy & Public Affairs* 10, no. 4 (1981):311.

Easterlin R. A., et al., "China's life satisfaction, 1990 – 2010", Proceedings of the National Academy of Sciences of the United States of America, Vol. 109, No. 25, 2012, pp. 9775-9780.

Enrica Chiappero Martinetti, "A New approach to Evaluation of Well-Being and Poverty by Fuzzy Set Theory", *Giornale degli Economist*, 1994, p. 53.

Erik Olin Wright, *Class Count: Comparative Studies in Class Analysis*, Cambridge, England: Cambridge University Press, 1993.

Fang C., et al., "The Chinese Labor Market in the Reform Era", *China's Great Economic Transformation*, 2008.

Feng S., et al., "Land Rental Market, Off-farm Employment and Agricultural Production in Southeast China: A Plot-level Case Study", *China Economic Review*, 2010, pp. 598-606.

Feng S. and Heerink N., "Are Farm Households' Land Renting and Migration Decisions Inter-relates in Rural China?", *Journal of Life Science*, 2008, pp. 345-362.

Festinger L. A., "A Theory of Social Comparison Processes", *Human Relations*, 1954, pp. 117-140.

Franklin, et al., *The Economic Theory of Price Indices*, New York: Academic Press, 1985.

Frank Parkin, "Class, Inequality and Political Order: Social Stratification in Capitalist and Communist Societies", *British Journal of Sociology*, Vol. 24, No. 3, 1972, p. 386.

Freedman, M. K. MacLauchlan, Ginzbery E., *Labor Markets: Segments and Shelters*, *Allanheld*, *Osmun*, Universe Books, 2016.

Gasson R., "Goals and Values of Farmers", *Journal of Agricultural Economics*, Vol. 24, No. 3, 1973, pp. 521-537.

Glen G. Cain, "The Challenge of Segmented Labor Market Theories to Orthodox Theory: A Survey", *Journal of Economic Literature*, Vol. 14, No. 2, 1976, pp. 1215-1257.

Goldthorpe C., "Social Stratification and Cultural Consumption: Music in England", *European Sociological Review*, 2007, pp. 1-19.

Griffin, et al., "Schooling and Socioeconomic Attainments: High School and College Influences", *American Sociological Review*, 1978, pp. 319-347.

Gubert A. F., "Localisation, Migrations et Institutions", Those in Kayes: *The Impact of Remittances on Their Recipients in Africa*, *Revue Économique*, 2015, pp. 1331-1358.

Gosling J. C. B., *Pleasure and Desire*, Oxford: Clarendon Press, 1969.

Haan D., Arjan, "Livelihoods and Poverty: The Role of Migration-a critical Review of the Migration Literature", *Journal of Development Studies*, Vol. 36, No. 2, 1999, pp. 1-47.

Harsnyi J. C. Utilities, "Preferences and Substantive Good", *Social Choice and Welfare*, 1997, pp. 129-145.

Hayes A. F., et al., "The Relative Trustworthiness of Inferential Tests of the Indirect Effect in Statistical Mediation Analysis: Does Method Really Matter?", *Psychological Science: A Journal of the American Psychological Society*, Vol. 24, No. 10, 2013.

Hennessy T. and Mark O'Brien, "Is Off-farm Income Driving On-farm Investment?", Working Papers, Vol. 13, No. 4, 2007, pp. 235 – 246.

James Kai-Sing Kung, "Off-farm Labor Markets and the Emergence of Land Rental Markets in Rural China", *Journal of Comparative Economics*, 2002, pp. 395-414.

Jencks, et al., "Review of Who Gets Ahead? The Determinants of Economic Success in America", *American Journal of Orthopsychiatry*, New York: Harper Row.

Jennifer Prah Ruger, *Aristotelian Justice and Health Policy: Capability and Incompletely Theorized Agreements*, Harvard University, Ph. D. Thesis, 1998.

Jeremy Bentham, *An Introduction to the Principles of Morals and Legislation*, Oxford: Oxford University Press, 1907.

John Rawls, *A Theory of Justice*, Harvard Press, 1971.

Johri R. "Work Values and the Quality of Employment: A Literature Review", *New Zealand Department of Labour*, 2004.

Jonathan and Gershuny, "Busyness as the Badge of Honor for the New Superordinate Working Class", *Social Research An International Quarterly*, 2005.

Joyce W., et al. "Farmer's Attitudes, Objectives, Behaviors, and Personality Traits: The Edinburgh Study of Decision Making on Farms", *Journal of Vocational Behavior*, 1999, pp. 5-536.

Kothari U., "Staying Put and Staying Poor?", *Journal of International Development*, Vol. 15, No. 1, 2003, pp. 645-657.

Lester C. Thurow, *Generating Inequality*, New York: Basic Books, Inc., 1975.

Lewis A., "Economic Development with Unlimited Supplies of Labour", *The Manchester School of Economic and Social Studies*, Vol. 22, No. 2, 1954, pp. 139-191.

Liliana, et al., "Why Are the Unemployed So Unhappy? Euidence from Panel Data", *Economica*, 1998.

Lin N. and Xie W., "Occupational Prestige in Urban China", *American Journal of Sociology*, 1988.

Casini L. and Bernetti I., "Environment, Sustainability, and Sen's Theory", *Notizie di Politeia*, 1996.

Marshall G., "Firth D. Social mobility and personal satisfaction: evidence from ten countries", *British Journal of Sociology*, 1999, p. 28.

McNabb R. and Psacharopoulos G., "Further Evidence of the Relevance of the Dual Labor Market Hypothesis for the U. K.", *Journal of Human Resources*, Vol. 16, No. 3, 1981, pp. 442-458.

Navarro-Lozano H. S., "Using matching, Instrumental Variables, and Control Functions to Estimate Economic Choice Models", *Review of Economics & Statistics*, 2004.

Pigou A. C., *The Economics of Welfare*, London: Macmillan, 1920.

Piore M. J., *The Dual Labor Market: Theory and Implications*, New York: Basic Books, 1971.

Rahman K., "Targeting Underdevelopment and Poverty in the Muslim World Role of Islamic Finance?", *Policy Perspectives*, 2013, pp. 123-132.

Rawls, *A Theory of Justice*, the Belknap Press of Harvard University Press, Cambridge, 1974.

Robbins Lionel, "Interpersonal Comparison of Utility: A Comment", *The Economic Journal*, 1938, p. 936.

Robert and John H. Goldthorpe, *The Constant Flux: A Study of Class Mobility in Industrial Societies*, Oxford: Clarendon Press, 1992.

Robert Nozik, et al., *The Examined Life*, New York: Simon Schuster, 1989.

Sagynbekova, Lira, *Theoretical Perspectives on International Migration and Livelihoods*, Springer International Publishing, 2016, pp. 9-25.

Schöemann K. and Becker R., *Returns to Education in Different Labor Market Contexts*, New York: John Wile&Sons, 2015.

Sehrawat M. and Giri, A. K., "Financial Development and Poverty Reduction: Panel Data Analysis of South Asian Countries", *International Journal of Social Economics, 2016, pp. 598-606.

Sheers R. G., et al., "Corporate Disinvestment and Metropolitan Manufacturing Job Loss", Social Science Quarterly, 1985, pp. 218-226.

Stark O., The Migration of Labor, Cambridge and Oxford: Basil Blackwell, 1991.

Stark O. and Bloom. D., "In The New Economics of Labor Migration", American Economic Review, 1985, pp. 173-178.

Taylor J. E. Martin P. L., "Chapter 9 Human capital: Migration and rural population change", Handbook of Agricultural Economics, Vol. 1, No. 1, 2001, pp. 457-511.

Tella R. D., et al., "Happiness Adaptation to Income and to Status in an Individual Panel", Journal of Economic Behavior & Organization, Vol. 76, No. 3, 2010, pp. 834-852.

Thurow L. C., "Head to Head: The Coming Economic Battle among Japan", American Sociological Review, 1993.

Treiman and Donald J., Occupational Prestige in Comparative Perspective, New York: Academic Press, 1977.

Tucker D., "Precarious Non-Standard Employment-A Review of Literature", iracst org, 2002.

Valero-Gil J., "Remittances and the Household's Expenditures on Health", Mpra Paper, Vol. 36, No. 1, 2009.

Valli V. and Saccone D., "Structural Change and Economic Development in China and India", European Journal of Comparative Economics, 2009, p. 6.

Wang C., et al., "Impacts of Migration on Household Production Choices:Evidence from China", Journal of Development Studies, 2014, p. 50.

Wilson J. and Wright E. O., "Class, Crisis and the State", American Journal of Sociology, Vol. 57, No. 4, 1981, pp. 1434-1452.

Xu J. F. and Liao P, "Crop Insurance, Premium Subsidy and Agricultural Output", Journal of Integrative Agriculture, 2014, pp. 2537-2545.

Yi C., "Off-farm Employments and Land Rental Behavior: Evidence from Rural China", *Journal of Development Economics*, 1999, pp. 463 - 496.

Zang Xiaowei, "Labor Market Segmentation and Income Inequality in Urban China", *The Sociological Quarterly*, 2002.

Zhao Y. H. and Wen G. J., "Chinese Rural Social Security and Land Holding", China Center for Economic Research Working Paper, Peking University, 1998.